Mercadotecnia Política y Gubernamental

Andrés Valdez Zepeda

Índice de Contenidos

Introducción

La política en México está experimentando transformaciones sustanciales, producto del proceso de transición política hacia la democracia, la globalización, el desarrollo tecnológico, así como, los cambios culturales y demográficos de los mercados electorales. Este proceso de cambio que está viviendo nuestro país, no sólo ha generado la alternancia y la diversificación del mapa político-electoral en todos los ámbitos y niveles del poder público, sino que también ha producido transformaciones importantes en los mercados electorales. Esto es, el fenómeno amplio de la alternancia interpartidista en diferentes estados y municipios, así como, el cambio de titular en la presidencia de la república no ha sido la única transformación política que se ha producido en los últimos años en México, sino que se han presentado además transformaciones sustantivas en la forma como la ciudadanía entiende, procesa y participa en política.

Las evoluciones más importantes de estos mercados tiene que ver con la construcción de la ciudadanía, la exigencia social para que los partidos y candidatos cumplan con las promesas y compromisos de campaña y, sobre todo, que realicen un ejercicio de gobierno regidos bajo los principios de responsabilidad, honestidad y eficiencia, rindiendo cuentas además de su acción. Es decir, estamos observando, como parte del proceso de transición, una transformación cualitativa de los mercados electorales, al pasar estos de una etapa emergente a otra de mayor madurez política, imponiendo ciertas exigencias a los partidos, sus candidatos y los gobiernos que resultan electos después de los comicios electorales.

Como parte de la misma transición, la mercadotecnia política ha consolidado su importancia como una herramienta estratégica para alcanzar y conservar posiciones de poder político. Esto es, el uso de la mercadotecnia está directamente ligado al incremento de los niveles de competitividad política de la sociedad y a la diversificación de los actores políticos que compiten por el poder del Estado. Es decir, puesto de manera esquemática se puede afirmar que a mayores niveles de competitividad política (democratización) corresponde un mayor uso de la mercadotecnia. Esto es así, debido a que, por un lado, sólo con la vigencia de una serie de libertades civiles y políticas, y ante el predominio del Estado de derecho, es posible hablar de una real competencia política y de la necesidad propiamente de la mercadotecnia; y por el otro, a que regímenes políticos autoritarios dependen más del uso de la fuerza y la represión que en los apoyos de los electores.

En este sentido, la transición a la democracia iniciada a finales de la década de los ochenta ha significado, por primera vez para México, la conformación de un mercado político-electoral, el cual no existía antes con sus verdaderas y genuinas características. Las elecciones, por muchos años, no fueron sino meros ritos protocolarios para acceder al poder; la "pluralidad" partidista predominante constituía una creación artificial del Estado mexicano principalmente para "consumo externo" y los electores no ejercían a plenitud sus derechos políticos, ni éstos eran respetados.

Hoy día, la democracia ha posibilitado la creación del mercado político, así como la existencia de votos que valen y definen el carácter de la representación pública, la cual es disputada por diferentes actores y formaciones políticas de nuestro país. En este sentido, el auge de la mercadotecnia política es el resultado de un momento histórico y político determinado, de un proceso global de desarrollo caracterizado por mayores niveles de competencia y pluralidad política.

Como resultado de estas transformaciones, las campañas y ejercicios proselitistas de los partidos y candidatos también están experimentando cambios importantes. De meros ritos protocolarios, como fue la característica del pasado, se están convirtiendo en verdaderos esfuerzos proselitistas que involucran amplios recursos, sofisticados conocimientos y modernas técnicas de persuasión.

En el presente libro se debate sobre la cientificidad de la mercadotecnia política, así como la relación existente entre sistemas políticos y mercadotecnia. Además, el lector encontrará los distintos elementos, técnicas y estrategias de mercadotecnia política que puede utilizar para potencializar sus esfuerzos proselitistas, ganar las campañas electorales y conservar el poder. Finalmente, se abordan aspectos conceptuales y caso prácticos de lo que, hoy día, se entiende por mercadotecnia gubernamental.

1. Mercadotecnia y Sistema Político

La mercadotecnia política es una disciplina un tanto incomprendida y severamente criticada tanto por los analistas políticos y comunicadores como, en general, por amplios sectores de la sociedad. Se le acusa de hechos ligados con la maldad, el engañó y la manipulación en la política, de tal forma que bien se puede decir que representa, de acuerdo a sus críticos, la versión moderna del maquiavelismo y un atentado a la democracia.[2] Sin embargo, la mercadotecnia y los sistemas democráticos contemporáneos[3] son dos fenómenos estrechamente ligados, que no sólo tienen orígenes similares, desde la perspectiva histórica, sino que además comparten características y principios funcionales. Es decir, la mercadotecnia política es producto y consecuencia de la democracia electoral y sólo en estos sistemas puede florecer,[4] ya que la democracia se basan en el consenso, la pluralidad y la libertad individual en la que las mayorías electorales determinan el carácter y perfil de la representación pública. Por su parte, los sistemas autoritarios y totalitarios basan su legitimidad en la coerción, el terror y la imposición.

Las críticas y descalificaciones que se hacen a la mercadotecnia política son, muchas de las veces, producto del desconocimiento sobre el objeto y campo de estudio de esta disciplina y otras por la confusión conceptual que existe, ya que se le asocia con el termino propaganda, publicidad o comunicación social. Sin embargo, estos términos tienen connotaciones diferentes y se les ha empleado en áreas o épocas distintas a la actual.

Por ejemplo, el termino propaganda, que fue acuñado en 1622 por el Papa Gregorio XV en los tiempos de la contrareforma,[5] deriva del latín *propagare* que significa propagar, sembrar, extender. Este vocablo tiene, a su vez, varias definiciones superpuestas: causar que los animales o las plantas se multipliquen o procreen; engendrar descendientes, transmitir características de una generación a otra; dar a conocer, publicitar y transmitir. Si bien, el termino fue acuñado en el

---

[2] De acuerdo a Jorge Alonso (2000), la mercadotecnia política representa una real amenaza a la democracia, ya que hace de la política un espectáculo.

[3] De acuerdo a Schmitter y Karl (1993), la democracia política moderna es un sistema de gobierno en el que los gobernantes son responsables de sus acciones en el terreno público ante los ciudadanos, actuando indirectamente a través de la competencia y la cooperación de sus representantes electos.

[4] Aquí es importante señalar que la competencia no siempre se ha considerado una condición esencial y determinativa de la democracia. Las democracias "clásicas" partían del supuesto de la toma de decisiones basada en la participación directa conducente al consenso. Por ello, aquí nos referiremos a la democracia moderna llamada liberal o electoral.

[5] Este papa creó la institución canónica denominada Sagrada Congregación de *propaganda fide*. Esta congregación tuvo como objetivos la propagación del catolicismo para contrarrestar el expansionismo de las ideas protestantes.

siglo XVII, su práctica es muy antigua, ya que desde los tiempos del emperador Julio Cesar se encuentran algunos graffitis en las bardas de la Roma Antigua como instrumentos de propaganda. Por su parte, Alejandro Magno acuñó monedas con su propia imagen.[6] Esto implica que los orígenes de la propaganda política datan de muchos años atrás, antes del establecimientos de democracias de mercados y se asocia a sistemas políticos predemocráticos.[7] Hoy día, el término propaganda se circunscribe a la cuestión de la política y las ideologías y a los sistemas autoritarios o totalitarios.

El termino publicidad, por su parte, que nace muy ligada al mercantilismo del siglo XIX, se asocia más bien al ámbito del comercio y la empresa y se refiere a la promoción publicitaria de los bienes y servicios que se ofrecen en el mercado para inducir a los consumidores a adquirirlos.[8] Por otro lado, el termino comunicación social se le denomina a todas las actividades de difusión de las actividades, planes, posiciones políticas y proyectos de las instituciones u organizaciones, así como de sus directivos.

La mercadotecnia política, en cambio, es una disciplina que se encarga del estudio de los fenómenos relacionados con el análisis y estudio de los mercados políticos, los procesos de comunicación, persuasión y legitimidad política, las estrategias proselitistas y el proceso de intercambio entre elites políticas[9] (incluyendo aspirantes) y ciudadanos. Como herramienta política, la mercadotecnia se puede conceptualizar como una serie de técnicas y estrategias que utilizan dichas elites para conservar o alcanzar los objetivos de poder.

El objeto central de preocupación de la mercadotecnia política es el conocimiento y persuasión de los ciudadanos constituidos en mercado electoral, investiga sus principales problemas como ente social, indaga su sensibilidad a los estímulos, analizando sus reacciones, sentimientos y comportamiento, diseña las estrategias propagandísticas más efectivas para lograr su cometido, estudia el contexto y la coyuntura política, establece relaciones entre mensaje, percepción y persuasión, se preocupa por los problemas asociados a la imagen y opinión pública, así como de las acciones proselitistas de las elites políticas, penetra en la

---

[6] En materia de propaganda, el antecedente más antiguo que se recuerda es una pintura mural en Pompeya que elogiaba a un político y pedía al pueblo que votara por él. Sin embargo, el momento decisivo para la publicidad fue en 1450 cuando Johann Gutenberg invitó la imprenta. El primer anuncio impreso en lengua inglesa apareció en 1478.

[7] Aquí es importante recalcar que entre propaganda y publicidad, existe una indebida sinonimia, ya que la propaganda se refiere al ámbito del pensamiento ideológico y la acción política, mientras que la publicidad se refiere a cuestiones de las empresas y los asuntos comerciales.

[8] J. Thomas Russell y W. Ronald Lane, *Publicidad*, Décima cuarta edición, Editorial Prentice Hall, 2001.

[9] Aquí el concepto de elite comprende a los gobernantes, partidos políticos, candidatos a puestos de elección popular y dirigentes de organizaciones políticas.

doctrina y las teorías políticas e investiga los fenómenos de la comunicación política. En este sentido, la mercadotecnia política implica el análisis y el conocimiento de las necesidades de los ciudadanos dentro del ámbito socio-político y el desarrollo de planes y programas conducentes a su satisfacción.[10]

El sistema totalitario

La mercadotecnia política no puede concebirse ni tendría razón de ser bajo los sistemas totalitarios, ya que estos son regímenes sustentados en la coacción, el terror y la opresión, como fueron los casos de Alemania bajo el gobierno de Adolfo Hitler o de la Unión de Repúblicas Soviéticas Socialistas (URSS) bajo el control de José Stalin. Estos sistemas no son uniformes ni homogéneos sino que presentan particulares y rasgos distintivos entre si que los hacen ser únicos y diferentes. Sin embargo, comparten también características y especificidades que permiten clasificarlos dentro de este tipo de sistemas.

Los sistemas autoritarios despliegan sobre las personas un poder ilimitado y envolvente, ya que nada deja de ser competencia estatal, predominando un poder englobante que no observa limitaciones de ninguna especie y que envuelve a los individuos en todos los aspectos.[11] La máxima de este tipo de sistemas políticos reza: Nada contra el Estado, nada fuera del Estado, todo dentro del Estado.[12]

Las características más distintivas de estos sistemas son las siguientes:

a. La existencia de un partido único de masas, guiado típicamente por un dictador y estructurado de modo jerárquico. Es decir, eran sistemas monopartidistas, que se basaban en el terror para controlar a las masas y a los individuos a través de una policía secreta.

b. La existencia de una ideología oficial, la cual todos los miembros de la sociedad deberían abrazar y que era cultivada y fomentada desde las más altas esferas del poder a través de grandes campañas propagandísticas. En este tipo de sociedades, hay una reducción además de los hombres a autómatas absolutamente obedientes que temen el poderse involucrar en actividades que disientan del estatus quo.

c. La personalización del poder, en la que la voluntad del jefe máximo es la ley del partido, es otra de las características de estos regímenes. Es decir, el jefe se convierte en arbitro exclusivo, por lo que no se puede concebir la existencia de tribunales u órganos independientes al que acuda los habitantes para defenderse.

---

10 Véase Rafael Reyes Arce y Lourdes Munch, Comunicación y Mercadotecnia Política, Ed. Noriega, 1998.

[11] Rodrigo Borja, *Enciclopedia de la Política*, México. FCE, 1999.

[12] Esta fue una máxima del gobierno de Mussolini en Italia.

e.   Un control monopolista de los medios de comunicación, que de manera avasalladora apoyaban las posturas y políticas oficiales, negando cualquier espacios a posiciones disidentes o alternativas al estatus quo.

f. No se tolera la oposición y no se respetan los más mínimos derechos humanos.

En pocas palabras, son sistemas políticos que se basan en la opresión y el control total de las masas, ejerciendo todo esto, ya sea por medios coercitivos o por los sistemas propagandísticos.

En este tipo de regímenes, los individuos carecen de derechos políticos y civiles, por lo que la posibilidad de organizar elecciones periódicas y transparentes, respetar los resultados de los comicios y presentar alternativas electorales opuestas al régimen son imposibles. De hecho, la ciudadanía en el sentido moderno del término, en este tipo de sistemas, no existe, ya que se conculcan las libertades civiles y políticas y no existe el más mínimo respeto del Estado de derecho.

Al cultivar una creencia fanática en la ideología oficial, no es posible que la mercadotecnia pueda existir, ya que no se permitía la existencia de una ideología o partidos alternativos que motive a los individuos para poder escoger entre dos o más opciones de gobierno.

La comunicación política, denominada propaganda, es un importante elemento para lograr la legitimidad de este tipo de sistemas y enaltecer de la jefatura máxima, pero no la mercadotecnia, ya que ésta última supone la existencia de un mercado electoral que tiene el derecho de poder decidir libremente sobre el carácter de la representación pública.

El sistema autoritario

Los sistemas autoritarios, al igual que los totalitarios, acentúan en el control del poder como factor de ordenación social por encima de la libertad. Son regímenes que no se fundamentan en el consenso general, como es característico de las democracias, sino en la coerción, el control y la manipulación, aunque bajo esquemas diferentes a los de los sistemas totalitarios.

Estos sistemas privilegian el aspecto del mando y menosprecian, de un modo más o menos radical, el de la mayoría, concentrando el poder político en un hombre o en un solo órgano que exige obediencia incondicional y restando valor a las instituciones representativas. Hay además, una centralización de la autoridad en pocas manos y una restricción de las libertades. En este sentido, los hombres no tienen derechos o son muy limitados, sino, más bien, son sujetos de obediencias.

Sin embargo, a diferencia de los sistemas totalitarios, los autoritarios se caracterizan por un bajo grado de movilización y de penetración de la sociedad, ya que los sistemas autoritarios se caracterizan por una alta movilización social fundada en la ideología y motivada por los sistemas de propaganda. Por su parte, en los sistemas autoritarios las ideologías mantienen un bajo grado de articulación simbólica y conceptual.

De acuerdo a Juan Linz (1964), el autoritarismo es aquella forma de régimen político con pluralismo limitado y no responsable y con baja movilización política en la fase intermedia de mayor estabilidad y poder detentado por una pequeña elite dentro de límites muy claros. En estos regímenes, el pluralismo se limita por normas jurídicas o de hecho, puede estar restringido a pequeños grupos políticos y extendido a un mayor número de grupos de interés. Los líderes son responsables más que ante los ciudadanos ante los grupos que los sostienen. Otro componente relevante del pluralismo limitado suele ser el partido único, asimismo, los gobernantes, salvo en ciertas coyunturas, procuran la desmovilización y la despolitización; la ideología suele ser poco articulada.

A diferencia, también, de los sistemas democráticos, los autoritarios se fundamentan en doctrinas anti igualitarias, altamente jerarquizados en la que los hombres deben ser educados en los dogmas y en la fe y no en el ejercicio de la razón.

Son sistemas rigurosamente jerárquicos, que se sustentan en la coacción, ejercida, generalmente, por el ejercito, la guardia nacional o la policía secreta y donde las elecciones populares son eliminadas o reducidas a actos ceremoniales. En consecuencia, la oposición política es suprimida o invalidada, donde el pluralismo de los partidos es suprimido o reducido a un simulacro sin incidencia real.

En este tipo de sistemas, hay además un control estricto de la educación y de los medios de comunicación, suprimiendo además, la crítica, el debate público y las manifestaciones. Algunos ejemplos de este tipos de sistemas son el caso de Franco en España, Augusto Pinochet en Chile y una gran cantidad de gobiernos de los países latinoamericanos durante la década de los sesentas y setentas.

En pocas palabras, son sistemas en el que el bien supremo es el orden, no el consenso y la pluralidad; la participación social es baja; y el ejercicio de las libertades y derechos políticos de los hombres es casi nula.

En estas condiciones, es imposible el que pueda florecer la mercadotecnia política, ya que ésta reclama una serie de condiciones mínimas de igualdad política, de libertades para la participación y de respeto a la decisiones de los ciudadanos. En estos sistemas, tampoco existe la ciudadanía, entendida en su sentido amplio, ni el respeto al estado de derecho.

La democracia liberal

La democracia, entendida como el gobierno del pueblo, para el pueblo y por el pueblo, es un sistema político relativamente moderno, aunque existen antecedentes de gobiernos democráticos desde la antigua Roma o Grecia. Sin embargo, como sistema basado en la competencia electoral, la democracia es un fenómeno que aparece en el siglo XIX y se extiende a nivel mundial en el siglo XX.[13] Es un sistema de consenso, basado en la participación de los ciudadanos, la legitimidad social[14] y el reconocimiento de una diversidad de actores que compiten por los espacios de representación pública. Este sistema también es definido como el derecho de la mayoría a determinar quién, cómo y cuándo y para qué ejercer el poder político.

Las elecciones son la fuente primaria e insustituible de la legitimidad de la autoridad en estos sistemas democráticos. Juan Jacobo Rousseau define a la democracia como el sistema de gobierno basada en la voluntad general. Por su parte, Joseph A. Schumpeter (1943) la conceptualiza como un sistema donde los responsables de tomarlas decisiones políticas, lo hacen en virtud de una lucha por el voto ciudadano en una competencia de proyectos alternativos.

Las características de los sistemas democráticos son las siguientes:

a. El poder no está concentrado en las manos de uno sólo, sino que está distribuido diversamente en diferentes cuerpos colegiados como los diferentes poderes públicos (ejecutivo, legislativo y judicial).

b. Es un régimen policrático, opuesto al régimen monocrático de los sistemas autoritario y totalitario, sustentado en la pluralidad de ideas, proyectos y alternativas políticas.

c. Predomina la libertad individual respecto del Estado y la libertad de organización.

---

[13] De acuerdo a Samuel Huntington (1991), la primer gran ola de gobiernos democráticos empezó en 1820 con la ampliación del sufragio a una gran parte de la población masculina en los Estados Unidos y continuó durante casi un siglo hasta 1926, lapso durante el cual nacieron unas 29 democracias.

[14] De acuerdo a Cesar Cansino (2000), por legitimad se entiende el conjunto de actitudes positivas hacia el sistema y político, considerado como merecedor de apoyo. La legitimidad supone un consenso activo y no pasivo. La legitimidad pude se especifica o difusa. Especifica cuando el conjunto de actitudes de adhesión al régimen y a las autoridades se debe a la satisfacción de determinadas demandas por medio de determinados actores gubernamentales. La legitimidad es difusa cuando el conjunto de actitudes de adhesión al régimen se basa en un sentido de confianza en las instituciones, ya sea por ideologías legitimantes o por su larga tradición.

d. Existen una serie de libertades políticas y civiles que están consagradas en el sistema legal de la nación (como de opinión, asociación, prensa, etc), además de un marco constitucional y legal que genera certidumbre a los participantes en los procesos político electorales.

e. Hay diversos grupos que compiten entre si por la conquista del poder, mediante una lucha que tiene por objeto ocupar espacios de representación pública.

f. La contienda de la lucha por el poder se resuelve a favor de quien haya logrado acaparar en una libre competencia el mayor número de votos, respetándose irrestrictamente la voluntad electoral manifestada en las urnas.

g. Es un sistema fundamentado en la participación ciudadana. De esta forma, la democracia moderna ofrece una variedad de procesos competitivos y de canales para la expresión de los intereses y valores, tanto asociativos como partidarios, funcionales y también territoriales, colectivos e individuales.

h. Es un sistema igualitario en el ámbito político, basado en el consenso y la construcción de mayorías electorales. De esta forma,

i. Se fomentan la construcción de alternativas y la pluralidad.

j. Predomina la libertad de prensa y la tolerancia de la oposición.

Un prerrequisito además necesario, aunque no suficiente, de los sistemas democráticos es la alternancia en el poder entre diferentes personalidades, partidos o formaciones políticas. Finalmente, sólo en un sistema democrático, la virtud de los políticos es premiada y reconocida, ya que éstos tiene que pasar por el escrutinio del voto electoral y apelar a su confianza y respaldo. Esta virtud tiene que ser publicitada a través de diferentes técnicas y estrategias de mercadotecnia política. Estos sistemas, a diferencia de los totalitarios, se fundamentan en la participación libre de los ciudadanos constituidos en mercado electoral y donde, si bien, el poder está en manos de una minoría, se gobierna, al menos teóricamente, para las mayorías.

El sistema político mexicano

El sistema político que predominó en México por más de setentas años no puede clasificarse estrictamente hablando en los tres tipos de sistemas anteriormente señalados, ya que, por un lado, presentó elementos propios de un sistema autoritario, pero, por el otro, también de un sistema democrático.

De acuerdo a Roderic Ai Camp (1993), el sistema político mexicano fue de naturaleza semiautoritario, que conservaba rasgos de los sistemas autoritarios, pero también una serie de libertades civiles y políticas propios de los sistemas democráticos. Las características distintivas de este sistema semiautoritario eran la concentración del poder en la institución presidencial, la existencia de un partido dominante de estado y la realización de elecciones periódicas pero no libres, todo esto sustentado en prácticas corporativas y clientelistas.

Los elementos distintivos del sistema político mexicano durante esos años fueron los siguientes:

a. Existencia de elecciones periódicas, como rito protocolario, para el acceso a los posiciones de poder público. Sin embargo, las elecciones no representaban un real mecanismo para el acceso de ciudadanos fuera del control gubernamental para poder obtener puestos de representación popular.

b. Un sistema de partido de monopolista de Estado, que toleraba sólo la existencia de partidos y grupos de oposición que no representaban una amenaza real al poder hegemónico del partido en el poder.

c. Un sistema político sustentado en el corporativismo y el clientelismo, en la que los derechos y las libertades civiles y políticas de los individuos no eran respetados a pesar de que se reconocían en la legislación.

d. Un control corporativo de los medios de comunicación, que apoyaban avasalladoramente a los diferentes candidatos del Partido Revolucionario Institucional (PRI) y negaban cualquier espacio o era prácticamente mínimo a la oposición.

e. Un control corporativo de los trabajadores y campesinos a través de sus organizaciones gremiales. De hecho, los trabajadores estaban afiliados al PRI en masa y en épocas electorales eran coaccionados, de diferente forma, a votar por sus candidatos.

f. Cooptación o represión selectiva para los disidentes políticos. En este sistema político, era práctica común, primero, el poder cooptar a la disidencia y, en caso de no poderse hacer, el reprimir, desaparecer o eliminar físicamente a la oposición.

g. Utilización del presupuesto público para apoyar, de diferente forma, al partido en el gobierno y sus candidatos. Esta situación generaba una competencia electoral muy desigual e inequitativa donde el PRI tenía todos los recursos económicos e institucionales a su servicios, mientras que a la oposición sólo se le asignaban recursos económicos escasos.

h. Un control de los organismos electorales por parte del gobierno y una legislación electoral que no garantizaba la imparcialidad, la libertad del sufragio y el castigo a los delitos electorales.

Por otro lado, de las siete condiciones de "procedimiento mínimas" que toda democracia debe presentar de acuerdo a Robert Dahl (1971), que él llama poliarquía, el sistema político mexicano cumplió, al menos formalmente, con cinco de ellos, ya que el control de las decisiones del gobierno sobre política está constitucionalmente investido en los funcionarios electos; prácticamente todos los adultos tenían derecho a votar en la elección de los funcionarios; los ciudadanos tenían derecho a expresarse, sin el peligro de un castigo severo, sobre asuntos políticos definidos ampliamente; prácticamente todos los adultos tenían derecho a presentarse como candidatos para cargos colectivos en el gobierno, y los ciudadanos también tenían derecho a formar asociaciones u organizaciones relativamente independientes, incluidos partidos políticos y grupos de interés que sean independientes.

Sin embargo, una cosa es lo que se señalaba en los ordenamientos legales y otra cosa, lo que sucedía en la vida cotidiana, ya que a pesar de que se organizaban elecciones éstas no eran conducidas con limpieza, en un marco de libertad y de respeto real a la voluntad electoral. De hecho, además de las prácticas corporativas y clientelistas que predominaban, se coaccionaba el voto o se orquestaban grandes fraudes electorales. Por otro lado, no se cumplía a cabalidad el principio de libertad de prensa y de expresión libre de las ideas, a pesar de existir en la ley, ya que existía un descomunal avasallamiento y control de los medios masivos de comunicación y las fuentes alternativas de información para la población eran casi inexistentes.

Estas situaciones de simulación, motivó el que Mario Vargas Llosa (1992) definiera al sistema político de México como una "dictadura perfecta," ya que se presumía como democracia formal, pero se limitaban realmente el ejercicio de los derechos políticos de los mexicanos y, muchas veces, no se respetaba la voluntad de los electores manifestada en las urnas.

No fu sino a partir de fines de la década de los ochentas, cuando el sistema político mexicano inició un proceso de quiebra y cambio permanente, ya que a partir de 1988, se hizo más evidente un proceso político nacional que llevó a la ruptura de los tres grandes pilares del sistema político mexicano: una crisis de legitimidad el partido hegemónico de Estado, el presidencialismo autoritario y el corporativismo. A partir de esta época, es cuando se empieza a constituir el mercado electoral en México y cuando se puede hablar, propiamente, del inicio de la mercadotecnia política, ya que la transición a la democracia generó las condiciones esenciales para el nacimiento y desarrollo esta disciplina.

En primer lugar, la existencia de una pluralidad de actores políticos que se disputan la voluntad de los ciudadanos, constituidos como mercado electoral. Es decir, en un sistema democrático existen, al menos, dos o más candidatos, partidos o formaciones políticas que se disputan la decisión de los ciudadanos en un momento electoral. En este sentido, en un sistema democrático, a diferencia de los otros dos sistemas, la oposición no sólo es tolerada, sino incluso estimulada, ya que todos los partidos políticos legalmente reconocidos gozan de una serie de prerrogativas y derechos para poder competir y participar en los procesos electorales.

En segundo lugar, los electores, en pleno ejercicio de la ciudadanía tienen la libertad de manifestar, sin ningún tipo de coacción, su voluntad electoral a favor de uno de los diversos candidatos y partidos que se le presentan en los comicios para renovar o elegir a los gobernantes o dirigentes de organizaciones político sociales. En este sentido, la democracia es un sistema de libertades y derechos, aunque también de responsabilidades, en la que se respeta la decisión de los individuos por apoyar a diversos candidatos, grupos o partidos que compiten por el poder.

En tercer lugar, existe un entramado legal y un marco normativo que hace respetar el resultado de las elecciones populares y determina claramente las reglas que rigen los procesos electorales. En este sistema, impera la regla de la mayoría que legitima el ejercicio del poder y da como resultado gobiernos socialmente legitimados. De hecho, la definición más popular de democracia la equipara con elecciones regulares, conducidas limpiamente y con un conteo honesto.

Finalmente, un sistema democrático es un sistema de respeto al Estado de derecho, donde la oposición no sólo puede ganar las elecciones, sino incluso puede apelar a los tribunales y organismos jurisdiccionales para hacer respetar la decisión de las mayorías manifestada en las urnas.

Consideraciones finales

La mercadotecnia política nace y se desarrolla muy ligado a los sistemas democráticos modernos, también llamadas democracias electorales, ya que sólo las democracias[15] son sistemas de franca competencia interpartidista, búsqueda de consensos sociales y libre participación de la ciudadanía.

Los sistemas totalitarios y autoritarios, por su parte, se caracterizan por la mediatización de la participación popular, la conculcación de los derechos humanos, la reducción de las libertades, la exclusión o mediatización de los partidos políticos y grupos de oposición, la supresión del sufragio popular, la inseguridad jurídica, la eliminación del pluralismo ideológico y político y, en general, por una falta de libertades políticas y sociales. Bajo estos sistemas, no es posible hablar de ciudadanía ni de mercadotecnia política, ya que ésta implica la ~~existencia de un sistema~~ de competencia política. Es decir, a diferencia de la

[15] Estamos hablando de democracia electoral que también supone una amplia participación de la ciudadanía. De acuerdo a Schmitter y Karl (1993), los ciudadanos han de poder influir en la política pública a través de diversos medios no electorales, como asociaciones de grupos de interés y movimientos sociales, que implican inevitablemente tanto la cooperación como la competencia entre los ciudadanos.

democracia, en los sistemas autoritarios y totalitarios sólo un pequeño número de individuos ejercen y tienen acceso al poder político.

En el caso de México, la transición política hacia la democracia iniciada a finales de la década de los ochentas marca el comienzo de esta disciplina, la cual, desde la perspectiva instrumental, ha tenido un gran desarrollo. En este sentido, la mercadotecnia es un producto y una consecuencia de la democracia, ya que sólo en un sistema democrático existe un verdadero mercado político compuesto, por un lado, por electores que pueden decidir libremente la orientación de su voto y el carácter del respaldo político en los comicios electorales que se realizan de manera periódica y, por el otro, dos o más actores políticos (candidatos, partidos, formaciones políticas, etc.) que compiten por captar los apoyos electorales y obtener el consenso social para poder acceder a las estructuras de poder.

Sólo en sistemas democráticos se presenta, además, una real competencia por lograr el apoyo de los electores y un sistema competitivo de partidos políticos que orientan sus esfuerzos a conquistar el mercado electoral. En este sentido, el nacimiento y creciente uso de la mercadotecnia está directamente ligado al aumento de los niveles de competitividad política de la sociedad y a la diversificación de los actores políticos que compiten por la titularidad de los espacios de representación pública.[16] Es decir, puesto de manera esquemática se puede afirmar que a mayores niveles de competitividad política (democratización) corresponde un mayor uso de la mercadotecnia política.

En los sistemas democráticos, sustentados en la representatividad y el consentimiento, las elecciones dejan de ser meros ritos protocolarios, como pasó en el viejo sistema político mexicano de corte semiautoritario, para transformarse en verdaderos conductos para el acceso al poder político y a los diferentes espacios de representación pública. Esto es así, debido a que, por un lado, sólo con la vigencia de una serie de libertades civiles y políticas, y ante la predominancia del estado de derecho, es posible hablar de una real competencia política y de la necesidad propiamente de la mercadotecnia;[17] y por el otro, a que regímenes políticos autoritarios o totalitarios dependen más del uso de la fuerza y la represión que en los apoyos de los electores.[18]

---

16 Por competitividad se entiende la capacidad de disputa y las habilidades para realizar una contienda política de alto nivel por parte individuos, grupos o partidos políticos existentes en una sociedad determinada.

17 De hecho, en la gran mayoría de las sociedades el progreso de la libertad política ayudó a desarrollar a la mercadotecnia, ya que en un régimen de intolerancia la mercadotecnia no puede ser concebida.

18 Véase Karen L. Remmer, Military Rule in Latin America, Boston: UNWIN HYMAN, 1989.

2. Mercadotecnia Política ¿Ciencia o Técnica?

En el debate especializado, se ha iniciado una discusión sobre la naturaleza y el carácter de la mercadotecnia política, ya que diferentes expertos la catalogan por una lado, como ciencia o disciplina científica, mientras que otros, la describen como un arte, una técnica, un proceso social y administrativo[19] e incluso una tecnología. De igual forma, hay autores que consideran a la mercadotecnia política como parte de las ciencias políticas, otros como una subdisciplina de la mercadotecnia comercial y otros como parte de las ciencias de la comunicación.

Sin duda, que sobre este nuevo y controversial campo del conocimiento existen múltiples interpretaciones y lecturas, muchas de ellas encontradas, no sólo sobre su naturaleza, desarrollo histórico y su carácter ético, sino incluso sobre sus verdaderas atributos y potencialidades. Esta variedad de lecturas ha generado muchas interrogantes y cuestionamientos que, hasta el momento, no se ha podido responder con satisfacción.

Entre las preguntas más trascendentes y frecuentes que enfrenta la mercadotecnia política sobresalen las siguientes: ¿Es la mercadotecnia política una ciencia? ¿Qué tipo de ciencia es?¿Qué resultados genera la mercadotecnia política? ¿Realmente es funcional o útil para alcanzar los objetivos que se buscan?¿Es posible medir los resultados? ¿De qué manera se pueden medir? ¿Se justifica la inversión económica que se hace en mercadotecnia política?

Hasta hoy la mercadotecnia política es, al menos para nuestro país, un campo del conocimiento muy ambiguo que incluye aspectos que tienen que ver con la investigación y segmentación de mercados político-electorales, los procesos de comunicación política, la cuestión de la imagen y el trabajo proselitista y de construcción de legitimidad social por parte de partidos e instituciones políticas, candidatos a puestos de elección popular y gobernantes.

En este escrito, lo que se busca es tratar de dar ciertas explicaciones epistemológicas y conceptuales sobre la mercadotecnia política y, en lo particular, abordar el debate acerca del carácter y naturaleza de este campo del conocimiento.

Su Naturaleza Epistemológica

La mercadotecnia política es una disciplina todavía necesitada de una mejor justificación y de marcos teóricos y metodológicos propios, ya que su juventud le

---

[19] De acuerdo a Philip Kotler y Gary Armstrong, la mercadotecnia es un proceso social y administrativo mediante el cual las personas y los grupos obtienen aquello que necesitan y quieren, creando productos y valores e intercambiándolos con terceros.

ha significado la existencia de vacíos y limitaciones propias de un naciente campo del saber. Su ubicación disciplinar y naturaleza cognitiva también es sujeta de controversia e interpretación distinta entre diversos estudiosos de los fenómenos sociopolíticos.

No existe claridad, además, sobre el estatus académico de la mercadotecnia política ni sobre su campo de delimitación con respecto a otras disciplinas. Para algunos, la mercadotecnia es tan sólo un arte, ya que implica una serie de aptitudes, destrezas, técnicas y estrategias propagandísticas que tienen como objetivo la búsqueda de la persuasión y cortejo de los electores. Para otros, la mercadotecnia puede ser considerada una ciencia, ya que tiene su propio cuerpo conceptual, así como métodos, principios, marcos teóricos y su propio capital intelectual. Otros hablan de la mercadotecnia política como tecnología, ya que busca la utilidad, al aplicar sus conceptos, conocimientos y estrategias a la realidad socio-política.

A esta disciplina se le cataloga como arte, ya que implica virtud, destreza, poder, eficacia y habilidad en la manufactura de programas propagandísticos y planes de campaña, entre otras cosas. De acuerdo a una definición ortodoxa, el arte es el conjunto de reglas de un oficio que el hombre aplica a la manufactura de un objeto o a la realización de una representación u obra. En este sentido, la mercadotecnia política tiene mucho de arte que implica creación, imaginación y talento de parte de los profesionistas de esta disciplina.

Sin embargo, otros autores la asocian y definen más como técnica, ya que a ésta misma se le define como el conjunto de procedimientos propios de un arte, ciencia u oficio. De esta forma, para algunos analistas, la mercadotecnia política se constituye en una serie de técnicas de persuasión de los ciudadanos para alcanzar los objetivos de poder por parte de los candidatos o formaciones políticas. Por ejemplo, de acuerdo a Rodrigo Borja, acudir al subconsciente- donde germinan las motivaciones profundas de los actos humanos, utilizar medios subliminales para modificar sutilmente su voluntad, simplificar las ideas y repetirlas incesantemente hasta incrustarlas en el cerebro de las personas, martillar con los slogans propagandísticos hasta lograr condicionar su conducta, repetir invariablemente el logotipo para que el objeto de la promoción entre también por la vista son también algunas de las técnicas del marketing político.[20]

Una apreciación distinta a las anteriores, señala que la mercadotecnia es una tecnología administrativa aplicada a la política para influir en el comportamiento de las masas en una situación de competitividad. De esta manera, a esta disciplina se le asocia más con el termino tecnología que con ciencia.

De acuerdo a una definición convencional, la tecnología es el conocimiento científico aplicado a tareas prácticas, misma que se diferencia de la ciencia por su

---

[20] Rodrigo Borja, *Enciclopedia de la Política*, México: Ed. Fondo de Cultura Económica, 1998, p. 645..

perfil pragmático. Como todos sabemos, la ciencia busca la verdad mientras que la tecnología persigue la utilidad, la ciencia observa la realidad y la tecnología trata de modificarla, la ciencia es eminentemente especulativa mientras que la tecnología es aplicada.

En este sentido, bien se puede decir que la mercadotecnia política mantiene elementos tridimensionales tanto de ciencia, de arte, así como de tecnología. O mejor dicho, es una ciencia con un alto perfil tecnologizado que connota e implica creatividad artística. Como ciencia busca conocer la verdad del mercado político y la relación entre fenómenos que se presentan en él, pero como tecnología busca la utilidad, ya que aplica sus conceptos y categorías a la realidad.

Como tecnología, la mercadotecnia proporciona a la sociedad política herramientas y conocimientos útiles para el estudio, percepción y persuasión del mercado político, en el diseño de planes de campaña y proyectos propagandísticos, de manufactura de programas proselitistas y mejoramiento de la imagen de hombres de Estado, políticos, líderes y diversos actores sociales.

La mercadotecnia política se auxilia de otras tecnologías de vanguardia para alcanzar sus objetivos. De esta manera, utiliza como medios para su expresión a la radio, la televisión, los programas de cómputo, la Internet, la imprenta, el diseño gráfico y la fotografía. Estos medios, a su vez, complementan a la nueva disciplina, ya que sin ellos el desarrollo de la mercadotecnia sería muy limitado. Es decir, la mercadotecnia está ligada al propio desarrollo de otras tecnologías que al usarse intensivamente, como medios, le dan la forma y el peso específico como disciplina.

Como campo disciplinar, la mercadotecnia política designa un conocimiento, busca la verdad con rigor y objetividad. También cumple con los elementos esenciales del conocimiento científico que son la corregibilidad, la demostrabilidad y la descrabilidad.

La mercadotecnia presenta elementos de cientificidad, en tanto que la ciencia es un proceso de averiguación, un procedimiento para hacer preguntas y resolver problemas y para desarrollar métodos más eficaces y modernos. De esta forma, se puede afirmar que la mercadotecnia política es un cuerpo de conocimientos sobre el proceso de intercambio político y de legitimización de grupos gobernantes o que aspiran a serlo.

Como disciplina, sus conocimientos están en constante renovación y actualización, desechando esquemas, técnicas y métodos rebasados y construyendo continuamente nuevas pautas del entendimiento y comunicación socio-política. En este sentido, es una disciplina diferente que se aleja de los principios del positivismo que considera que todos los fenómenos están sujetos a leyes naturales invariables. Es una disciplina que tiene una arista teórica y una aplicada.

Sus hallazgos se pueden contrastar con la realidad, demostrando la validez de sus principios generales y la aplicación de los mismos a otras realidades específicas. En este sentido, se cumple el principio conductista de generalización en la que sus principios pueden aplicarse en otros casos, siempre y cuando presenten las mismas características y se den en similares circunstancias.

Su Concepto

Como pasa en otros campos del saber, no existe una definición única y absoluta sobre la mercadotecnia política, sus alcances y límites. Para Salvador Mercado, la mercadotecnia política consiste en la aplicación de los conceptos básicos de la mercadotecnia para satisfacer las necesidades y expectativas del mercado electoral.[21] Por su parte, Francisco Javier Barranco Sáiz, señala que el marketing político es el conjunto de técnicas que permiten captar las necesidades que un mercado electoral tiene, estableciendo, con base a esas necesidades, un programa ideológico que las solucione y ofreciéndole un candidato que personalice dicho programa y al que se apoya e impulsa a través de la publicidad política.[22]

De acuerdo a Carlos Fernández Collado y Roberto Hernández Sampieri, la mercadotecnia política es el conjunto de actividades tendientes a crear, promover y ofertar, ya sea a candidatos o gobernantes, fuerzas políticas, instituciones o ideas en un momento y sistema social determinado.[23] Por su parte, Patricia Gudiño Pérez, Arturo Sánchez Martínez y Alejandro Morales Guzmán, apuntan que el marketing político consiste en un grupo de técnicas destinadas a apoyar la comunicación y el contacto entre el elector, sus preferencias, gustos, actitudes e inclinaciones y el candidato, quien para ejercer un puesto público, deberá transmitir, convencer y generar altos niveles de credibilidad y legitimación entre su plataforma política, el partido del que forma parte y lo que los electores buscan.

La primera definición tan sólo considera que se tiene que trasladar los conceptos, esquemas y principios de la mercadotecnia comercial a la política, lo cual desde diferentes puntos de vista es incorrecto. En primer lugar, la lógica de funcionamiento de las empresas es discordante a la lógica de la política. Es decir, el mercado electoral es por naturaleza distinto al mercado comercial, ya que el político responde a otro tipo de estímulos (aceptación popular y posición política), el proceso de intercambio también es diferente (se permuta apoyos o votos por programas de gobiernos o expectativas de mejoramiento público) y los actores

---

21 Véase Salvador Mercado H, Mercadotecnia de Servicios, Editorial Pac. S.A. de C.V. 1996, p.171.

22 Francisco Javier Barranco Sáiz, Técnicas de Marketing Político, Ed. Rei, México, 1997, p. 13.

23 Carlos Fernández y Roberto Hernández, Marketing Electoral e Imagen de Gobierno en Funciones: Cómo Lograr Campañas Electorales Exitosas, México: Mc Graw Hill, 2000.

involucrados en el proceso responden a motivaciones también distintas (empleo-salario versus militancia).

En segundo lugar, la política entendida en su visión weberiana, como el arte de influir en las decisiones públicas, es un campo mucho más complejo, dinámico e incierto que el comercial que responde a principios y leyes un poco más estables y predecibles. Finalmente, la mercadotecnia comercial fomenta el intercambio de objetos, valores o servicios y la política busca el intercambio de ideas, proyectos, y simpatías personales o colectivas.[24]

La definición de Javier Barranco es un poco más acertada y acorde con el planteamiento independentista de la disciplina como campo específico y autónomo del saber político. Sin embargo, también presenta sus limitaciones. En primer lugar, lo define única y exclusivamente como un conjunto de técnicas para satisfacer las necesidades que se presentan en el mercado electoral. Sin embargo, la mercadotecnia política no comprende únicamente las cuestiones técnicas, sino y sobre todo, una serie de estrategias y acciones ligadas a los fenómenos de comunicación política, la construcción de imagen, el trabajo proselitista y el estudio del mercado político.

En segundo lugar, la mercadotecnia política, aunque lo incluye, tampoco se reduce a establecer un programa ideológico o proponer candidatos para tratar de solucionar las necesidades que se presentan en el mercado electoral, ya que la mercadotecnia política, en su acepción amplia, es una disciplina que no se limita a los procesos electorales, sino que también es una herramienta que puede ser utilizada en procesos de legitimizacion política antes y más allá de los procesos comiciales.

Finalmente, los términos que usa no pertenecen al nuevo campo del saber de esta naciente disciplina, ya que habla de publicidad, propio del ámbito comercial, en lugar de propaganda que es más acorde a la mercadotecnia política.[25]

La conceptualización de Carlos Fernández Collado y Roberto Hernández Sampieri, es confusa e imprecisa, ya que, por un lado, confunde la mercadotecnia electoral con la mercadotecnia política y esta última con la pública y la mercadotecnia de las ideas.[26] Por el otro lado, esta definición es imprecisa, en la

---

24 Existen otras diferencias entre mercadotecnia comercial y política. Las más importantes son: 1) Que en la mercadotecnia política existe un limitado número de partidos y candidatos y en la comercial es enorme el número de productos o servicios que se ofrecen; 2) el mercado político es temporal y el comercial generalmente es permanente; 3) el objetivo de la mercadotecnia política es ganar las elecciones o la aprobación del ciudadano y en la mercadotecnia comercial el objetivo es la utilidad monetaria; 4) La organización electoral es dinámica, se establece totalmente nueva y la comercial es más estable; 5) Finalmente, la mercadotecnia política se basa predominantemente en voluntarios y la comercial en asalariados.

25 El término propaganda está asociado más a los aspectos políticos e ideológicos y la publicidad al ámbito comercial.

26 Aquí es importante distinguir entre los conceptos de mercadotecnia política, mercadotecnia pública, mercadotecnia electoral y mercadotecnia de las ideas. Aunque comparten conocimientos, métodos y áreas de análisis, estos son relativamente diferentes. Mercadotecnia electoral tiene que ver con la búsqueda del poder político, por lo que se da en el momento electoral. La mercadotecnia pública se asocia a la búsqueda de la legitimidad una vez en el poder. La mercadotecnia de las ideas implica la búsqueda de reconocimiento social y trascendencia de ideas, proyectos, programas y acciones originados en el espacio público o privado por parte de la sociedad y de las

medida que sólo considera el aspecto promocional de esta disciplina, omitiendo otros campos de acción como los estudios de mercado, la planeación estratégica de campañas y las actividades de proselitismo electoral, entre otras.

Por su parte, Patricia Gudiño Pérez, Arturo Sánchez Martínez y Alejandro Morales Guzmán, también enfatizan sólo en el aspecto de comunicación, aunque acertadamente introducen el aspecto de la búsqueda de la credibilidad y legitimación social como parte sustancial de los objetivos de la mercadotecnia.

Estas definiciones, lejos de aclarar el objeto de estudio, lo tornan más confuso, se contradicen entre si, se refieren a las funciones y a lo que debería de ser la mercadotecnia política y no a lo que es. Ante este tipo de limitaciones, se puede aventurar una nueva definición que bien puede ir en los términos siguientes: como campo del conocimiento la mercadotecnia política es una disciplina que se encarga del estudio de los fenómenos relacionados con el análisis del mercado político, los procesos de comunicación y legitimidad política, las estrategias proselitistas y el proceso de intercambio entre elites políticas y ciudadanos. Como herramienta política, la mercadotecnia se puede conceptualizar como una serie de técnicas y estrategias para avanzar los objetivos de poder.

Desarrollo de la Disciplina

Los estudios y debates sobre la mercadotecnia política se encuentran en auge en México, a raíz del inicio de la transición política hacia de democracia de fines de la década de los ochentas y se han multiplicado debido la pasada coyuntura política-electoral de cara a la sucesión presidencial y a la renovación de cientos de espacios de representación política a nivel estatal, distrital y municipal que se dieron en el año 2000. Tan sólo en ese año, se renovaron del 2 de julio al 12 de noviembre, además del Congreso de la Unión y la Presidencia de la República, cinco gubernaturas, la jefatura del Distrito Federal, 772 ayuntamientos, 16 demarcaciones políticas y 498 diputaciones locales. Todos estos procesos han generado amplias expectativas sobre la temática de mercadotecnia y organización de campañas políticas entre las formaciones políticas, sus militantes y simpatizantes.

En los diversos medios de comunicación, por ejemplo, frecuentemente se escuchan comentarios y análisis sobre las diferentes estrategias y campañas propagandísticas de los candidatos a la presidencia de la república, a los cargos directivos para dirigir los partidos políticos con registro nacional y a otros puestos de representación popular. Sin embargo, aún no existen en México revistas especializadas en la temática de mercadotecnia política, campañas y elecciones, a pesar de la gran diversidad de procesos electorales que se realizan año con año en el país.[27]

élites políticas. La mercadotecnia política implica a la mercadotecnia electoral y a la mercadotecnia pública.

[27] De acuerdo a Gabriel González Molina, en México se organizan cada seis años más de siete mil campañas

En las formaciones políticas se han empezado a crear espacios y estructuras especializadas en mercadotecnia política y estudio de imagen como es el caso del Partido Acción Nacional que contempla dentro de su organigrama la Dirección de Mercadotecnia Política. De hecho, todos los partidos políticos con registro ante el IFE cuentan ya con espacios y personal especializado en esta materia, aunque predominantemente en las estructuras nacionales.

En el extranjero, la mercadotecnia política está mucho más desarrollada. Por ejemplo, en los Estados Unidos se ofertan programas académicos especializados para formar mercadólogos políticos, gerentes de campañas, expertos en imagen y propaganda, así como estrategas y consultores políticos de alto nivel.[28] En estos países sobresalen publicaciones especializadas como es el caso de la *Revista Campaigns and Elections*. En ese país tiene su sede también el Centro Interamericano de Gerencia Política que organiza seminarios internacionales de mercadotecnia política en diferentes partes del mundo. En Argentina, se encuentra la sede de la Asociación Latinoamericana de Consultores Políticos (ALACOP), que ha introducido esta nueva disciplina a muchas partes del subcontinente a través de la organización de seminarios y cursos internacionales en el campo del marketing político y de encuentros entre especialistas en esta materia. En Brasil, se conformó en mayo de 1998, la Asociación de Consultores de Comunicación Política y Gubernamental de las Américas (MERCOPAM), que ofrece consultorías especializadas en mercadotecnia política a todo el continente y cuyo presidente es el mercadólogo Hiram Pessoa de Melo.

 En México, la mercadotecnia ha tenido un desarrollo diferenciado, presentándose un desarrollo incipiente como campo del conocimiento académico, y un desarrollo avanzado como campo pragmático del saber político. Es decir, la mercadotecnia se ha incorporado planamente a las campañas políticas, a pesar de que aún no ha adquirido, propiamente hablando, un estatus académico.

A la par de la pujante emergencia en México de cursos, seminarios y diplomados sobre mercadotecnia política se ha generado un amplio mercado para las publicaciones sobre esta temático o sobre la organización de campañas electorales. Sin embargo, predomina también en este tipo de materiales la orientación prescriptiva, tipo manual, por encima de los enfoques analíticos.

En materia legal, existe un vacío normativo sobre la permisividad y límites en el uso de las técnicas, estrategias propagandísticas de la mercadotecnia política. El Código de Organizaciones y Procedimientos Electorales (COFIPE), señala

---

electorales con una duración en promedio de doce semanas (*Véase Gabriel González Molina, Cómo Ganar Elecciones: Estrategias de Comunicación para Candidatos y Partidos*, México: Ed. Cal y Arena, 2000).

[28] Por ejemplo la Escuela de Asuntos Públicos de la Universidad Americana en Washington, DC ofrece a través de su Instituto de Administración de Campañas ofrece estudios sobre administración de campañas, la Escuela de Graduados en Administración Política de la Universidad George Washington ofrece una maestría en administración de campañas y la Universidad de Florida ofrece una maestría en campañas políticas.

algunas definiciones básicas sobre campañas, emblemas, encuestas y financiamiento de las campañas, pero no existe, propiamente hablando, un código que defina limites y delimite fronteras ligadas a pautas éticas de una contienda política civilizada y de nivel. Es cierto, existen otros ordenamientos propios de procedimientos del comercio, el mercado y penales que pueden ser referenciados, pero no existe en la actualidad una ley que reglamente el uso de la mercadotecnia en procesos político-electorales.

La Mercadotecnia Política y otras Disciplinas

La mercadotecnia política comparte fronteras, conocimientos y métodos con otras disciplinas como lo son la economía, el derecho, la sociología, la geografía, la informática y la computación, las matemáticas y la estadística, los estudios internacionales, la administración y las finanzas, la sicología, la filosofía, la historia, el trabajo social y las ciencias de la comunicación.

Muchas de estas disciplinas se constituyen en verdaderos soportes de la mercadotecnia. La economía, por ejemplo, le ayuda a conocer el contexto socioeconómico en el que se realizan los procesos políticos, diagnosticando las políticas económicas prevalecientes y sus efectos sobre el bienestar de la ciudadanía. La economía ayuda también a la mercadotecnia a conocer sobre la situación de ingresos percapita de los electores, el nivel de vida, ayuda a diagnosticar el mercado electoral como lo es lo referente a la oferta y la demanda y acerca de las políticas económicas de una nación.

La historia sirve a los mercadólogos políticos para conocer la evolución política de un determinado mercado electoral, su conformación y cambios que se han dado a través de las diferentes épocas. A través del conocimiento de la historia, la mercadotecnia puede realizar un diagnóstico más adecuado del mercado político, recomendar estrategias a seguir, enfatizar sobre las hazañas y remembranzas de sus héroes e identificar al candidato con valores y tradiciones muy arraigadas entre el electorado.

El trabajo social ayuda a diagnosticar los problemas sociales de los grupos más desfavorecidos de la sociedad, propone alternativas para su solución y para que candidatos y partidos puedan establecer una mejor comunicación con grupos vulnerables de la sociedad.

La ciencia política como una disciplina cercana de la mercadotecnia ayuda al mejor entendimiento de los fenómenos políticos y los temas relacionados con los asuntos de gobierno, políticas públicas y el poder. Por ejemplo, el conocer la cultura política predominante en un determinado segmento del mercado político ayuda al mercadólogo a recomendar estrategias y planes de acciones para persuadir de mejor manera ese mercado.

El derecho también es importante ya que un mercadólogo político debe basar su trabajo en el respeto a las leyes, normas y reglamentos vigentes en una determinada entidad. De particular importancia resulta, el conocimiento, respeto y observancia de las leyes electorales como lo son el COFIPE y las leyes electorales de los estados.

El estudio de fenómenos sociológicos, objeto de estudio de la sociología, tales como los movimientos sociales, la segmentación social y los conflictos de interés entre diferentes sectores sociales ayudan a que el mercadólogo político tenga una mejor conocimiento de su entorno y el medio donde desarrollará su trabajo.

La geografía auxilia en la construcción de mapas electorales, cartografías de posicionamiento de candidatos y estrategias de campaña por región. La informática y cómputo son esenciales para elaborar bases de datos sobre determinados sectores del mercado político, para llevar la contabilidad y el seguimiento de los gastos de campaña, para hacer proyecciones estadísticas sobre las tendencias electorales, para elaborar los comunicados, para diseñar una hoja de Internet, para dictar conferencias con tecnología virtual, para integrar una red de comunicación con los comités municipales, entre otras actividades.

Las matemáticas y estadística le ayudan a para conocer las tendencias electorales, auxiliar en la elaboración de encuestas sobre las preferencias electorales y para la toma de decisiones sobre bases cuantitativas.

Los estudios internacionales son básicos para conocer las tendencias mundiales y los acontecimientos internacionales que afectan o inciden en las elecciones nacionales o estatales, así como para tomar como referencias las experiencias electorales de otros países y los avances más importantes en materia de campañas políticas.

La administración y finanzas proporcionan conocimientos útiles para hacer un uso eficiente de los recursos económicos de la campaña y planificar el gasto de los mismos.

La sicología auxilia a los mercadólogos para conocer la forma en la que piensan los electores, sus valores, miedos e idiosincrasia. Para diseñar estrategias que permitan una mayor incidencia del candidato y partido sobre los electores incluyendo mensajes subliminales y procesos neurolinguísticos.

La filosofía es necesaria para conocer la historia de las ideas políticas y su sustento filosófico, para darle mayor sustento teórico a las presentaciones de mensajes y discursos de los candidatos y para rescatar ideas y planteamientos hechos por filósofos y grandes pensadores de la historia.

Finalmente, las ciencias de la comunicación como parte central de la mercadotecnia nos ayuda a diseñar las mejores estrategias de propaganda que puedan incidir en el mercado político. Esto incluye el estudio del proceso mismo de comunicación y los medios por los que llegar los mensajes a los electores.

Consideraciones finales

La mercadotecnia política es un nuevo campo del conocimiento ligado a tres fenómenos de la modernidad: el proceso de transición política hacia la democracia, el desarrollo tecnológico y la construcción de sociedades de mercado.

La mercadotecnia política es una ciencia social que se encarga del estudio de los fenómenos de intercambio político entre individuos y grupos sociales. Esta ciencia proporciona además un conjunto de técnicas y conocimientos prácticos en la búsqueda de la persuasión y la constitución de mayorías. Los resultados que genera la mercadotecnia son intangibles y, en cierta medida, difíciles de cuantificar, pero están asociados con el proceso de construcción de consensos y legitimidad política. Hasta hoy, son pocas las investigaciones de carácter científico que se han realizado en México para conocer los alcances y potencialidades reales de esta disciplina y también son pocos aún los análisis serios que existen en nuestro país que justifiquen la enormes inversiones económicas que se hacen en esta materia por gobierno, instituciones, partidos políticos y candidatos.

Desde su nacimiento, esta disciplina ha estado inmersa en un fuerte debate sobre su naturaleza epistemológica, la cientificidad de sus teorías, así como el carácter ético de su empleo. Los señalamiento van desde aquellos que le dan grado de ciencia o disciplina científica y otros que consideran tan sólo un conjunto de técnicas que utilizan políticos para acceder o retener el poder.

Sin embargo, analizado a profundidad este campo del conocimientos no es descabellado considéralo como una disciplina científica, ya que posee las características y requerimientos que toda ciencia social presenta: un objeto y campo de estudio, un método, un marco conceptual y teórico, así como la posibilidad de explicar desde una perspectiva racional los fenómenos relacionados con el intercambio político de carácter voluntario que se da entre ciudadanos y elites políticas.

Esta disciplina científica, no sólo provee de herramientas e instrumentos para la construcción de mayorías electorales, edificación de consensos sociales y reconstrucción de la legitimidad, sino que además proporciona los fundamentos teóricos y metodológicos para explicar la conducta del hombre en su actividad política y su relación social. Empero, esta disciplina tiene mucho aún que desarrollar.

Hasta hoy, como disciplina académica, la mercadotecnia ha tenido un desarrollo aún limitado, preferenciando un perfil prescriptivo, más que analítico, por lo que se impone la necesidad de abrir espacios para la investigación en este nuevo campo disciplinar. Los fenómenos políticos ligados al impacto de la mercadotecnia en los procesos de decisión del voto del elector, los estudios de mercado político, las diversas estrategias mercadotecnicas impulsadas por las formaciones políticas, así como el desarrollo de esta disciplina son, entre otros, algunas de las áreas propias para la investigación científica. De hecho, sin temor a equívocos, se puede decir que en este campo disciplinar existe una enorme veta para la investigación, ya que prácticamente son escasos los trabajos analíticos sobre la mercadotecnia política en México.

En los campos académicos, la mercadotecnia tendrá que evolucionar de ser una disciplina periférica, que se imparte de manera optativa o complementaria en los programas académicos predominantemente de ciencia política, comunicación y mercadotecnia en general o en programas de educación continua, hacia la constitución de su propio campo disciplinar a nivel superior. Es decir, a futuro los centros de educación superior tendrán que ofertar programas de licenciatura, especialidades o posgrados en mercadotecnia política, administración de campañas políticas, o en vinculación con programas académicos para la formación de consultores políticos, en sicología y comunicación de masas o estrategas de campaña.

Como parte de su desarrollo, en el corto plazo se impone la necesidad de trabajar en la delimitación y diferenciación de su campo de estudio de esta disciplina,[29] así como en la generación de líneas de investigación propias sobre el proceso de intercambio político y el análisis científico de las campañas electorales en México. De esta forma, la mercadotecnia política pasará de ser una disciplina emergente para constituirse en un campo consolidado del saber político en nuestro país.

---

29 Recuérdese que su naturaleza y objeto de estudio aún no se encuentra bien delimitado, ya que la mercadotecnia política retoma muchos de

los conceptos y categorías de la mercadotecnia comercial, de la sicología política y de las ciencias políticas. En este sentido, bien se le puede denominar, una disciplina híbrida producto de la conjugación de la mercadotecnia comercial con la política y la ciencia política.

3. Principio de mercadotecnia política

El Marketing político es una guerra de estrategias e ideas entre partidos y candidatos para conquistar la mente y voluntad del ciudadano, constituido en mercado electoral. Como instrumento, la mercadotecnia permite avanzar los objetivos políticos de los individuos y organizaciones en la búsqueda o conservación del poder público.

El marketing se refiere no sólo a aspectos de estrategia política, sino que comprende, además, temas sobre investigación y segmentación de mercados, el proceso de comunicación y persuasión política, así como, tópicos relacionados con la imagen, la percepción y la construcción de lealtades electorales.

El marketing se sustenta en una serie de principios y fundamentos, que permiten dar rumbo y direccionalidad a las acciones del hombre, en la búsqueda del liderazgo y la mejora continua. A continuación se enlistan y explican brevemente estos principios.

La repetición

Un principio básico de mercadotecnia apunta que la repetición, bien orientada, siempre genera memorización, penetración y posicionamiento en la mente del elector. De hecho, toda estrategia de mercadotecnia siempre contempla el emitir los mensajes de manera repetitiva tratando de machacar y moldear la mente de los ciudadanos. Por ello, es muy importante para un político el repetir creativamente sus argumentos centrales, parafrasearlos en diferentes foros, pero siempre manteniendo la esencia de su exposición. Recuerde, repetir es sinónimo de persuadir.

En política, los golpes propagandísticos audaces y únicos, son los que dan mejores resultados. Sin embargo, estos deben ir acompañados de una estrategia de penetración en la mente del electorado, que se logra mediante la constante y permanente repetición de mensajes.

Un principio esencial de la propaganda nazi señalaba que "una mentira dicha mil veces se convertía en verdad." Es decir, toda proposición martillada insistentemente es creída por la población. De ahí, la necesidad de definir mensajes, proposiciones y argumentos centrales impulsando su propagación de manera insistente a través de los medios que estén a su alcance. En el mismo sentido, toda organización seria debe esclarecer cuales son los problemas fundamentales del hombre y la sociedad, fijando una postura clave como partido y recalcando sus argumentos.

El principio de la repetición parte de la premisa que el elector es un hombre "plástico", cuya voluntad siempre será moldeable e influenciable por los estímulos comunicacionales que se le envíen. Esto mismo pasa con la "opinión pública" ya que ésta es moldeable e influenciable. En política, repita hasta que esté seguro que ha formado adicción y penetración en su mercado meta. En mercadotecnia, siempre trate de apropiarse de una palabra, signo, símbolo o frase que penetre insistentemente en la mente del elector.

La investigación

El marketing político implica, sobre todo, investigación y segmentación de mercados. La investigación está orientada a diagnosticar la situación sociopolítica, conocer las opiniones, preferencias, problemas, sentimientos y expectativas de los electores. Por medio de este tipo de análisis se logra tomar decisiones más racionales y, sobre todo, definir el mensaje y las estrategias proselitistas a emprender.

La investigación nos proporciona información y la información, en política, es poder. Para investigar se usan métodos cuantitativos y cualitativos, orientados a conocer mejor al elector. La investigación es la base de todo plan de campaña, por lo que nunca se debe obviar esta importante herramienta de la política.

La investigación cuantitativa permite contar las opiniones y percepciones que los ciudadanos tienen sobre tópicos disímiles de interés colectivo. Este tipo de investigación consume más recursos económicos, pero permite tener con mayor amplitud y precisión información actualizada y diversa sobre los electores.

La investigación cualitativa es mucho más económica y permite profundizar los análisis y estudios sobre los mercados electorales. Como parte de la investigación cualitativa se pueden utilizar los paneles de expertos, los *focus groups*, las entrevistas a profundidad, los estudios documentales e históricos y las entrevistas con informantes clave, entre otros.

En toda estrategia política, lo recomendable es utilizar tanto la investigación cuantitativa como la cualitativa, buscando maximizar recursos y ampliar los niveles de información. La conformación, por ejemplo, de un centro de documentación y estudios estratégicos pudiera ser la instancia encargada de las investigaciones. Su función está orientada a realizar trabajos de "inteligencia política," construir bases de datos, realizar encuestas, analizar las fortalezas y debilidades de la oposición, así como conocer a profundidad los antecedentes y curriculums de sus contrincantes políticos.

Todo político serio debe realizar algún tipo de investigación de mercados electorales, que le permita hacer política sobre bases más firmes y objetivas. Recuerde que las campañas son ejercicios proselitistas inteligentes sustentados en el manejo de información precisa y oportuna. Nunca olvide que la información es poder.

La venta

Un buen político es, sobre todo, un buen vendedor. Un político sensible ante los problemas de los demás, que atiende con cortesía y respeto a los ciudadanos, que entiende la política como proceso de construcción y de relación, que se preocupa por incorporar valor agregado a la sociedad y dar seguimiento responsable a sus acuerdos.

Un gran vendedor, atento a los requerimientos, preocupaciones, propuestas e inquietudes de los demás, que entiende a los ciudadanos como sus más importantes activos (clientes y consumidores) de sus ideas y propuestas, que cimienta su futuro en base a su trabajo, su disciplina y entrega.

Un vendedor de ideas, propuestas, políticas y programas, que tiene la habilidad de persuadir a los demás sobre la bondad de sus propuestas, que documenta sus intervenciones y modera sus posturas. Un vendedor con visión de futuro, que se preocupa por ganar y conservar la amistad y lealtad de los demás, que se comporta como amigo cercano, que reconoce errores y omisiones, que siempre camina hacia adelante. Un vendedor que suma voluntades, agrega compromisos y unifica a los equipos.

Un vendedor que evita los excesos, no se "sobre vende," ni es altamente protagónico. Un vendedor humilde y responsable, que escucha, piensa y actúa, siempre buscando el beneficio colectivo. Un político moderado que aparece sólo en eventos necesarios, que no satura, ni enfada a los demás.

La credibilidad

Lo más importante en la política es que le crean, ya que todo aquel que se dice político y no es creído no es un buen político. La credibilidad es una consecuencia directa de la honestidad y el resultado de un comportamiento ético. La credibilidad tiene que ver, además, con la veracidad, el prestigio, la coherencia y, sobre todo, el cumplimiento de la palabra empeñada.

La credibilidad, como la política, implica un proceso de construcción que debe atenderse y edificarse en base al esfuerzo, la disciplina y la honestidad. La credibilidad es efímera y así como se construye se puede destruir. Usted debe saber que el elector cree lo que quiere creer y no cree lo que no quiere. Recuerde siempre, la honestidad es un plus en política.

La credibilidad cuando se pierde, es muy difícil de recuperar, de ahí que todo buen político debe cuidar escrupulosamente el carácter de sus actos, declaraciones y tipo de amistades que frecuenta.

Un político siempre encontrará obstáculos para ser creído, por lo que debe esforzarse aún más por lograr que los ciudadanos confíen en sus palabras y planteamientos. Tener credibilidad implica poseer autoridad moral y generar confianza en los ciudadanos.

El elector es un incrédulo de los políticos, ya que tiene muchos motivos y razones fundadas para desconfiar. Para construir credibilidad un político debe ejercer un liderazgo basado en la comunicación, la delegación de responsabilidad, la motivación, la valoración de la creatividad y esfuerzo personal, el trabajo en equipo y sobre todo, en la veracidad. Esta última se debe transformar en un paradigma de comportamiento del líder.

La legitimidad de un líder se encuentra directamente relacionada con la credibilidad. Un líder sin credibilidad es un cabecilla sin futuro. Un líder con credibilidad es un dirigente que, más pronto que tarde, será reconocido socialmente y llamado a ocupar responsabilidades importantes.

La credibilidad es la piedra angular de la persuasión. Los auditorios se dejan cortejar fácilmente y se entregan con fervor ante líderes con autoridad moral. La credibilidad forma opinión pública y moldea la voluntad de miles de ciudadanos. Cuide su credibilidad como el valor más importante en su accionar político.

El posicionamiento

El posicionamiento es el lugar que ocupa su persona u organización en la mente de los electores. Es la clave de la alta política y un elemento central de toda campaña de mercadotecnia. En política, la percepción es la realidad. Es decir, si existe el político y las políticas, existen sólo dentro de la mente del ciudadano y en la mente de otros.

El objetivo de todo buen político es posicionarse en la mente de los electores. Ningún político ha logrado apoyo popular sin antes penetrar las mentes y conciencias de los ciudadanos.

Posicionarse en la mente del elector implica que se realicen asociaciones automáticas en la imaginación de los ciudadanos con el sólo hecho de mencionar su nombre o su formación partidista. En política hay tres tipos de posicionamiento. Primero, la percepción que tiene el ciudadano sobre su persona. Segundo, la posición que tiene el elector en su mente frente a la competencia o sus adversarios políticos. Tercero, el grado de compromiso y apoyo que los ciudadanos pueden otorgar a sus propuestas, planes y programas.

Quien participa en política espera ocupar una posición determinada en una organización. Es decir, lograr un posicionamiento social que le permita o asegure un reconocimiento o un futuro más certero. Nadie participa en la política en abstracto, todos lo hacen motivados, movidos por algo.

La política implica una relación, ocupar una posición en una determinada estructura social, gubernamental o partidista. El político exitoso es aquel que ha sabido posicionarse positivamente en la mente de los demás.

Posicionarse en la mente del votante implica primero que el elector sepa que existes. Por ello, lo primero que debe hacer es darse a conocer ante la sociedad por los medios que estén a tu alcance. Segundo, posicionarse implica que los ciudadanos se interesen en conocer más de ti, saber de tu pasado, tus experiencias y tus éxitos. Conocer cuales
son tus propuestas, ideas y opiniones. Por eso, es importante no sólo que los demás sepan que existes sino además que asumes posturas que los demás comparten, que piensas como muchos otros y que defiendes las mismas causas que los demás defienden. Tercero, posicionarse implica también el que los electores se involucren en tus propuestas, planes y "utopías." Implica que los demás sientan el deseo de retomar tu causa y acompañarte por el sinuoso sendero de la política, que se sientan identificados contigo y crean firmemente en la pertenencia de grupo. Finalmente, posicionarse implica que los demás se comprometan y participen activamente en los planes y proyectos que impulses. Implica que activen sus emociones y se involucren directamente en las tareas y labores que tú les encomiendes.

La diferenciación

Todo buen político debe buscar diferenciarse respecto de la competencia. Las elecciones son cada día muchos más competidas por diferentes personajes, no sólo por lo que implica la participación, desde la perspectiva ideológica y política, sino también por los beneficios económicos y de poder que la misma posición de gobierno y representación trae consigo.

La forma de diferenciarse, puede ser distinta, desde el tipo de plataforma programática, el catálogo de propuestas para la ciudadanía, los colores del partido, las estrategias de comunicación y persuasión que privilegié, hasta el medio que utilice para difundir sus mensajes y propuestas. Sin embargo, la principal diferenciación debe ser en creatividad e innovación de su campaña respecto de la competencia.

Ser diferente implica hacer análisis y ser observador sobre los mismos procesos políticos, hacer lo que otros no hacen, tratar los temas que la competencia no quiere tratar, aportar lo que otros no aportan, proponer lo que otros no proponen. En fin, utilizar la imaginación y atreverse a ser diferente respecto de los demás.

Sin embargo, se debe ser prudente y cauteloso en los medios y métodos que escoja para lograr la diferenciación, ya que no sería recomendable diferenciarse por lo ridículo, incoherente o utópico de sus planteamientos y acciones, sino por la seriedad y creatividad de sus ideas.

La imagen

La imagen es la percepción que se forman los demás de un individuo en su relación social. Es una percepción compartida de los electores sobre un político y su accionar. Todo político tiene una imagen, que lo acompaña como su sombra por los senderos donde camina. La imagen es inevitable y dinámica. Es como un castillo de naipes, su construcción es muy delicada y laboriosa, sin embargo, es muy fácil destruirla.

En política, la imagen lo es todo. Un buen político se preocupa por construir imagen y conservar una buena reputación. Diseñe su imagen prototipo, trabaje por construirla y úsela. Con gran sabiduría, decía Julio Cesar, "la mujer del Cesar no sólo debe ser honesta, sino que tiene que parecerlo." Es decir, el político, no sólo se debe ser honesto, eficiente y responsable sino, sobre todo, tiene que parecer honesto, eficiente y responsable. Y esto, sólo se logra con una buena gestión de imagen.

Construya su estrategia de imagen que le permita alcanzar un buen posicionamiento en la mente de los electores. Los ciudadanos son propensos a adorar y venerar imágenes sean estás religiosas, deportivas, artísticas o políticas. Recuerde, que en una democracia electoral, el voto, que no es más que la percepción de la gente manifestada en acción electoral, es la divisa más importante con que cuenta un político.

La imagen está ligada a la marca. Su imagen es, de hecho, la marca, el distintivo personal que lo acompañará de por vida. Cada persona debe esforzarse en construir positivamente su imagen. Esta "marca" le da identidad, prestigio y categoría. Si es un buen político usted debe de inmediato iniciar el proceso de construcción o rediseño de su marca.

La imagen tiene mucho que ver con la visión. Dice un dicho popular,"una imagen habla por mil palabras". Gorbachov lo parafraseó de la siguiente manera "es preferible ver una vez, que escuchar cien veces."

La imagen se forma por sus acciones, apariencias u omisiones. Por eso, siempre piense y calcule cuales serán las consecuencias de las determinaciones que tome. Su historia personal y su comportamiento social, juegan también un papel muy importante en la construcción de su imagen.

Si usted es un profesional de la política, tenga un manejo de imagen también de carácter profesional. La imagen es una representación mental, un fenómeno imaginario en la mente de los demás, que debemos cuidar ó preservar cuando esta nos es favorable o cambiar cuando esta no nos beneficia. Recuerde, la humildad lleva siempre al político por el sendero del éxito.

La imagen es la opinión que resume la percepción de los electores respecto de una persona u organización. Esta imagen siempre es sujeta de auditoría para conocer sus fortalezas y debilidades. Nunca menosprecie las potencialidades y las ventajas que le ofrece la auditoría. Auditar es, en este caso, examinarse internamente para mejorar.

La gestión de la imagen implica una serie de planes y proyectos orientados, primero a diagnosticar las fortalezas y debilidades que se encuentran en la percepción que los demás tienen acerca de su persona. Segundo, a diseñar una serie de acciones y estrategias para mejorar la imagen pública y, tercero, para evaluar y retroalimentar los planes iniciales.

El estereotipo

Un estereotipo es una representación social compartida por un grupo que define, de manera superficial, a los individuos a partir de supuestos que desconocen sus auténticas particularidades, capacidades y sentimientos. Dos estereotipos muy comunes son los siguientes: Si algo es caro, seguramente es de buena calidad. Si alguien es político, indudablemente es corrupto.

Los estereotipos son más destructivos que constructivos. Una vez que un estereotipo se ha fijado en la mente, es muy difícil cambiarlo. La gente no le gusta cambiar su mente, una vez que le perciben de una forma se acabó. Por ello, cuídese de los estereotipos negativos, y aproveche los estereotipos "positivos".

Los estereotipos son muy comunes en la política. De esta forma, se polariza y segmenta a los actores políticos en buenos o malos, oficialistas o independientes, corruptos, u honestos. En la política partidista es muy común escuchar los siguientes estereotipos: Un partido (y por consecuencias sus militantes) es moralista, conservador y clerical, el otro es corrupto y autoritario, mientras que el otro es violento, conflictivo y radical.

El buen político sabe navegar en el mundo de las generalizaciones y los estereotipos, transformando las debilidades en fortalezas, convirtiendo las derrotas en victorias. Trate de identificar los estereotipos más comunes y utilícelos en su favor. Los electores toman muchas de sus decisiones por percepciones de segunda mano, que provienen de familiares, amigos, compañeros de trabajo o de estudio. Los estereotipos dominan el campo de la política. Sepa identificarlos, conozca su proceso de formación y, lo más importante, logre que los estereotipos trabajen a favor de sus propósitos políticos.

La identidad

La identidad es el sello distintivo que diferencía a una persona de otra. Siempre hay dos tipos de identidades. La interna y la externa. La identidad interna implica el sí mismo, las posesiones físicas e intelectuales del individuo, el sentido que da a sus actos, percepciones, motivos e intenciones. La identidad externa, es la marca o el sello distintivo que se construye en su relación social.

En política, la edificación de identidades es algo muy importante, tan primordial como la construcción de imagen y credibilidad. El elector instintivamente, como ser gregario, siempre se identifica con alguien, genera filias o fobias, simpatías o antipatías. Se identifica con usted por una serie de factores, tal como se identifica el aficionado por su equipo favorito de fútbol, dependiendo de su coincidencia geográfica, racial, ideológica, política o de género.

La formación de identidades es un proceso natural propio de los seres humanos, que se debe estudiar a profundidad. El elector se puede convertir en un seguidor suyo, en un "fanático," en un apoyar de sus ideas y propuestas siempre y cuando se identifique con usted, con su causa, objetivos o sus métodos.

Todo gran político debe aspirar a formarse una identidad propia e independiente, con un fuerte sentido ético que lo diferencie de los demás y que le genere simpatía por parte de los electores. Una identidad que le facilite el posicionamiento y le genere condiciones para ganar procesos electorales.

Si usted no tiene la capacidad de formarse una identidad propia, seguramente no logrará trascender en el mundo de la política. Atrévase a hacerlo y goce de sus beneficios.

La comunicación

La mercadotecnia es el proceso de comunicar imágenes, ideas, sensaciones y emociones. Sin comunicación no es posible hablar de mercadotecnia, ya que la comunicación se constituye como la piedra angular de la disciplina y es la base del éxito electoral.

La comunicación siempre ha jugado un papel muy importante en la política. De hecho, la política es, en esencia, comunicación. Un político con escasas habilidades para comunicarse es un pobre político. En cambio, un político diestro en el arte de la oratoria y la argumentación discursiva siempre será reconocido y aceptado socialmente.

El elector es un gran consumidor. La democracia no sólo ha posibilitado la edificación de los mercados electorales, sino también la construcción del consumidor político. Los electores son sus clientes que tiene que atender y también entretener mediante adecuadas estrategias de comunicación. Nunca olvide que la política también es consumo y entretenimiento.

El político debe usar la comunicación como instrumento orientado a generar legitimidad y difundir información útil hacia los electores. La comunicación permite mantener informada a la sociedad sobre los logros, avances, problemas y planes de un político.

La política en la era contemporánea es, en esencia, mediática. Es decir, está sujeta a una serie de mediaciones a través de instrumentos tecnológicos como la radio, la televisión o la computadora. Es, en esencia, video-política. Por ello, todo buen político debe estar preparado para enfrentar exitosamente a los medios de comunicación y poder sacar ventaja de los avances de la era mediática. En este orden de ideas, es importante que todo político se prepare y maneje con propiedad el arte de "enfrentar" a los medios de comunicación. Lea y asista a cursos sobre *media training*, construcción de imagen y locución. Los resultados serán, sin duda, muy satisfactorios.

Todo político debe tener muy en claro sus objetivos comunicacionales y utilizar diversos medios para transmitirlos. La televisión y la radio le permiten amplitud, el contacto directo profundidad y cercanía.

Ante las cámaras de televisión, es importante sonreír, cuidar sus gesticulaciones y, sobre todo, atender su imagen. Recuerde siempre, un buen político es un gran comunicador.

Comentarios finales

En la época moderna, la política es el arte de persuadir y construir mayorías electorales estables. Un político no nace ni tampoco se hace. Un buen político se forma, se educa, se construye. El marketing político proporciona una serie de herramientas, técnicas, estrategias y conocimientos útiles para el hombre político, contribuyendo en su formación y mejoramiento.

La mercadotecnia comprende además la elaboración de planes estratégicos orientados a alcanzar las metas políticas, dar rumbo y dirección a los esfuerzos colectivos y, sobre todo, cohesionar y dirigir equipos de trabajo. La mercadotecnia también implica la segmentación de mercados para definir estrategias claras y precisas destinadas a persuadir a nichos específicos, ahorrando recursos y, sobre todo, orientando esfuerzos para maximizar resultados.

El marketing es una guerra de percepciones que se libra entre diferentes candidatos y partidos por la conquista de la voluntad de los electores. Es también una lucha por manipular las percepciones y mentes de los ciudadanos, en la que los tiempos y las estrategias comunicacionales son muy importantes. Trate siempre de ser el primero en la mente de los electores, ya que esto es una buena estrategia de mercadotecnia.

El político moderno debe ser sincero y cercano a la sociedad, dejando atrás los ritos protocolarios innecesarios. Recuerde que la   sinceridad desarma. Toda afirmación negativa que haga sobre sí mismo es aceptada instantáneamente como una verdad. Por ello, cuando sea necesario, reconozca algo negativo sobre si mismo (sea autocrítico) y luego conviértalo en positivo.

Los principios aquí señalados son válidos también para los gobernantes. Sin embargo, si usted es parte de la oposición, no se preocupe. Recuerde que la política es una rueda de la fortuna que gira y cambia constantemente. En la fortaleza hay debilidad, pero también en la debilidad hay fortaleza. Esté alerta, ya que la división siempre acechará a los poderosos. Como político moderno, busque un atributo opuesto al gobernante y posesiónese de él. Recuerde siempre, el marketing político es un juego disputado en la mente del elector. Quien gana este juego, triunfa en la política.

4. MERCADO Y DEMOCRACIA

México ha experimentado, en los últimos años, cambios importantes en materia política. Uno de estos cambios tiene que ver con la conformación de un emergente mercado electoral y una mayor competitividad del sistema de partidos. A la par de estas transformaciones, se ha incorporado a las campañas políticas, un creciente uso de técnicas, estrategias, procedimientos y prácticas de promoción novedosas, conceptualizadas con el nombre genérico de marketing político.[30] Estas prácticas y esfuerzos promocionales son orientados, en general, para cortejar al elector y buscar el respaldo popular hacia partidos y candidatos que aspiran a ocupar cargos de elección pública.

El concepto de mercadotecnia política implica, por un lado, la idea de mercado en su acepción amplia y, por el otro, el de democracia, ya que la razón de ser de esta disciplina está asociada a la conformación de un universo de electores quienes de forma libre participan en una relación de intercambio político voluntario con candidatos o formaciones políticas. El término mercado, implica sobre todo, la relación de intercambio y la democracia, las reglas que determinan el tipo y forma que adquiere este intercambio político.

Esto nos lleva a conceptualizar el marketing político como una relación de intercambio voluntario entre ciudadanos y partidos (candidato) dentro de un marco de democracia y pluralidad. Esta concepción va más allá de muchos señalamientos críticos y de concepciones simplistas sobre la naturaleza de la mercadotecnia política vertidos por algunos analistas, políticos y estudiosos de las cuestiones sociopolíticas. Por ejemplo, se ha dicho que la mercadotecnia representa una amenaza al proceso de consolidación democrática y que no es más que una forma de trivializar la política y convertirla en espectáculo.[31]

Sin duda, la mercadotecnia política es mucho más que espectáculo, corsé, gesticulaciones, rito y protocolo. Implica un universo de ciudadanos con visiones e intereses distintos que son sujetos de cortejo y persuasión por parte de candidatos y partidos en la búsqueda del poder político.[32] Implica además un esfuerzo de mejora continua y toma de decisiones más racionales basadas en los estudios de mercado. En este sentido y con el fin de profundizar el debate sobre la mercadotecnia política, su nacimiento, importancia y desarrollo en México se presentan diez planteamientos hipotéticos, que aquí denominaremos tesis, sobre esta naciente disciplina, de cara a las nuevas tendencias políticas que se presentan en este inicio de siglo.

---

[30] La mercadotecnia política es una disciplina que se encarga del estudio de los fenómenos relacionados con el mercado político-electoral, los procesos de comunicación y legitimidad política, las estrategias proselitistas de partidos y candidatos, el proceso de intercambio voluntario entre la sociedad política y los ciudadanos.

[31] Véase, Alonso, Jorge *Democracia Incipiente*, Guadalajara: Ed. ITESO, 2000.

[32] Este señalamiento supone que la comunicación es sólo una parte de la mercadotecnia política, ya que esta disciplina la trasciende e integra. Esto implica que son dos conceptos distintos, pero con algunas áreas comunes.

Tres Tendencias Mundiales

La mercadotecnia política ha estado asociada con tres nuevas tendencias de la modernidad: el desarrollo tecnológico, la tercer ola de transiciones hacia la democracia y el establecimiento de sociedades de mercado.

A través del desarrollo tecnológico, la mercadotecnia política ha alcanzado niveles sin precedentes, ya sea en forma gráfica, escrita, en audio o video. De esta forma, encontramos, por ejemplo, fenómenos como el telemarketing, la videopolítica y el uso de la Internet en las campañas electorales. Con el diseño gráfico por computadora, la impresión digitalizada y las cámaras digitales la propaganda política ha logrado avances "revolucionarios," pasando, en menos de un siglo, de un formato lento y restringido (libros, graffitti, carteles y folletos) a uno de alcances mundiales.

El actual proceso de democratización ha influído también enormemente en el desarrollo de la mercadotecnia política. Ciertamente, la propaganda también se ha desarrollado bajo regímenes autoritarios e incluso, totalitarios como fue el caso de la Alemania de Hitler, pero bajo el paradigma de la democracia la mercadotecnia ha alcanzado altos e inimaginables niveles de desarrollo. Esto es así, en parte, por la constitución del mismo mercado electoral, la disputa de este mercado por una pluralidad de actores y formaciones políticas y la búsqueda de nuevas y modernas técnicas de persuasión en la búsqueda del poder público.

De esta forma, mercadotecnia política y democracia aparecen como dos fenómenos estrechamente relacionados. Esto es así, en gran parte, debido al hecho de que la lógica del control social y legitimidad de un grupo de poder político, dentro de una sociedad democrática, se basa la legitimidad que proporciona el voto popular, por lo que sus esfuerzos se encaminan a mantener o incrementar el respaldo social que los electores otorgan. Es decir, en una sociedad democrática, donde el voto universal, directo y secreto de los ciudadanos decide el carácter de la representación política, buscar un puesto público de elección popular es esencialmente un ejercicio de mercadotecnia.

Por otro lado, el predominio de la sociedad de mercado y, por consiguiente, de consumo, como nueva característica de la modernidad, también ha influído en el desarrollo de la mercadotecnia. De hecho, los electores se han convertido en grandes consumidores de productos y servicios políticos, lo que ha posibilitado el que la propaganda mediática, como forma moderna que adapta el marketing político, pueda llegar a millones de ciudadanos, constituídos en mercados electorales. En el desarrollo de esta disciplina en México también han influído los montos presupuéstales que por ley corresponden a cada uno de los partidos para impulsar sus campañas, ya que tan sólo para el proceso federal del año 2000 se asignó un monto presupuestal cercano a los cuatro mil millones de pesos.

Todos estos factores han originado que la mercadotecnia política haya experimentado un desarrollo sin precedente en los últimos diez años. Sin embargo, este desarrollo ha sido diferenciado, ya que mientras que, como herramienta de la política, su uso por partidos y candidatos se ha generalizado, principalmente a nivel de estructuras nacionales, como disciplina académica se encuentra en su plena infancia. Es decir, el avance académico y de investigación científica de este nuevo campo del saber en México poco se ha desarrollado.

La mercadotecnia es un fenómeno global

Producto del actual proceso de transición hacia la democracia a escala mundial, que inició en 1974 en Portugal y que Samuel Huntington llamó "la tercer ola de transiciones," en muchas naciones los sistemas políticos y electorales adquirieron nuevas características de competitividad, pluralidad y democracia. Estos nuevos escenarios, permitieron primero la conformación del mercado electoral, después la constitución, reaparición y fortalecimiento de organizaciones partidistas y finalmente la creación de un marco jurídico más equitativo para la realización de elecciones bajo un esquema de democracia y real competencia política.

A la par de este fenómeno, se desarrolló en estas naciones la mercadotecnia política, entendida como disciplina que proporciona una serie de técnicas, estrategias y procedimientos proselitistas que permiten una ventaja competitiva a partidos y candidatos en la búsqueda del poder político. De esta forma, las formaciones políticas empezaron a preparar cuadros en el campo de la mercadotecnia o contrataron expertos y consultores para asesorarlos en materia de imagen, planeación estratégica, propaganda mediática, investigación de mercados y estrategias proselitistas, de tal forma que, poco a poco, la mercadotecnia se convirtió en un expediente común al que acudían por igual candidatos, partidos y gobiernos en la búsqueda o conservación del poder.

Hoy día, la mercadotecnia política es un expediente de alcance y presencia mundial que se ha desarrollado en todos los países con democracias electorales y se ha transformado en un referente indispensable en la organización de campañas modernas y profesionales. Esto implica la presencia y uso de la mercadotecnia no sólo en las grandes democracias de mercado del mundo occidental, sino incluso en países de democracias emergentes en regiones otrora con regímenes autoritarios o totalitarios, como el caso de Europa del Este, Latinoamérica, África y Asia.

A la par del creciente uso de la mercadotecnia política a nivel mundial, se ha constituido también una serie de asociaciones de consultores y agencias especializadas en la materia que se han preocupado por brindar asesoría en campañas político-electorales, organizar seminarios, talleres y cursos de capacitación, editar revistas y publicar libros sobre la materia, así como, realizar encuentros entre especialistas e investigadores en este campo. Tales son los casos de la Asociación Norteamericana de Consultores Políticos (ANCP), la

Asociación Latinoamericana de Consultores políticos (ALACOP) y el MERCOPAM, por señalar algunos.

La mercadotecnia es un fenómeno histórico

La mercadotecnia es también un fenómeno histórico que surge en un momento determinado, muy ligado a la universalización del sufragio, la constitución de las democracias electorales de mercado y el desarrollo de las tecnologías de la comunicación y la informática. Esto implica que, como disciplina, la mercadotecnia ha tenido un nacimiento, un desarrollo y, en su momento, muy seguramente tendrá también una transformación epistemológica.

Durante la época del comunismo primitivo, el esclavismo y el feudalismo no fue posible, ni siquiera concebible, la mercadotecnia, ya que predominaban sistemas políticos de carácter totalitario, con la notable excepción de algunas ciudades como Atenas en Grecia. En la primera etapa del capitalismo, durante el siglo XIX, se crearon algunas condiciones para el desarrollo de la mercadotecnia, pero no fue sino hasta el advenimiento de los sistemas democráticos a mediados del siglo XX, cuando la mercadotecnia política empezó a tomar forma como derivación del uso de la mercadotecnia comercial aplicada a las cuestiones político-electorales.

Los primeros spots publicitarios, tal y como hoy los conocemos, aparecieron en 1928 en los Estados Unidos por iniciativa del Partido Republicano. Roosevelt fue el primer presidente que los utilizó masivamente y fue también el primero que encargó encuestas de opinión. Sin embargo, el marketing político en su acepción moderna nace en la segunda mitad del siglo XX en los Estados Unidos. Las elecciones presidenciales de 1952 señalan el comienzo del marketing en este país. Fue Eisenhower quien utilizó, por primera vez, el marketing directo por correo con el objetivo de averiguar en qué temas claves debería centrarse la campaña electoral; utilizó además 49 diferentes spots publicitarios, contrató a expertos publicistas para modular y perfeccionar su imagen y realizó encuestas de opinión.

En México, el marketing político aparece a finales de la década de los ochenta como parte de los procesos de transición y cambio político con sentido democrático. La misma conformación del emergente mercado electoral, la desregulación del electorado y la disputa de éste por diferentes candidatos y formaciones políticas hicieron posible la incorporación de esta nueva herramienta política a las contiendas electorales.

En lo particular, los comicios presidenciales de julio de 1988, en la que por primera vez el Partido Revolucionario Institucional (PRI) no obtiene la mayoría absoluta de los votos y en la que, también por primera vez, se presenta la incertidumbre sobre el sentido de los resultados electorales y se empieza a construir la relación de intercambio político voluntario entre ciudadanos y partidos, marcan el inicio de la mercadotecnia política en su sentido y connotación moderna.[33] Ciertamente, con mucha anterioridad se usó en nuestro país la propaganda para tratar de legitimar el grupo en el poder y desde 1828 se organizan campañas político-electorales, pero, sin duda, la mercadotecnia, como su nombre mismo lo indica, está ligada a la conformación del mismo mercado electoral que sólo se puede dar en un escenario de transición democrática.

Ligada al desarrollo y socialización de nuevas tecnologías

La mercadotecnia política ha experimentado un crecimiento exponencial, gracias también al desarrollo de la tecnología de las comunicaciones, la informática y las ciencias administrativas. En especial, el desarrollo y socialización de los medios de comunicación electrónicos y la computación le han posibilitado un avance sustancial y sin precedente en la historia.

La mercadotecnia política se auxilia también de las tecnologías de vanguardia para alcanzar sus objetivos. De esta manera, utiliza como medios para su expresión a la radio, la televisión, los programas de cómputo, la Internet, la imprenta, el diseño gráfico y la fotografía. Estos medios, a su vez, complementan a la nueva disciplina, ya que sin ellos el desarrollo de la mercadotecnia sería muy limitado. Es decir, la mercadotecnia está ligada al propio desarrollo de otras tecnologías que al usarse intensivamente como medios le dan la forma y el peso específico como herramienta moderna de la política.

La mercadotecnia es un factor real de poder

En los estados democráticos modernos, la mercadotecnia presenta ciertas tendencias a transformarse en uno de los constituyentes fundamentales del poder. La mercadotecnia política implica también un nuevo campo del saber, un nuevo expediente científico al que las élites accesan para conseguir, en un marco de modernidad y desarrollo tecnológico, sus objetivos de poder. En estas sociedades juega un papel central en el proceso de legitimidad política y, sin duda, a estas democracias modernas llegó para quedarse.

La mercadotecnia, busca como objetivo central la legitimidad social y el ascenso al poder político, mediante la conquista del voto y respaldo popular. En este sentido, mercadotecnia y legitimidad política, a través de medios pacíficos y democráticos, aparecen como parte de un binomio indisoluble, ya que sólo regímenes políticos autoritarios o totalitarios se legitiman a través de la violencia, la imposición y el

---

[33] El primer libro sobre mercadotecnia política que se tiene conocimiento en México es el de Mohammad Naghi Namakforoosh, *Mercadotecnia Electoral: Tácticas y Estrategias para el Éxito Político*, México: Limusa, 1984. Este libro, visionario y pionero en este campo, se editó cuatros años antes de las históricas elecciones presidenciales del 1988. Sin embargo, para hablar propiamente de la mercadotecnia, en un sentido estricto de la palabra, implica la conformación del mercado político, el predominio y respeto del estado de derecho y la existencia de una pluralidad de actores que se disputan, en un marco de libertad, la voluntad del elector.

autoritarismo más que en el apoyo de la ciudadanía, en un marco de libertad y respecto al estado de derecho.

Es decir, lo que todo mundo debe comprender es que la modernidad nos está llevando a un nuevo universo, en el que predominan nuevas formas de hacer y entender la política, en un contexto de masificación de los nuevos dispositivos electrónicos que la tercer revolución tecnológica nos ha traído. En este contexto y tesitura es como debemos entender al marketing político de cara al proceso de transición y cambio político, ya que en una sociedad democrática, donde el voto universal, directo y secreto de los ciudadanos decide el carácter de la representación política, buscar un puesto público de elección popular es esencialmente un ejercicio de mercadotecnia. En consecuencia, el voto en la mercadotecnia es concebido como el acto supremo del ciudadano en libertad al que hay que buscar.

En este sentido, en una sociedad con democracia de mercado, la mercadotecnia política se transforma en un factor real de poder, ya que proporciona una serie de técnicas, estrategias y conocimientos útiles para el acceso al poder político o su conservación. Es una herramienta que ayuda a avanzar las metas político-electorales de candidatos, partidos y formaciones políticas en la búsqueda de la conquista del mercado electoral.

La mercadotecnia asociada a la democracia

Sin democracia no hay mercadotecnia. El uso de la mercadotecnia está directamente ligado al incremento de los niveles de competitividad política de la sociedad y a la diversificación de los actores políticos que compiten por el poder. En este sentido, la transición a la democracia iniciada a finales de la década de los ochenta ha significado, por primera vez para México, la conformación de un mercado político-electoral, el cual no existía antes con sus verdaderas y genuinas características. Las elecciones, por muchos años, no fueron sino meros ritos protocolarios para acceder al poder; la "pluralidad" partidista predominante constituía una creación artificial del Estado mexicano para consumo externo y los electores no ejercían a plenitud sus derechos políticos, ni éstos eran respetados.

Hoy día, el auge de la mercadotecnia política se debe, esencialmente, a que México ha iniciado una nueva etapa de desarrollo político de rumbo democrático, como parte de un proceso internacional. De esta forma, nuestro país se ha unido a la serie de transformaciones mundiales en su sistema político, donde la democracia se convierte, a pasos acelerados, en un paradigma universal. En este escenario de democratización a escala global, se inicia en México el desarrollo de la mercadotecnia política como parte de la disputa de los espacios de poderes públicos por parte de los diferentes partidos políticos y sus candidatos.[34]

---

[34]De esta forma, se puede afirmar que a partir del carácter y naturaleza del sistema de partidos políticos prevaleciente en una determinada sociedad se puede entender la importancia creciente de la mercadotecnia. Es

En el ámbito electoral, los nuevos escenarios de competitividad y pluralidad política están generando la emergencia y desarrollo de una nueva disciplina, ya que la razón de ser de la mercadotecnia electoral, de una u otra forma, está ligada al proceso mismo de cambio político, a la consecuente constitución del mercado electoral y al proceso de búsqueda de la legitimidad y el poder público.

De esta forma, hoy día la emergente democracia ha posibilitado la creación del mercado político, así como la existencia de votos que valen y definen el carácter de la representación pública, la cual es disputada por diferentes actores y formaciones políticas de nuestro país. En este sentido, el auge de la mercadotecnia es el resultado de un momento histórico y político determinado, de un proceso global de desarrollo caracterizado por mayores niveles de competencia, pluralidad y plasticidad de las lealtades electorales.

La mercadotecnia es también un campo del conocimiento y la investigación

La mercadotecnia es un campo del conocimiento y la investigación muy basto y poco explorado. Esta investigación en mercadotecnia política se constituye en una actividad que tiene múltiples facetas y aristas. Ejemplos de investigación en mercadotecnia lo constituyen, por señalar algunas, las actividades que realiza el partido o candidato para elaborar su plataforma programática; el consultor a fin de diagnosticar el mercado electoral y definir las estrategias a seguir; el comunicólogo que estudia el proceso de comunicación política y sugiere el diseño y la emisión de diversos mensajes; el politólogo que analiza los fenómenos políticos asociados a las campaña y procesos electorales; el docente que investiga a fin de ejercer correctamente su magisterio; así como, el investigador quien indaga, pregunta, asocia y contrasta para generar nuevos conocimientos.

Es decir, en mercadotecnia política existen, *grosso modo*, dos vertientes de investigación. Una tiene que ver con la investigación del mercado, con el diagnóstico de los problemas, sentimientos, aspiraciones y necesidades de los electores para diseñar el mensaje propagandístico y la serie de estrategias electorales. La otra se refiere a la investigación científica sobre el proceso de intercambio político, así como el desarrollo y situación actual de la disciplina. La primer área de investigación tiene un objetivo pragmático como parte de las estrategias de los partidos y candidatos en la búsqueda del voto electoral[35] y la segunda tiene un objetivo más relacionado con el análisis

---

decir, a medida que el sistema de partidos políticos adquiere características de una mayor institucionalización y un más alto nivel de competitividad política, la necesidad del uso de la mercadotecnia se incrementa.

[35] Por investigación en mercadotecnia, desde la perspectiva pragmática, debemos entender el conjunto de actividades tendientes al diagnóstico del mercado electoral, de la competencia partidista y del contexto en el que se desarrollan las elecciones. El objeto de este tipo de acciones de investigación es el diseño de la comunicación política, el análisis de coyuntura y del mercado electoral.

científico y la reflexión epistemológica.[36]

Una necesidad, no una alternativa

La nueva realidad y la modernización del sistema político implican nuevas formas de hacer, entender y procesar la política, en la que, en un escenario de competitividad y pluralidad, la legitimidad para acceder al poder, se obtiene ampliando las competencias comunicativas de los candidatos y equipos de campaña, así como, por la creatividad de los consultores y asesores de las campañas para lograr una mayor visibilidad y diferenciación de sus candidatos por parte de los ciudadanos. [37]

En este orden de ideas, la mercadotecnia aparece no como una opción para los partidos políticos, sino como una necesidad estratégica para asegurar su sobrevivencia, *so riesgo* de mantenerse en la marginidad. En este sentido, podemos decir que el futuro de los partidos políticos dependerá de su capacidad de adaptarse a las nuevas circunstancias caracterizadas por la alta competitividad y pluralidad política y en el que, sin duda, la mercadotecnia jugará un papel muy importante. De esta forma, la mercadotecnia se convierte en una herramienta para la construcción y mantenimiento de mayorías electorales más estables y claras, que fortalezcan, también en su momento, la gobernabilidad y legitimidad de los funcionarios públicos.

La mercadotecnia transformará la manera en que se hace y procesa la política.

La mercadotecnia implica una forma distinta de hacer y procesar la política, muy ligada a los conceptos de mejora continua, racionalidad en la toma de decisiones y "modernidad" en la política. Esta "modernidad" nos está llevando a un nuevo universo, en el que predominan nuevas formas de organización política, nuevos diseños institucionales, novedosos sistemas electorales y nuevas formas para persuadir al elector. En este contexto y tesitura es como debemos entender al marketing político de cara al proceso de transición y cambio político, ya que en una sociedad democrática, las mayorías electorales se logran a través de un inteligente sistema de comunicación y persuasión política.

---

[36] Por investigación de mercadotecnia política, desde la perspectiva académica, entendemos el conjunto de actividades y esfuerzos para conocer y explicar los fenómenos relacionados con el proceso de intercambio político, así como las acciones encaminadas a explicar, sobre una base científica, los hechos más trascendentales relacionados con las campañas, los procesos de comunicación política, la opinión pública, la imagen, la percepción e identidad de los candidatos, así como, el desarrollo de la mercadotecnia como nueva disciplina del conocimiento.

[37] Recuérdese que en una sociedad democrática, el ciudadano se transforma, en cierta medida, en un consumidor de productos político-electorales.

De esta forma, las campañas electorales se constituyen como espacios de comunicación por excelencia, en guerras de imágenes entre dos o más contrincantes, con el objetivo de cortejar al elector, de obtener el voto a su favor.

La mercadotecnia política implica el análisis y el conocimiento de las necesidades de los ciudadanos dentro del ámbito socio-político y el desarrollo de planes, acciones y programas conducentes a su satisfacción. Como tecnología, la mercadotecnia proporciona a la sociedad política herramientas y conocimientos útiles para el estudio y percepción del mercado político, en el diseño de planes de campaña y proyectos propagandísticos, de manufactura de programas proselitistas y mejoramiento de la imagen de hombres de Estado, políticos, líderes y actores sociales.

El objeto central de su preocupación es el conocimiento y persuasión de los ciudadanos constituidos en mercado político, investiga sus principales problemas como ente social, indaga su sensibilidad a los estímulos, analizando sus reacciones, sentimientos y comportamiento, diseña las estrategias propagandísticas más efectivas para lograr su cometido, estudia el contexto y la coyuntura política, establece relaciones entre mensaje, percepción y persuasión, se preocupa por los problemas asociados a la imagen y opinión pública, así como de las acciones proselitistas de las élites políticas, penetra en la doctrina y las teorías políticas e investiga los fenómenos de la comunicación política.

La mercadotecnia trastocará, incluso, las acciones de gobierno.

La mercadotecnia no sólo se ha incorporado a las campañas y esfuerzos proselitistas de candidatos y partidos, sino que incluso se ha constituído en una parte importante para legitimar los gobiernos. Este tipo de marketing implica un proceso de percepción, comprensión, planeación, estímulo y satisfacción de las necesidades, demandas y expectativas de los habitantes de una determinada circunscripción territorial (mercado), al canalizar los esfuerzos y recursos que dispone el gobierno para satisfacer dichas necesidades. En este sentido, la mercadotecnia implica, de cierta manera, un proceso de adaptar los recursos de una institución pública a las necesidades de la ciudadanía, conformada como mercado.

El marketing gubernamental busca, básicamente, legitimar al gobierno, y a través de esta mayor legitimidad de los funcionarios en turno o partidos en el poder apuntalar la gobernabilidad. Es decir, el objetivo fundamental de la mercadotecnia gubernamental está muy ligado a la búsqueda del apoyo popular, la legitimidad social y la gobernabilidad.[38]

---

[38] De esta forma, una de las preocupaciones centrales de la mercadotecnia tiene que ver con lograr el apoyo ciudadano o respaldo social a las acciones, programas y políticas del gobierno, para conservar o afianzar el poder.

Este tipo de mercadotecnia se ocupa, además, de los planes de comunicación social de los gobernantes en turno y de las instituciones de carácter gubernamental en la búsqueda de la legitimidad y el consenso necesario. Esto implica, que en la actividad pública, no basta un buen ejercicio gubernamental, sino que también es necesario el dar a conocer a la sociedad este buen ejercicio de gobierno. En términos coloquiales, se puede decir que el "huevo no sólo hay que ponerlo, sino que también hay que cacarearlo." Para ello, existen diferentes medios para hacerlo, como puede ser el uso de la televisión, la radio, la prensa escrita, la Internet, los periódicos murales, las gacetas, los libros y folletos, entre otros. Sin embargo, todo esto se debe hacer de manera profesional, organizada y sistematizada a través de un plan estratégico de mercadotecnia aplicada a la acción gubernamental.

La mercadotecnia es un importante campo laboral

La mercadotecnia también es un campo laboral cada día más amplio e importante. En Estados Unidos, por ejemplo, se organizan anualmente, al menos, 50 mil campañas para diferentes puestos de elección popular y se consideran todas las elecciones sindicales, de organismos empresariales, estudiantiles y otros la cifra haciende a 500 mil campañas. En México, cada tres (o seis) años se renuevan 500 diputaciones federales, 128 senadurías, 32 gubernaturas y 32 congresos estatales, la elección presidencial y 2,426 municipios que son disputados, al menos, por cinco partidos políticos con registro nacional. En total se realizan más de 3 mil campañas político electorales y si se considera toda la serie de organizaciones sociales y políticas que tienen comicios para elegir a sus dirigentes estamos hablando de más 100 mil campañas anuales.

En términos de gastos presupuéstales, tan sólo en la elección federal del año 2000, se gastaron 13,599 millones de pesos, de los cuales 3,943 millones de pesos correspondieron al gasto en campañas de los partidos políticos con registro oficial.[39] Estas campañas crecientemente han ido incorporando la mercadotecnia en todos las etapas de campaña desde el diagnóstico del mercado electoral hasta en estudios y acciones postelectorales, que involucra a miles de políticos, consultores y ciudadanos.[40] Todo esto habla de la importancia de la mercadotecnia no sólo desde la perspectiva presupuestal sino también laboral.

Reflexiones Finales

La mercadotecnia política es una disciplina en proceso de constitución que ha generado deformaciones sobre su verdadera naturaleza y alcance. Al respecto,

[39] En el 2002, el presupuesto para partidos es de 2,303,658,823.97 pesos y para el año 2003 será de 4,719,317,640.00 pesos.

[40] La consultoría política, constituye el medio más común, como los profesionistas de la mercadotecnia ejercen su profesión. Estos servicios de consultoría en mercadotecnia, como cualquier otro conocimiento, trasciende las fronteras nacionales, ya que es un producto de la globalización y del desarrollo de las telecomunicaciones.

hoy día, existe en nuestro país una amplia ignorancia social y disciplinar de este saber, por lo que se impone una estricta revisión ética de sus planteamientos, un mayor rigor en su formulación conceptual y metodológica y el cambio de su carácter instrumental a una visión más analítica.

Como campo pragmático, la mercadotecnia política seguirá, sin duda, ocupando un papel cada día más importante en las estrategias de los partidos políticos. El futuro de estos institutos estará ligado, al desarrollo de habilidades comunicacionales y de mercadotecnia política, ya que pocos podrán "sobrevivir" si se encuentran al margen de este nuevo desarrollo. En este sentido, el tipo de sistema de partidos del futuro estará condicionado y a la vez condicionará el desarrollo de la mercadotecnia política.

Las históricas elecciones del dos de julio en México, por ejemplo, mostraron fehacientemente que el nuevo paradigma de la mercadotecnia política es muy funcional y útil en el proceso de conquista del mercado electoral y de la búsqueda de la legitimación política. Sin embargo, como disciplina, la mercadotecnia política tiene aún que evolucionar para constituirse en un saber científicamente válido, legitimado y socialmente aceptado.

De ahí que, los retos futuros de esta disciplina están en relación con la construcción de su propio campo pragmático del saber (más allá de los avances de la mercadotecnia comercial), en relación con la definición de un claro status teórico y académico que este saber debe guardar dentro del conjunto de disciplinas políticas y a la construcción de un genuino marco metodológico que posibilite su desarrollo científico.

5. Las Seis C de la Alta Política

La política en México se encuentra en una grave crisis.[41] No sólo los dirigentes partidistas, los candidatos a puestos de elección popular, los gobernantes y legisladores son sujetos de gran incredulidad, sino incluso las mismas instituciones políticas y sociales experimentan este descrédito y la desconfianza social. País tras país, encuesta tras encuesta, se constata la pobre imagen que la ciudadanía tiene de los partidos políticos y sus dirigentes, a quienes percibe como corruptos, faltos de transparencia, persiguiendo únicamente sus propios intereses e incumpliendo, en la mayoría de los casos, las promesas hechas durante la campaña electoral.

En diferentes sondeos de opinión pública, sobre la valoración que hacen los mexicanos de las diferentes instituciones básicas de la sociedad, se ha concluido que la política y todo lo que ello implica, es la que menor valoración positiva tiene.[42] Por su parte, la familia, la iglesia y la escuela reportan mayores niveles de credibilidad y reconocimiento social, en ese orden de importancia.

En el imaginario colectivo, la política, los políticos y las instituciones políticas gozan de una mala imagen, falta de credibilidad y un amplio descrédito social, ya que quienes se dedican a esta actividad especializada sufren diversos cuestionamientos sociales sobre sus valores éticos y sus fines intrínsicos. De acuerdo a Juan García de Quevedo, la crisis de los actores políticos es evidente, ya que persisten y se sobreponen a la crisis de identidad, la crisis en el lenguaje, la crisis en los partidos y la crisis en la dirección del gobierno. [43]

Para una gran mayoría de mexicanos, la política es sinónimo de corrupción, manipulación, autoritarismo, inmoralidad e, incluso, maldad. El mismo Jesús Reyes Heroles decía, para referirse a la naturaleza indecorosa de esta actividad, que "la política era el arte de comer "caca" sin hacer gestos." Es decir, una actividad en la que predomina la hipocresía, la intriga, el engaño, la traición, la mentira, la suciedad y la maldad.

---

[41] Esto mismo pasa en otros países de América Latina como Argentina y Venezuela, donde las grandes mayorías de ciudadanos se han decepcionado de la política y las instituciones políticas.

[42] Por ejemplo, en una encuesta publicada por la revista The Economist a fines de 2001, se subraya el incremento peligroso en América latina el desencanto de sus habitantes con la democracia y la política en lo general.

[43] García de Quevedo, Juan, Mural 18 de febrero del 2002, p. 6 A.

Sin embargo, la política y sus actores no son sólo una realidad para nuestro país, sino una necesidad, ya que ninguna nación tiene futuro sin la existencia de un grupo gobernante que dirija los destinos del país. Es decir, una sociedad civilizada no puede prescindir de la política, por lo que los políticos y las instituciones políticas siempre serán indispensables para toda sociedad moderna.[44] Lo que se tiene que hacer, en consecuencia, es mejorar la política, la actitud y desempeño de los políticos y de las instituciones políticas.

La crisis de la política no es algo nuevo, ya que desde tiempos inmemorables se pueden rescatar casos de políticos e instituciones políticas, que por sus acciones u omisiones generaban un rechazo social, descrédito e ilegitimidad a amplios sectores de la sociedad. Sin embargo, en este documento hablaremos de la crisis de la política en la época democrática donde el nuevo paradigma político, que generó grandes expectativas sociales, ha entrado en una prematura decadencia[45] y donde muchos de sus principales actores no han terminado por entender su histórico papel, utilizando su cargo de representación público con fines de lucro y provecho personal.

La crisis de la política tiene varias causas, entre las que sobresalen los abusos, excesos, engaños, deshonestidades y corruptelas que se han dado a través de la historia política del país. Sin embargo, siendo justos la política en si no es la causante del descrédito de esta actividad y profesión, sino el mismo hombre, sus valores y su propia naturaleza humana.

En este orden de ideas, el presente capítulo aborda seis principios esenciales para poder rescatar de la crisis a la política y mejorar la percepción que la sociedad tiene de esta importante actividad u profesión. En lo particular, si bien los señalamientos pueden ser aplicados a todas las instituciones políticas, el documento enfatiza sobre las instituciones partidistas o formaciones políticas que, desde la perspectiva constitucional, son las encargadas del reclutamiento de la clase gobernante.

Una alternativa para la política

La alta política es una forma alternativa para entender, procesar y resolver los problemas que se generan en las relaciones interpersonales y sociales del ser humano. Es una forma distinta de hacer política, lo que implica la formación del nuevo político, humanista y solidario, portador de valores y principios sustentados en el civismo y la ética social. La alta política es la creadora del hombre limpio y honesto, que entiende la política como un compromiso de servir y de poder

---

[44] En este sentido, la política es un "mal necesario" para toda sociedad, ya que no se puede vivir sin ella.
[45] Se hizo creer que la democracia era la solución a todos los problemas que enfrentaba la sociedad y, en consecuencia, con el proceso de transición hacia la democracia se daría solución a la mayoría de los grandes problemas nacionales como la pobreza, la desigualdad económica, la corrupción y el narcotráfico. Sin embargo, esto no ha sido así, lo que ha generado una amplia desilusión democrática.

coadyuvar en el desarrollo comunitario. Por su parte, la baja política sustenta sus acciones bajo el principio maquiavélico que señala que "el fin justifica los medios", donde lo que importa es la conservación o el acceso al poder, sin reparar sobre cuestiones éticas, principios morales, políticos, filosóficos o ideológicos.

La alta política se sustenta en seis principios y concepciones fundamentales, los cuales deben ser cumplidos a cabalidad, ya que la falta de uno de ellos puede generar distorsiones y dinámicas regresivas hacia lo que se denomina la baja política.

1. Competitividad

La nueva realidad en la era democrática implica para un político el ser competitivo, desarrollándose en un contexto de mayor pluralidad, participación y competencia. Es decir, la política de hoy se rige por la competencia, por lo que todo político moderno, debe ser competitivo, tanto dentro como fuera de su organización partidista.

La competitividad puede ser definida como la capacidad de un político u formación partidista de mantener ventajas comparativas con respecto de la competencia y ubicarse a la vanguardia en las preferencias electorales.

La competitividad no es producto de la casualidad ni de la buena suerte. La competitividad es producto del esfuerzo, la disciplina, la visión y entrega al trabajo por parte de los actores políticos. La competitividad es, además, el resultado de las acciones, planes y programas impulsados y orientados a alcanzar metas u objetivos bien establecidos.

En política, ser competitivo implica tener habilidades de dirección, toma de decisiones, persuasión, argumentación, negociación, discusión y alocución. Un político competitivo es aquel que se esfuerza a diario para ser el primero o el mejor, aquel que está dispuesto a hacer sacrificios de corto plazo buscando el éxito a largo plazo.

Para ser competitivo un político debe diagnosticar sus fortalezas y debilidades, así como, las oportunidades y amenazas que enfrenta, para fortalecer sus capacidades, aprovechar las oportunidades, disminuir las debilidades y enfrentar las posibles amenazas. Un político competitivo tiene un pensamiento de estratega, que se preocupa no sólo por los beneficios de corto plazo, sino que traza mapas o rutas críticas de acción con visión de futuro.

Un político competitivo conoce a perfección las reglas del juego político, está informado sobre los principales acontecimientos de la vida pública a nivel local, nacional e internacional, maneja con propiedad autores, corrientes filosóficas y teorías que explican los fenómenos sociopolíticos y asiste a conferencias, cursos y seminarios para acrecentar su cultura. Es decir, está inmerso en una red de aprendizaje y de relaciones de las cuales enriquece su perspectiva. Es un individuo culto, participativo y responsable de sus actos y declaraciones.

Los beneficios que se tienen por ser competitivo son muchos. En primer lugar, un político competitivo siempre ocupará posiciones de liderazgo; en segundo lugar, un político competitivo siempre será llamado a desempeñar diferentes tareas e integrarse a diversos equipos de trabajo. Tercero, un político competitivo siempre gozará de buena imagen y reputación, la cual le ayudará a "abrirse puertas" y encontrar oportunidades de desarrollo. Cuarto, un político competitivo será siempre reconocido y admirado por propios y extraños, quienes encontrarán en él un ejemplo a seguir y reconocerán su valía y aportación. En fin, como su nombre lo indica un político competitivo es competente para desempeñarse en su puesto, cumpliendo satisfactoriamente las encomiendas y tareas que se le asignen.

Un político competitivo está a la vanguardia de los nuevos desarrollos tecnológicos usados en el campo de la política, abierto a las nuevas corrientes del pensamiento, atento a las nuevas circunstancias y coyunturas que marca el momento político, y, sobre todo, está abierto al cambio y la innovación en materia política.

2. Calidad

¿Cómo ser competitivo en la política en la era de la democracia? La respuesta es sin duda, la calidad. La calidad es un concepto que surge en el ámbito empresarial y que ha sido introducido al sector público a partir de la década de los setentas.[46] La calidad es, a su vez, un término ambiguo que se asocia a los conceptos de perfección, consistencia, eliminación de desperdicio, rapidez de entrega, servicio total, oportuno y bien hecho. De acuerdo a The American National Estandar Institute y la American Society for Quality la calidad es definida como la totalidad de las características y herramientas de un producto o servicio que tiene importancia en relación con su capacidad de satisfacer ciertas necesidades dadas.

En el sector público, la calidad es entendida como un proceso de mejora continua orientado a mejorar la eficiencia y la eficacia en la prestación de los servicios. Sin embargo, en la política, el concepto de calidad es raramente usado. En política, la calidad es una variable de imagen, abstracta y subjetiva, en la mente de los

---

[46] El gobierno norteamericano implementó actividades para el mejoramiento de la calidad en el sector público desde la década de los setentas, principalmente en el Departamento de Defensa. En 1988, el presidente Ronald Reagan firmó un decreto ejecutivo denominado Mejora de la Productividad para el Gobierno Federal. Este decretó indicaba las políticas y acciones para mejorar la calidad de los procesos en el gobierno. En ese mismo año, Reagan estableció el premio del Presidente de la Calidad para oficinas gubernamentales. En 1993, el entonces vicepresidente norteamericano, Al Gore, publicó un informe titulado Creación de un gobierno que trabaja mejor y que cuesta menos: informe de la revisión nacional de rendimiento, en el que se realizan 384 recomendaciones y 1,214 acciones para mejorar la operación del gobierno y reducir costos.

electores. Es por lo tanto, un valor intangible, que se genera con el contacto humano del político con sus apoyadores. La calidad debe ser entendida como una actitud política, orientada a servir, de la mejor manera, a los demás.

La política necesita una reconstrucción radical y la única vía es a través de la incorporación de procesos de mejora continua y calidad. La alta política considera a la calidad como un activo muy importante que todos los nuevos políticos y las instituciones deben impulsar en sus prácticas cotidianas. De hecho, cada partido político debe tener un programa de mejora de la calidad para optimizar sus prácticas y procesos políticos.

A continuación se enlistan algunas recomendaciones en materia de calidad en la política:
a. Se tiene que definir la calidad a través de los ojos de los clientes (ciudadanos). Calidad es cumplir o exceder las expectativas de los clientes (ciudadanos). La alta política considera al elector como un cliente, al que se le deben brindar las atenciones, servicios y cuidados de manera profesional y de calidad. Es decir, el centro de atención de los políticos y partidos debe ser el elector, entendido como cliente, tratando de conocer sus problemas, expectativas, preocupaciones, aspiraciones y, sobre todo, necesidades, para impulsar acciones tendientes a su satisfacción.

b. Calidad es un sinónimo de superioridad y excelencia. Un partido exitoso y vanguardista será sólo aquel que sea capaz de introducir procesos y mecanismos de calidad en sus prácticas cotidianas y tareas habituales.

c. En política, la inconsistencia, la alta rotación de directivos y variabilidad son los principales culpables de la mala calidad.

d. Sólo una política y un programa de calidad ayudará a los partidos a recuperar la confianza y credibilidad popular.

e. La calidad empieza por un adecuado programa de capacitación orientado a instruir a los dirigentes, militantes y simpatizantes del partido. Por ejemplo, en la capacitación se debe proporcionar información sobre políticas y estrategias del partido, estándares de desempeño, normas de conducta y principios ideológicos que deben ser respetados e impulsados por todos los militantes.

f. En los partidos se debe privilegiar los liderazgos centrados en la participación y la búsqueda de mejoras continuas. Es decir, una preocupación fundamental de los partidos debe ser la creación de capital intelectual y de los nuevos liderazgos que demandan los tiempo modernos.

g. Las patologías que generan mala calidad en las instituciones partidistas y los actores políticos que deben ser eliminadas son las siguientes: La falta de cooperación, la incapacidad de procesar los conflictos internos, el inmovilismo y el miedo al cambio, la carencia de constancia en los propósitos, la visión a corto plazo, el populismo y demagogia, la deshonestidad, corrupción y conductas inapropiadas, la falta de capacidad para adecuarse a los cambios del entorno y finalmente, la mentira, el engaño y la deshonestidad.

3. Construcción de Consensos

La alta política implica el dejar atrás las formas antiguas de hacer política basadas en la imposición o en la cultura de la simulación, para pasar a la nueva política de la construcción de consensos. De acuerdo a Rodrigo Borja (1998), el consenso denota un acuerdo expreso o tácito entre los miembros de una comunidad o cuando menos una opinión ampliamente compartida por ellos sobre un determinado asunto. El consenso es el resultado de la negociación, la conciliación y la eliminación final de los disensos dentro de un grupo u organización.

En consecuencia, todo político moderno, debe hacer política buscando alcanzar los mayores consensos, tratando de contar con una amplia base popular que respaldan sus propuestas y acciones. Es decir, un político que negocia, concilia y acuerda con las demás políticas generales en beneficio de las mayorías.

Un político que toma sus decisiones más importantes y trascendentales no de manera unipersonal, sino que pide la opinión de los demás, pondera los argumentos y decide en base al interés general anteponiéndolo a su particular punto de vista.

Un político que consensa es un estadista que se respeta, reconoce y admira, ya que a pesar de estar legalmente facultado para tomar una determinada decisión, primero somete su juicio al escrutinio de sus colaboradores o incluso adversarios políticos, tratando de encontrar puntos de coincidencia y áreas de oportunidad.

La forma tradicional de consensar es a través de la conservación y la negociación, buscando no imponer siempre su voluntad, sino el lograr que otros incorporen elementos y aporten en el mejoramiento de la propuesta o en el perfeccionamiento de la decisión que se tomará.

El consenso supone intereses y objetivos compartidos, en la búsqueda de metas y objetivos trascendentes. Sin embargo, toda estrategia de búsqueda de consensos debe ser cuidadosamente vigilada, ya que en política toda decisión que se tome puede generar algún tipo de costo político.

Recuérdese que en toda sociedad democrática, los electores no dependen de los políticos, sino que los políticos dependen de los electores, de ahí la necesidad de formar los consensos y realizar las negociaciones que permitan lograr la gobernabilidad y legitimidad de los políticos.

4. Cuentas claras

Otro de los principios de la alta política tiene que ver con la responsabilidad en el ejercicio de gobierno también llamado *Accountability*. Este principio establece que todo político o funcionario público que tiene bajo su resguardo algún tipo de bien o recurso público, éste debe ser manejado con responsabilidad, informando con precisión sobre el uso y destino de dichos bienes. Responsabilidad en la política implica **cuentas claras** en el manejo de los asuntos y recursos públicos. Es decir, un político abierto a la sociedad, que informa sobre sus acciones, el origen y destino de los dineros y que está sujeto a todo tipo de fiscalización y control de los recursos que maneja.

Accountability implica una política de cero tolerancia hacia la corrupción, rendición de cuentas a la sociedad y, sobre todo, eficiencia en el ejercicio de gobierno manifestada a través de la competencia administrativa. El principio de cuentas claras implica además reconocer que el servidor público es un empleado de la sociedad, al que se le han encomendado una serie de tareas y funciones en la búsqueda del bien común y la solución de los problemas de la sociedad.

El principio de cuentas claras denota transparencia, honestidad, limpieza y claridad por parte de los políticos. Esto implica, a su vez, un cambio paradigmático en la forma que tradicionalmente han actuado los políticos en la que nuevos valores y principios se adoptan en este incitante campo.

Las ventajas que se generan mediante una política de cuentas claras son muchas. En primer lugar, una administración transparente y responsable siempre será reconocida socialmente, generando beneficios como la construcción de una buena reputación e imagen positiva. En segundo lugar, una política de cuentas claras dará pocos elementos o armas para el ataque por parte de sus enemigos políticos. En tercer lugar, las cuentas claras le darán seguridad jurídica y moral para emprender cualquier otra aventura política en el futuro. Finalmente, una política de "cuentas claras" le permitirá seguir ocupando posiciones importantes en la propia administración pública.

5. Congruencia

La crisis de la política y los políticos se ha profundizado a raíz de la falta de congruencia entre lo planteado en los documentos básicos de los partidos, las promesas de campañas de los candidatos y las plataformas programáticas y los hechos y acciones emprendidas por los políticos, una vez que fueron electos. De hecho, sin temor a equívocos se puede decir que "la única congruencia en todo político tradicional es que se es siempre incongruente."

La congruencia debe ser un requisito indispensable para definir la calidad en la política, ya que un principio básico de los sistemas de mejoramiento de la calidad establece la necesidad de ser congruente con lo que se dice y se hace. Por ejemplo, en el caso de los ISO un principio básico de este sistema señala que "se debe decir lo que se hace, estableciéndose por escrito y se debe verificar que se hizo."

La alta política implica el ser congruente en los hechos y declaraciones. La congruencia en la política es un activo y un valor mucho muy importante, que, por desgracia, varios políticos, principalmente los de corte tradicional, han olvidado. Ser congruente en la política implica el que exista conexión entre lo que se señala en los documentos básicos del partido y lo que se práctica por los dirigentes y militantes del partido. Ser coherente implica además el cumplir con los compromisos de campaña, dando seguimiento a la plataforma programática, a los acuerdos y promesas hechos al calor de la contienda política.

Ser congruente implica, además, fijar una determinada posición política e ideológica y mantenerse leal a ella en el tiempo y el espacio, a pesar de las inconveniencias y circunstancias particulares que se presenten. Es decir, un político coherente es fiel a su partido, sus principios ideológicos y su filosofía, más que a las personas y a los intereses particulares de sus líderes.

Por su parte, un político incoherente es un oportunista que busca sólo el beneficio particular, sin reparar en compromisos establecidos o posiciones tomadas con anterioridad. Es decir, ser incongruente implica el contradecirse constantemente y adecuar el discurso de acuerdo al tipo de auditorio al que se dirija o el tipo de grupo con el que se esté negociando.

Los beneficios que se obtienen por ser congruente son muchos, aunque también hay riesgos[47]. Los benéficos fundamentales con la congruencia son de tres tipos. En primer lugar, un beneficio palpable tiene que ver con la imagen y la reputación del político, ya que siempre se reconocerá al individuo que, a pesar de la adversidad, mantenga firme sus principios y convicciones. Por su parte, un político incongruente siempre generará dudas y sembrará desconfianza entre sus camaradas.

En segundo lugar, otro beneficio de un político congruente tiene que ver con el fortalecimiento de su liderazgo, ya que siempre habrá cientos de individuos que se ven atraídos por la congruencia y firmeza de convicciones de un político que por las incongruencias e inconsistencias de otro. Es decir, la congruencia genera y refuerza liderazgos, mientras que la incongruencia los destruye o vulnera.

En tercer lugar, un político congruente se beneficia también moralmente, ya que siempre se le reconocerá autoridad moral para hablar o referirse a un tema o un partido al que invariablemente ha pertenecido o le ha sido leal. Es decir, todo

---

[47] Los riesgos más comunes es que los líderes en turno, movidos por el pragmatismo y la avaricia, te marginen y traten de expulsarte del partido, pero tú siempre serás reconocido por tu fidelidad y adhesión a los principios.

político congruente siempre tendrá autoridad moral y socialmente le será reconocido.

Para ser congruente se requiere tener memoria histórica y saber que las acciones de todo político son sujetas de valoración por amigos y enemigos. En este sentido, la incongruencia puede representar un flanco vulnerable del que más que beneficios, un político siempre obtendrá perjuicios y ataques.

6. Cambio

El cambio permanente es consustancial a la política en la era democrática. Un partido abierto al cambio es uno que se reinventa así mismo, que rediseña sus políticas y estructuras de acuerdo a las nuevas circunstancias y tiempos, que impulsa la mejora continua de sus procesos, aquel que tiene la capacidad de transformar sus debilidades competitivas en fortalezas.

El cambio implica transformaciones cuantitativas en la forma de hacer y procesar la política, en la que la formación de capital humano y la capacitación juegan un papel muy importante para agregar valor al partido. Un partido abierto al cambio deja atrás las viejas formas de hacer política para dar oportunidad a innovadoras prácticas y modernos enfoques. De hecho, la alta política implica la apertura hacia las formas innovadoras y postmodernas de hacer política.

Para los partidos, el cambio implica abrir más espacios a la sociedad, ya que toda formación partidista debe auto concebirse como una organización que nace de la sociedad, que se preocupa por la sociedad, que sirve a la sociedad y que está abierta e integrada a la propia sociedad. En fin, un partido con profundas raíces sociales, identificado con las mejores causas de la sociedad.

El cambio implica además renovaciones importantes no sólo en las actitudes de los dirigentes y militantes partidistas, sino también en las estructuras y organigramas de los partidos, realizados a través de verdaderos procesos de reingeniería. Es decir, el estar abierto al cambio implica reformas profundas y readecuaciones de las estructuras partidistas, ya que no se puede seguir haciendo política bajo los encuadres del pasado.

Para el partido, el cambio implica además adoptar un nuevo enfoque político orientado hacia el mercado, en la que los electores son los depositarios de la soberanía y el poder popular. Para el partido, el cambio debe implicar además, realizar actividades diferentes a las acostumbradas por la competencia o realizar actividades similares pero de forma diferente.

Para el militante o dirigente, participar en el cambio implica ser diferente, innovar, tener una mentalidad propositiva y prospectiva, evitando siempre las rigideces. Implica también estar atento en las transformaciones estratégicas que realice la competencia y los cambios que se produzcan en el mercado electoral.

El cambio implica también dejar que nuevas generaciones tomen el rumbo del partido, apoyando a los nuevos valores y dando oportunidad a que modernas estrategias e ideas salgan adelante.

El cambio implica para el militante transformarse en hombre de ideas, en un pensador empedernido que siempre valora la importancia del conocimiento y la formación política e ideológica. Un cambio que signifique un mejoramiento de la actitud y aptitud de los dirigentes, el ser mejores como políticos, el cambiar lo negativo, para adoptar patrones de conducta positivas.

Un político que se opone al cambio siempre será un retrograda y conservador, mientras que un político que promueve el cambio invariablemente será un progresista. En fin, un político moderno está abierto siempre al cambio y encuentra en él, más que problemas, nuevas áreas de oportunidad.

A manera de Conclusión

La transición hacia la democracia no ha ido acompañada, necesariamente, de nuevas formas de hacer política, sino que en una gran parte de las organizaciones partidistas del país aún siguen predominando las viejas prácticas y métodos propios de sistema predemocráticos, en contra de los principios de democracia, responsabilidad, transparencia, legalidad y respeto a la pluralidad.

La crisis de la política ha dado origen a sentimientos ligados a la apatía, el desinterés y el rechazo a lo político por parte de un sector amplio de la población, así como a movimientos y actores de políticos que sustentan la antipolítica como una forma alternativa a la crisis. Es decir, en los últimos años se ha producido un notable incremento de la antipolítica antepuesta a la forma tradicional de hacer política, así como a los propios actores políticos. Sin embargo, en el futuro la salvación de la política no puede provenir del expediente fácil de la antipolítica, sino de nuevas e innovadoras formas de hacer política.

Es decir, contrario a lo que piensan sus detractores, la política si tiene salvación, pero ésta debe ir acompañada de nuevas actitudes, compromisos e identidades programáticas en la que no sólo las instituciones partidistas adquieran compromisos para el mejoramiento, sino los propios actores políticos tienen que asumir una nueva filosofía y métodos para hacer política.

La alta política no es el arte de engañar a los hombres, sino el de educarlos en los valores de la democracia, la tolerancia y la pluralidad. La alta política se sustenta en siete principios centrales a saber, la calidad, la competitividad, el cambio, el consenso, la congruencia y, sobre todo, las cuentas claras.

Hoy día, los electores están más dispuestos que antes a evaluar, escoger y analizar capacidades y propuestas antes que a votar irreflexivamente o dar un cheque en blanco por los partidos y sus candidatos. De ahí que los principios que marca la alta política puedan ser sugerentes para logran un mejor posicionamiento político y contribuir para el éxito electoral.

6. GESTIÓN DE CAMPAÑAS

Actualmente el concepto de campaña política contempla varias acepciones, por una parte, según la legislación electoral, comprende las acciones de los candidatos y partidos en la búsqueda del voto ciudadano. De igual forma, pueden ser conceptualizadas, desde una perspectiva de las ciencias administrativas, como grandes esfuerzos organizacionales en las que se trata de introducir una lógica de administración racional de los recursos con los que se cuenta para alcanzar el objetivo buscado. En este sentido, una campaña implica administración de recursos humanos, materiales y financieros, toma de decisiones, resolución de conflictos, planificación estratégica, control, evaluación, liderazgo y gestión. En otras palabras, una campaña se puede definir como un esfuerzo administrativo temporal de un grupo de ciudadanos en la búsqueda del poder público, en la que se ponen en operación una serie de recursos para alcanzar objetivos y metas específicas.

La gestión de las campañas políticas se refiere a las acciones y políticas de administración y uso racional de los recursos humanos, económicos y materiales con los que se dispone, con el fin de obtener los más altos beneficios dentro del proceso electoral. Esto implica, la incorporación de todas las funciones, conocimientos y principios propios de las ciencias administrativas a los esfuerzos proselitistas que realizan candidatos y partidos en la búsqueda del voto del elector.

En materia de gestión de campañas políticas, entendida como la administración de los procesos de persuasión, existen muy pocas publicaciones en México que abordan, desde la perspectiva de las ciencias administrativas, este campo tan amplio e importante. Por ello, en el presente capítulo se abordará, de manera, un tanto sucinta, algunos de los elementos, principios y recomendaciones más adecuadas para realizar una gestión correcta y racional de los recursos que se involucran en una campaña. Sin duda, éste será sólo un primer acercamiento dentro de un tema de investigación que se antoja promisorio en nuestro país, debido al nuevo escenario de democracia y alta pluralidad política predominante.

Este capítulo, elaborado desde una perspectiva conductista, tiene como propósito contribuir en la construcción de un campo nuevo del conocimiento sustentado en las ciencias administrativas y especializado en las campañas políticas. Con este propósito, el trabajo se ha estructurado en tres apartados, el primero de ellos dedicado a justificar el porque de la necesidad de abordar las campañas electorales desde una perspectiva de la gestión. Posteriormente, se describen las principales funciones y principios de la administración de campañas político-electorales. La parte final del trabajo se dedica a realizar una breve reflexión sobre la importancia de las campañas en el proceso de definición de la agenda de gobierno.

La Administración de una Campaña Política

Una campaña puede ser conceptualizada como un proceso mediante el cual los políticos adquieren, en el contexto de una sociedad democrática, la legitimidad para conducir el gobierno. Representan, en esencia, un proceso de persuasión intenso, planeado y controlado, que tiene como objetivo el influir en el elector a la hora de emitir su voto. Las campañas comprenden todo el conjunto de actividades llevadas acabo por los partidos, los candidatos y los equipos de campaña para la obtención del voto. De igual forma, involucran una serie de recursos que se requieren administrar, demandar diferentes acciones de gestoría para allegarse de fondos, crear o fortalecer estructuras para el proselitismo electoral y mantener una permanente comunicación con el ciudadano.

En las campañas político-electorales organizadas por profesionales se hace uso de todas las funciones universales de las ciencias administrativas, como lo es la planificación, la presupuestación, la organización, la administración de personal, la dirección o liderazgo, la evaluación y control. Estas funciones se realizan como en cualquier otra organización, pero con una agravante: las campañas son procesos más complejos que se desarrollan en un corto tiempo y, generalmente, ante la escasez de recursos. En este sentido, para una adecuada gestión, se requiere manejar sistemas complejos de administración de estos esfuerzos proselitistas.

Las mejores campañas son, generalmente, aquellas manejadas por expertos que se apoyan en los principios generales de las ciencias de la administración. Es decir, aquellas campañas bien planificadas, objetivamente evaluadas, bien administradas e inteligentemente dirigidas. En este sentido, se puede decir que la diferencia entre una campaña exitosa y una fracasada puede deberse al sistema administrativo que adopta y a la capacidad y preparación del equipo de trabajo que la sustenta. A continuación se aborda, de forma breve, el proceso administrativo de una campaña política y se señalan algunas *sugerencias* para su mejor dirección.

1. Planificación

Al hablar de campañas, algunos autores suelen establecer una sinonimia un tanto heterodoxa del término, al señalar que son sinónimo de caos o confusión, de tal manera que las mejores campañas son aquellas que tratan de ordenar ese caos[48]. Esto es así, debido a la gran dificultad que implica el administrar una campaña, que demanda diversas acciones y grandes recursos de manera intensiva en un corto tiempo. En este sentido, cobra importancia la planificación entendida como la tarea de trazar las líneas generales de las cosas que deben ser hechas y los métodos para hacerlas con el fin de alcanzar los objetivos organizacionales.[49] De esta forma, las campañas pueden y deben planearse, ya que toda campaña profesional reclama el diseño de un plan general donde se establezcan las políticas a seguir, las principales acciones y tareas a desarrollar, así como los temas centrales del mensaje del candidato o partido.

Existen diferentes conceptualizaciones sobre lo que es un plan de campaña. Para algunos autores, el plan es un documento escrito que explica lo que debe hacerse para que el candidato obtenga los votos suficientes para ganar la elección.[50] Para otros, el plan de campaña consiste en una guía que señala los pasos que habrán de seguirse para asegurar el éxito en una campaña política.[51]

Para efectos del presente capítulo, un plan de campaña consiste básicamente en el esbozo de las estrategias proselitistas y de propaganda a seguir por parte de candidatos y partidos políticos para avanzar sus objetivos de poder.

El objetivo central de todo plan de campaña es alcanzar y/o avanzar las metas políticas de candidatos y partidos. Es decir, busca incrementar su presencia en mercados electorales específicos, aumentar el número de votos y seguidores y, sobre todo, triunfar en los comicios electorales.

Un plan de campaña bien diseñado ayuda a mantener al equipo de trabajo en la ruta trazada, clarifica las tareas y responsabilidades del candidato, así como, del equipo de campaña, distribuye y racionaliza el uso de los recursos económicos, materiales y

---

[48] Véase, Reyes Arce, Rafael y Munich, Lourdes *Comunicación y Mercadotecnia Política*, México: Editorial Limusa, 1998.

[49] Véase, Chiavenato, Idalberto *Introducción a la Teoría General de la Administración*, México: Editorial McGraw Hill, segunda edición, 1989.

[50] Véase, Martínez Silva, Mario y Salcedo Aquino, Roberto: *Manual de Campaña*, México: Colegio Nacional de Ciencias Políticas y Administración Pública, 1997.

[51] Véase, Valdez Zepeda, Andrés, *Mercadotecnia Política: El Estado Actual de la Disciplina en México*, Guadalajara: Ed. Arrayán 2000.

humanos, todo orientado a obtener mejores resultados en las elecciones. El plan de campaña tiene como objetivo inmediato, además, la coordinación y estructuración de los esfuerzos de la campaña.

No existe un tiempo delimitado en el que se especifique en que fecha debe ser realizado el plan, ya que cada campaña política experimenta dinámicas distintas y se ve sujeta a cierto tipo de eventualidades. Sin embargo, es recomendable que el plan sea elaborado antes de que inicie la campaña, de tal manera que sea la guía que genere las pautas a seguir por el equipo de campaña. Esto no significa, que en la marcha el plan no pueda ser sujeto a evaluaciones continuas y se realicen los cambios pertinentes, como se verá más adelante.

De acuerdo con Mario Martínez Silva y Roberto Salcedo Aquino, un buen plan de campaña debe ser breve y conciso, y a la vez suficientemente flexible para adecuarse a situaciones de un entorno político cambiante[52]. Su contenido debe ser del conocimiento de los integrantes del equipo de campaña, pero se debe tener la suficiente discreción para evitar que dicho plan llegue a manos de los contrincantes o adversarios políticos.

Todo plan de campaña debe contemplar al menos las siguientes partes: Metas, objetivos, diagnóstico y análisis del entorno, las estrategias, el presupuesto, el organigrama y los programas específicos. A continuación se presenta una breve descripción de estos elementos del plan, omitiendo lo referente al organigrama y el presupuesto que se desarrollará más adelante en la parte correspondiente a organización y presupuestación respectivamente.

a. Metas y objetivos

Los objetivos son declaraciones de carácter amplio que enuncian los propósitos genéricos que se buscan alcanzar durante la campaña. Por ejemplo, un objetivo puede ser el coadyuvar en el proceso de transición política en el país o tener una plataforma para difundir los planes programáticos del partido y las inquietudes personales del candidato.

Los objetivos pueden ser generales y específicos. Los objetivos generales, como su nombre lo indica, son pautas de desarrollo genéricas en las que se establece los escenarios deseables a alcanzar. Ejemplo de objetivos generales puede ser el lograr una votación suficiente para ganar la elección, para lograr un buen posicionamiento de una determinada formación o partido político en el mercado electoral o para mantener el registro como partido legalmente reconocido.

Por su parte, las metas deben ser suficientemente precisas y cuantificables tales como el lograr, por ejemplo, el 34 por ciento de la votación, el ganar una mayor

---

[52] Ibid.

cantidad de votos en el sector de electores indecisos o el revertir una tendencia negativa o adversa en las preferencias electorales de una determinada comunidad.

Las metas y objetivos van a ser distintos dependiendo del tipo de elección, partido político de que se trate e incluso perfil del candidato nominado.

b. El Diagnóstico

Esta parte del plan constituye una sección medular que, de ninguna manera, debe ser obviado por los directivos de la campaña. El diagnóstico consiste en una descripción de la situación política donde se desarrollará la campaña, las tendencias históricas de las preferencias y lealtades electorales, las debilidades y fortalezas de los partidos y candidatos contendientes, las características geográficas y demográficas del mercado electoral, la problemática principal que aqueja a los electores, los resultados de las encuestas recientes sobre las preferencias electorales, los principales grupos de interés y líderes de la comunidad y los principales obstáculos que habrá que superar para asegurar el éxito político.

Dentro de este diagnóstico, es importante recalcar que la investigación del mercado electoral debe comprender, al menos, tres etapas: Un estudio histórico-documental, las encuestas de opinión pública sobre las preferencias electorales y la problemática del mercado electoral en cuestión, y la entrevista informal a los grupos de influencia.

c. Las Estrategias

Las estrategias son las pautas que se necesitan seguir para lograr concretar las metas y objetivos fijados. De acuerdo con Alejandro E. Lerma K, la estrategia de campaña consiste en un conjunto vinculado y coherente de parámetros de acción que buscan minimizar esfuerzos y optimizar resultados, es decir, que conduzcan las acciones partidarias al triunfo.[53]

Toda estrategia política debe responder, al menos, las siguientes interrogantes: ¿Cómo lograr que un determinado número de electores vote a favor del partido y candidato nominado? ¿Cómo lograr revertir una actitud apática o adversa al partido o candidato por parte de los electores o, en su defecto, cómo lograr mantener un alto nivel de popularidad del partido o candidato?

Las estrategias deben dividirse en diferentes vertientes como lo pueden ser las estrategias proselitistas, las de propaganda y las destinadas a lograr un mayor impacto en los diferentes sectores del mercado electoral, entre otras.

Las estrategias proselitistas deben incluir un listado de todas las actividades que se requieren realizar antes y durante la campaña electoral. Estas actividades pueden ser de presencia continua en la sociedad (candidato con arraigo y prestigio en la

---

[53] Véase, Lerma Kirchner, Alejandro E.: *Cómo Organizar una Campaña Política*, México: Edamex, 1995.

comunidad), las acciones de servicio a la comunidad (labores de asesoría legal, dispensario médico y dental, cursos recreativos y educativos, actividades de gestoría, etc.), la participación en organizaciones ciudadanas (en la estructura vecinal, en las organizaciones de padres de familia de la escuela, en organizaciones políticas, culturales y deportivas), las visitas domiciliarias, los mítines y el perifoneo, entre otros.

Las estrategias de propaganda deben comprender todo el proceso de comunicación del candidato y partido hacia los electores, en el que se incluya, preferentemente, el uso de los medios electrónicos de comunicación, la propaganda escrita, la propaganda utilitaria y la relación con los medios de comunicación.

De particular importancia resulta saber que toda estrategia de propaganda del partido o candidato debe estar orientada a movilizar los sentimientos benévolos o tocar los acordes más sensitivos del elector para tratar de motivar el voto a su favor.

Las estrategias particularizadas que se diseñan para tratar de impactar en partes específicas de electores pueden ser también diversas. Por ejemplo, pueden impulsarse estrategias para dislocar al adversario, derrotarlo psicológicamente, incrementar los conflictos al seno de su partido o comité de campaña, distanciarlo del elector, o generar derroteros que minimicen las posibilidades de éxito del o los contrincantes.[54]

Otras estrategias, un tanto de carácter positivo, orientadas a impactar un sector específico de electores como el grupo de indecisos pueden ser el acercamiento y "cooptación" de líderes naturales, las visitas domiciliarias, la organización con determinados sectores de la sociedad como con los jóvenes del municipio o la colonia, entre otras.

d. Los Programas Específicos

Toda campaña política debe impulsar una serie de programas destinados a impactar a determinados segmentos del mercado electoral.

Estos programas dependerán también del monto de los recursos humanos, económicos y materiales que se dispongan. Los programas específicos que pueden impulsarse son, por ejemplo: Los eventos deportivos (torneos, desfiles, competencias, maratones, etc.), eventos recreativos (tardeadas, presentación de grupos musicales, charreadas, etc.), eventos sociales y culturales (festejo del día del niño, de la madre, del padre o presentación de exposiciones de pintura, escultura o de artesanías), instalación de mesas de proselitismo, mejoramiento del paisaje urbano (señalización, combate al graffitti, reforestación, limpieza, etc.), visitas

---

[54] Este tipo de estrategias corresponde a la que se denomina el frente de la campaña negativa, que de hecho, a pesar de ser un tema muy controvertido, es el tipo de estrategia de campaña que mayormente predomina en México.

domiciliarias a sectores determinados (jóvenes, mujeres, ancianos, etc.), las redes de amigos y brigadas de promoción del voto, entre otras.

2. La Presupuestación en las Campañas

Toda campaña electoral reclama la existencia de una serie de recursos materiales, humanos y económicos que se utilicen racional y óptimamente para asegurar alcanzar los objetivos y metas fijadas. La gestión de este tipo de recursos se le denomina presupuestación.

La presupuestación tiene que ver con la toma decisiones anticipadas sobre el destino de los recursos económicos existentes y el rubro donde se invertirá dichos recursos. Esta administración de presupuestos en campañas implica, en última instancia, un cronograma detallado donde se especifique las actividades a realizar y los montos de los recursos económicos necesarios. La viabilidad de una campaña, va a depender de la cantidad de recursos disponibles, de la creatividad en su uso, así como de su administración.

El presupuesto se divide en dos partes: el de ingresos y egresos: El presupuesto de ingresos debe contemplar toda la serie de recursos económicos y materiales que se dispondrán en la campaña y que pueden ser producto de las aportaciones de los militantes y simpatizantes, de los recursos públicos que asigna la autoridad electoral para gastos de campaña e incluso, de recursos propios que el candidato destinará para asegurar un mejor resultado en la contienda.

El presupuesto de egresos debe incluir el gasto pormenorizado de todas y cada una de las actividades programadas en el plan, los ingresos de los miembros del equipo de campaña con sueldo, los gastos de propaganda y comunicación, así como el cronograma de tiempos en la que se erogarán los recursos.

La Rendición de Cuentas

Uno de los aspectos centrales en la administración de las campañas tiene que ver con el concepto de *accountability*, que en español es traducido como rendición de cuentas. Tanto en la legislación federal como en las de los estados y el Distrito Federal, se establece la obligación de los partidos de realizar un uso adecuado y trasparente de los recursos, no sólo públicos sino también de carácter privado. En el COFIPE, por ejemplo, en su capítulo segundo se reglamenta el financiamiento de los partidos políticos, se crea una comisión especial de fiscalización de los recursos de los partidos y agrupaciones políticas, que tiene atribuciones para auditar el origen y monto de los ingresos, así como el gasto de los partidos políticos reconocidos legalmente. En las legislaciones estatales se contempla también la creación de comisiones especiales para la fiscalización de los gastos de los partidos.

De hecho, en México todo partido que reciba financiamiento público tiene que presentar informes detallados de todos los gastos realizados en campaña, anexando los recibos y facturas correspondientes, mismos que deben cumplir con los requisitos fiscales vigentes. La fiscalización de los gastos incluye, las visitas de verificación a los partidos, la revisión por parte de la autoridad electoral de los gastos realizados en relación con los topes de campaña, así como, la contratación de despachos de auditores externos para asegurar un uso correcto de los recursos presupuéstales.

En caso de que los partidos políticos no cumplan con la normatividad en materia de financiamiento y fiscalización, éstos pueden ser sancionados por la autoridad electoral de diferente forma como las multas y recargos que deberán pagar los partidos o serán descontados de sus futuras administraciones. Sin embargo, políticamente hablando, el castigo más severo tiene que ver con el desprestigio social ante el electorado, debido a la mala administración o uso deshonesto de los recursos financieros de los partidos, que en última instancia, se puede traducir en menos votos y a, mediano plazo, en menos presupuesto de origen público.[55]

Por ello, es necesario que las campañas sean administradas por profesionales, quienes deben utilizar los más estrictos sistemas de control y transparencia del gasto, ya que de lo contrario los partidos pueden recibir las sanciones estipuladas por la ley y el desprestigio de la sociedad. Ante esta realidad, se hace necesario llevar a cabo una contabilidad de ingresos y egresos de manera precisa, tratando de imponer orden al caos que representan, muchas de las veces, las campañas.

3. Diseño organizacional de campañas

La organización de la campaña implica el diseño del organigrama, así como, una descripción de las funciones, líneas de responsabilidad y jerarquía propios de un diseño organizacional de naturaleza político-electoral.

El organigrama de la campaña se puede definir como el gráfico de la estructura organizativa diseñada para alcanzar los objetivos y metas fijadas. Todo organigrama constituye el eje articulador de los esfuerzos del conjunto de individuos que se aglutinan en torno a un programa, ideal, partido o aspirante a algún cargo público candidato.

El tipo, estructura y tamaño de este grafico estará en relación con el monto de los recursos económicos, materiales, tecnológicos y humanos con los que se disponga, en función del tamaño del mercado electoral que se pretende "conquistar" y el tipo de elección y naturaleza del partido o candidato postulado.

---

[55] Esto se debe a que los partidos reciben una parte sustancial de su financiamiento de acuerdo al porcentaje de votos que obtuvieron en las elecciones próximas pasadas.

El organigrama básico para una *elección municipal* debe incluir al menos los siguientes apartados:

a) Un **coordinador general,** mismo que deberá realizar trabajos de coordinación de los esfuerzos del equipo de campaña, asegurándose del respaldo logístico y financiero, así como, realizando labores de supervisión del adecuado desarrollo de la campaña.

b) Un **cuerpo de asesores,** que proporcione el apoyo necesario para la realización de los discursos, la planeación estratégica, análisis de coyuntura, respuesta rápida, coadyuvando en la evaluación de la campaña y dé seguimiento al desarrollo de los trabajos y la campaña.

c) Un **coordinador de acción electoral,** que será el representante del partido y candidato ante los órganos electorales, encargándose además de reclutar a los representantes del partido en las casillas electorales que se instalarán el día de la elección.

d) Un **coordinador de giras, mítines y eventos,** del candidato. El titular de esta sección realizará funciones de planeación, coordinación, supervisión, logística y control de las giras del candidato y de todos los eventos en los que participe.

e) Un **coordinador de mercadotecnia política,** que deberá realizar funciones de control, diseño y planeación de la propaganda impresa y en medios, en bardas y audiovisual para la difusión y proselitismo del partido. Esta coordinación realizará además estudios del mercado electoral, investigará el perfil de los diferentes subsectores que componen la comunidad y recomendará las estrategias políticas más adecuadas y el mensaje central para enfrentar exitosamente el reto fijado por la campaña.

f)   Un **coordinador de prensa y medios,** que generará las condiciones adecuadas para que exista una buena relación y cobertura de la campaña por los medios masivos de comunicación, principalmente los electrónicos.

g) Un **coordinador de finanzas,** que promoverá la captación de recursos económicos para la campaña y administrará de manera racional y eficiente todos los recursos que lleguen a la campaña.

h) Un **coordinador de programas especiales,** mismo que diseñará, planeará y dará seguimiento a los diferentes esfuerzos del equipo de campaña destinados a impactar a determinados sectores del mercado electoral. Los programas especiales pueden ser, por ejemplo, el de reparto de despensas, organización de torneos deportivos o de reclutamiento de promotores del voto.

i) Un **coordinador de sistemas**, quien se encargará de la página web de Internet, el contacto electrónico con ciudadanos, así como, del servicio y mantenimiento del equipo de cómputo del cuartel general de la campaña.

j) Una **secretaría ejecutiva**, quien se encargará de dar seguimiento a los acuerdos de la coordinación general y apoyar todos los trabajos de ésta.

4. Administración de Personal en una Campaña

En una campaña, se involucran una serie de recursos humanos con diferentes motivaciones. Se tiene, en primer lugar, los "camaradas" de partido, quienes básicamente se involucran en las campañas respondiendo a una identificación ideológica y política a través del partido en el que militan y que postulan al candidato. En segundo lugar, tenemos a un grupo de ciudadanos que se incorporan a la campaña por una identificación con el candidato, ya sea por su carisma, su trayectoria o por una relación circunstancial. Finalmente, tenemos los empleados propiamente de la campaña, quienes son contratados para realizar actividades específicas y quienes reciben un sueldo.

Estos recursos humanos deben también administrarse, tratando de imprimir una lógica racional para lograr alcanzar el objetivo buscado. De esta forma, cobra vigencia los principios y prácticas cotidianas de la administración de personal, aunque aplicado con ciertas limitaciones ya que, como se señaló anteriormente, a diferencia de una organización tradicional, las campañas son esfuerzos organizacionales y políticos de carácter temporal en la que no se puede aplicar a plenitud todas las técnicas y procedimientos de la administración como fuera el caso de una organización más estable y permanente.

Se recomienda realizar el reclutamiento y selección de personal, de acuerdo a los cánones de la administración de personal, sólo para el caso de los empleados de la campaña que reciben sueldo, buscando cubrir el perfil ideal de acuerdo al puesto que cubrirán. De tal manera, que un coordinador de medios y prensa debe tener no sólo formación profesional en el campo de las ciencias de la comunicación, sino, además, experiencia directa en el campo y relaciones con los representantes de los medios de comunicación. De hecho, los responsables directos de las actividades genéricas de la campaña, de acuerdo al organigrama, deben ser individuos con perfiles adecuados para el puesto, quienes deben recibir sus honorarios y exigírseles el cumplimiento de su responsabilidad.[56]

En el caso de este tipo de empleados, lo más dañino para la campaña es la rotación de personal, ya que al abandonar el puesto los coordinadores de áreas estratégicas establecidos en el organigrama no sólo dejan de dar seguimientos a compromisos y planes establecidos, sino que pueden además generar trastornos

---

[56] Alejandro Lerma Mercado *(op, cit.)* desarrolla un perfil de los puestos de un organigrama de campaña, estableciendo sus objetivos, funciones, niveles jerárquicos y de decisión.

logísticos y estratégicos a la campaña. Por ello, es recomendable una buena selección de personal y una vez nombrado el titular dotar de estabilidad ese puesto

A los voluntarios y "camaradas" del partido que se involucran en las campañas, quienes generalmente no reciben sueldo alguno por la labor que desempeñan, se recomienda darles la capacitación y motivación adecuada para que participen de manera más entusiasta y con conocimiento de causa sobre las tares y labores en las que se pueden involucrar en este esfuerzo político.

Para el caso de las personas, que se ligan a la campaña sólo de forma esporádica, es recomendable la creación y atención de una unidad administrativa que les pueda asignar ciertas responsabilidades como el reparto de propaganda y promoción del voto entre sus conocidos, otorgar información sobre la agenda del candidato y las actividades de la campaña, así como, promover la asistencia del público a los eventos y actos en los que se requiera demostrar fuerza y presencia partidista.

5. Dirección de Campañas

El objetivo fundamental de la dirección o quien toma el papel de líder en la campaña, es hacer funcionar a la organización, buscando alcanzar el máximo rendimiento de los recursos con los que se cuenta. Busca ejercer un liderazgo claro y dinámico para guiar al equipo de campaña por el sendero adecuado en la búsqueda del triunfo electoral.

Existen diferentes tipos de liderazgo, siendo los más comunes el liderazgo carismático, el burocrático, el democrático y el autoritario. En el desarrollo de una campaña, no se recomienda ejercer sólo un tipo de liderazgo, ya que tendría que ser, en todo caso, circunstancial y ecléctico, dependiendo del momento, la acción a realizar y la premura de tiempo que se disponga para la toma oportuna de decisiones.

En materia de administración de recursos presupuéstales, lo que se recomienda es ejercer un liderazgo de carácter burocrático, realizado por contadores y administradores especializados, quienes ejercerán sus actividades y administrarán los presupuestos apegados siempre a lo que señala la ley, aunque introduciendo cierto grado de sensibilidad y flexibilidad, para no afectar la dinámica de la campaña. En el caso de la toma de decisiones, relacionadas con la estrategia y respuesta rápida ante los ataques de la competencia o coyunturas especiales, no siempre es recomendable el liderazgo democrático, ya que esto puede retardar y dificultar la misma toma de decisiones y la actuación pronta y oportuna del candidato y el equipo de campaña. Indudablemente, que el liderazgo carismático le corresponde ejercerlo al candidato, mientras que el liderazgo autoritario, muchas de las veces, lo tiene que ejercer el contador de la campaña o el coordinador general de la misma, ya que tiene que ser un ejecutivo con un perfil altamente pragmático.

a. El dilema: Coordinador de campaña versus candidato

Uno de los puntos controversiales en la dirección de las campañas tiene que ver con las funciones y el rol que deben jugar dos actores importantes del equipo de campaña: el candidato y el coordinador general de la campaña, ya que muchas veces el candidato asume todas las funciones y responsabilidades propias de quien debe ser su coordinador, ante la existencia de conflictos, celos o desacuerdos en la conducción de una campaña.

Esto sucedió, en gran medida, en la pasada elección presidencial de México, donde Francisco Labastida Ochoa, a la sazón candidato del PRI a la presidencia de la República, anunció que todas las decisiones de estrategia de su campaña le corresponderían a él y que su coordinador general, Esteban Moctezuma, sólo le incumbía darle el seguimiento a los acuerdos que el candidato tomara.

Sin duda, este tipo de decisiones representan un error no sólo desde la perspectiva de estrategia política, sino también desde la perspectiva administrativa, ya que un candidato y menos uno a nivel presidencial, no debe asumir las funciones, tareas y responsabilidades propias de un experto en la gestión de campañas. Es decir, la administración de la campaña reclama una serie de conocimientos, destrezas, esfuerzos y tiempo que sólo lo puede dedicar un coordinador general, ya que no se puede permitir que el candidato desvíe su atención y desperdicie esfuerzos y tiempo, que puede dedicar a la búsqueda del voto, en lugar de ocuparse de las cuestiones cotidianas, rutinarias y muchas veces burocráticas, propias de la administración de la campaña.

Una campaña profesional reclama la división y especialización del trabajo, donde el rol fundamental del candidato tiene que ver con la obtención de votos, la preparación de discursos emotivos, el contacto directo y fresco con el electorado y, sobre todo, la agudeza en el proceso de comunicación política que establece con los ciudadanos. Por lo tanto, el candidato necesita delegar funciones en una persona capaz y con el perfil idóneo, con el que exista afinidad, ya que la compenetración estrecha y el entendimiento entre el candidato y el director de la campaña es algo básico y fundamental para el éxito de la misma.

Quienes asumen el papel de políticos en la búsqueda del poder público y a su vez el rol de coordinadores generales de la campaña, generalmente terminan exhaustos en los procesos electorales, con una serie de irregularidades administrativas y ante un escenario de frustración por los resultados obtenidos.

El Conflicto en las Campañas

Es común, que los conflictos se presenten en todas las organizaciones y más si se trata de organizaciones de carácter político como lo son las campañas electorales. Estos conflictos son generalmente de diversa naturaleza y gravedad, por lo que los expertos han señalado que las mejores campañas son aquellos esfuerzos organizacionales que tienen mayor capacidad para procesar las desavenencias, pugnas, celos, mal entendidos y diferencias que se presentan en los equipos de campaña.

De acuerdo a Teodoro Luque[57] los conflictos más comunes que se presentan en las campañas tienen que ver con las divergencias que se presentan en su seno en torno a las siguientes cuestiones y relaciones que se establecen en las campañas: Staff versus voluntariado, generalistas versus especialistas, candidato versus director de la campaña, rutina versus creatividad, organización formal versus informal, manager versus consultores, conflictos en la elección del candidato, ideología versus pragmatismo y diferenciación e integración.

A estos conflictos podemos agregar otros que cotidianamente se presentan en las campañas como las divergencias que se suscitan en el uso del presupuesto y recursos de la campaña, los surgidos ante la integración de los principales puestos dentro del organigrama de la campaña, en la definición de agenda de gobierno o plataforma programática, así como, los conflictos que se presentan ante los ataques de la competencia y en la definición de la estrategia de defensa que debe seguirse.

Lo que siempre se recomienda en estos casos, es la capacitación de los principales integrantes del equipo de campaña en el manejo de conflictos y crisis, conocimientos que las mismas ciencias administrativas proporcionan.

6. Evaluación de Campañas

Toda campaña debe ser evaluada y se deben establecer también mecanismos de control de la misma. Realizar una evaluación periódica, siempre será positivo, ya que dependiendo de los resultados de ésta, se pueden impulsar acciones para mejorar la campaña.

La evaluación sirve también para retroalimentar la campaña y tomar decisiones oportunas, que pueden ir desde la continuación de la campaña en la misma dirección, hacer algunos cambios y adecuaciones estratégicas, o por lo contrario, realizar cambios drásticos y oportunos para evitar el fracaso en la elección.

Este proceso se puede realizar de manera permanente o en intervalos de tiempo, dependiendo de los recursos humanos y materiales con los que se cuente. Por ejemplo, en campañas distritales y municipales se puede realizar una evaluación por semana, pero en campañas estatales y nacionales se deben realizar evaluaciones más esporádicas.

---

[57] *Marketing Político: Un Análisis del Intercambio Político*, España: Ed. Ariel Económica, 1996.

Se pueden utilizar diferentes métodos e instrumentos como las encuestas sobre las preferencias electorales, los grupos de enfoque, los paneles de expertos o contratando despachos especializados en la temática de la evaluación.

La información que se obtenga de la evaluación debe utilizarse de forma discrecional, sólo como una herramienta para la toma de decisiones claves, el diseño de estrategias y para la definición de acciones que se requieran. El candidato y el equipo de campaña, siempre deben mantener una actitud receptiva y positiva sobre las sugerencias y señalamientos que resulten de la evaluación, emprendiendo las acciones que recomienden los expertos.

En la evaluación, siempre se debe buscar la verdad y ser útil, para, de ser necesario, cambiar el rumbo, acelerar el paso en algunos frentes de la campaña o rediseñar estrategias. Es decir, la evaluación debe ser objetiva, utilizando los mejores instrumentos y medios.

Los tipos de evaluación que se realicen pueden ser de distinta naturaleza, como puede ser la evaluación diagnóstica, la evaluación para conocer el grado de aceptabilidad del electorado o la evaluación de imagen, por señalar algunos. Se puede evaluar la efectividad de la propaganda y el grado de persuasión del candidato, la trascendencia de los temas centrales de la campaña, el aspecto administrativo y financiero de la campaña, la funcionalidad del equipo de campaña y el nivel de posicionamiento de los candidatos, incluyendo la competencia.

Consideraciones Finales

El estudio de las campañas político-electorales en México es aún incipiente y de pobre contenido metodológico. Por un lado, se han publicado una serie de trabajos, la mayoría de ellos, con perfil descriptivo en los que se enfatiza sobre los errores, fortalezas y debilidades en la organización de las campañas o se describen de manera anecdótica hechos y acontecimientos importantes de los candidatos y sus equipos de campaña.[58] Por otro lado, existen publicaciones, tipo manual, en los que de manera prescriptiva se realizan señalamientos y recomendaciones para eficientar y mejorar la organización de dichos esfuerzos organizativos.[59]

Sin embargo, a pesar del reciente auge en la publicación de este tipo de materiales, pocas han sido las investigaciones y análisis críticos realizados en materia de administración y gestión de las campañas que traten de delimitar los modelos prevalecientes, así como, sus bondades, fortalezas y debilidades. De ahí, la necesidad de aportar en este campo el conocimiento administrativo.

---

58 Véase por ejemplo, Fritz Glockner Corte, Un Pueblo en Campaña, México: El Junglar Editores, 1995.

59 Entre algunos trabajos sobresalen: Alejandro Lerma Kirchner, Cómo Organizar una Campaña Política, México: Editorial EDAMEX, 1995; Mohammad Naghi Namakforoosh, Mercadotecnia Electoral: Tácticas y Estrategias para el Éxito Político, México: Limusa, 1984 y Mario Martín Silva, Roberto Salcedo Aquino, Manual de Campaña, México: Colegio Nacional de Ciencia Política y Administración Pública, 1997.

Las campañas político-electorales son esfuerzos intensos de comunicación y persuasión política, que implican el uso de recursos presupuestos y de capital humano en un corto tiempo en la búsqueda de la obtención del poder. Las campañas político-electorales se hicieron necesarias ante la universalización del sufragio, el establecimiento de una sociedad democrática sustentada en el respeto al Estado de Derecho y la pluralidad política.

Sin embargo, las campañas tienen aún el reto de transformarse en procesos más eficientes, menos costosos y más atractivos para el electorado, incorporando modelos administrativos más racionales que permitan eficientar el uso de los recursos que la sociedad, los partidos políticos y candidatos disponen en la búsqueda de algún puesto de representación pública.

Las campañas cumplen varias funciones, ya que no sólo sirven para motivar al elector a acudir a las urnas en día de la jornada electoral y reclutar a la clase gobernante, sino también para definir una agenda tentativa de gobierno. A lo largo de la campaña y ante el contacto directo con los electores, los candidatos van conociendo los problemas principales de la población, palpan sus sentimientos y aspiraciones, así como las propuestas e ideas de los propios ciudadanos para la satisfacción de sus necesidades. En este sentido, las campañas se constituyen en instrumentos de diagnóstico del mercado electoral, muy útiles para definir la futura agenda de gobierno y para el diseño de políticas públicas que incidan en la solución de los problemas que aquejan a la sociedad.

A través de las campañas, los futuros gobernantes conocen además a los principales grupos de interés en su circunscripción electoral, a los líderes comunitarios y los planteamientos de los demás partidos y candidatos. Esta información, a posteriori, podrá ser de gran utilidad en las acciones de gobierno que deban impulsarse, así como, en la definición de las estrategas políticas orientadas a la búsqueda de la gobernabilidad.

De esta forma, las campañas se transforman en verdaderos sustentos de la administración y gestión, con referentes permanentes, que bien usados, pueden resultar muy satisfactorios tanto para gobernantes como para gobernados. Es decir, las campañas políticas se convierten en pilares importantes para el desarrollo del futuro gobierno y el ejercicio de una administración y gestión pública de alto nivel.

7. CAMPAÑAS EXITOSAS Y CAMPAÑAS FRACASADAS

Una forma simple, pero práctica, de clasificar las campañas político-electorales, que no se abordaron en el apartado denominado "las campañas en México, tiene que ver con el resultado obtenido. De esta forma, encontramos campañas exitosas que lograron alcanzar los objetivos organizacionales propuestos y campañas que no lo hicieron, las cuales se denominan campañas fracasadas. Cada uno de este tipo de campañas, presentan una serie de características, que analizaremos más en detalle, y que hacen la diferencia entre este tipo de ejercicios políticos.

De antemano, sabemos que los términos éxito y fracaso son muy relativos, además de que admiten diferentes interpretaciones. Por eso, procederemos a hacer una aclaración inicial. Sabemos que las campañas exitosas, como su nombre lo indica, no sólo lo son aquellas que logran obtener el espacio de la representación pública que se desea (obtener el puesto), sino que lo son, básicamente, porque lograron alcanzar los objetivos trazados. Es decir, un partido pudo haber proyectado alcanzar un 20 por ciento de los votos en una determinada elección y aunque ese porcentaje no fuera suficiente para lograr el triunfo electoral, se puede clasificar como campaña exitosa, siempre y cuando obtuviera dicho porcentaje o la rebasara. Pasar de un 10 a un 20 por ciento de una elección a otra, también puede interpretarse como un éxito en materia de campañas político-electorales.

Por su parte, las campañas fracasadas no son sólo aquellas perdedoras, sino también aquellas que lograron llevar al candidato y al partido al puesto de representación, pero cuyo margen de victoria fue mucho muy bajo. Es decir, si un candidato se fijó la meta de ganar la elección con un 52 por ciento, pero obtuvo tan sólo un 41 por ciento de los sufragios, a pesar de que pueda ganar la elección, sin duda este tipo de campaña no puede ser clasificada como exitosa si se compara con los objetivos trazados con anterioridad.

Para fines del presente capítulo, cuando hablemos de campañas exitosas vamos a referirnos a aquellas que lograron alcanzar el triunfo electoral no importando el margen de diferencias respecto de los otros partidos o candidatos participantes. En el mismo sentido, cuando hablamos de campañas fracasadas nos referiremos a aquellas que no lograron obtener el triunfo electoral. Una vez hecha esta precisión, pasaremos a explicar las características distintivas de estos dos tipos de campañas.

1.- CAMPAÑAS EXITOSAS

Son trece las características distintivas de este tipo de campañas: La selección de un buen candidato, la conformación de un buen equipo de trabajo, la postulación por un partido con un alto nivel de posicionamiento y con presencia en toda la circunscripción electoral de que se trate, una estrategia política adecuada, un partido unificado y disciplinado, una experiencia de gobierno exitosa o plagada de errores (para partidos gobernantes o para partidos de oposición), recursos económicos suficientes, el diseño de una campaña creativa e innovadora, participación dentro de una contienda polarizada, una coyuntura favorable, una plataforma electoral sensitiva, una competencia desorganizada y una campaña bien cuidada hasta en los más pequeños detalles. A continuación se enlista una forma más amplia de estos conceptos:

Un Candidato Carismático

Una campaña exitosa generalmente se asocia con un candidato que reúne las cualidades emocionales, de experiencia, capacidad, liderazgo y reconocimiento social. Es decir, ante la creciente competitividad de los procesos electorales el partido se tiene que preocupar por postular candidatos carismáticos, que tengan experiencia no sólo política sino también en el ejercicio de gobierno, que sean ampliamente reconocidos por la sociedad y que estén capacitados para poder ejercer con eficiencia y eficacia el puesto para el cual fueron nominados.

Un buen candidato, además, es aquel que tiene sensibilidad para entender y atender los problemas de sus electores, que está capacitado en materia de retórica, que conoce los problemas, necesidades y aspiraciones de los pobladores de la circunscripción electoral de que se trate y, sobre todo, que tiene arraigo y presencia social.

Un buen candidato no debe tener antecedentes delictivos o de acciones relacionadas con la deshonestidad o la pedantería. En pocas, palabras debe ser un candidato con buena imagen, que inspire confianza y seguridad en el electorado. Las encuestas de opinión sobre las preferencias electorales y sondeos sobre imagen, realizadas bajo una metodología científica, son instrumentos muy útiles para conocer con mayor objetividad el grado de aceptación de los candidatos por parte de los electores.

Un Buen Equipo de Trabajo

Una campaña exitosa no sólo demanda candidatos carismáticos, sino también un equipo de trabajo amplio, eficiente y de buena reputación, ya que de nada sirve el postular un buen candidato si sobre toda una amplia parte de la planilla, o de su equipo de trabajo y de su futuro gabinete pesa una sospecha social de carácter negativo. Es decir, se necesita que exista consonancia entre las cualidades, habilidades y destrezas del candidato principal y el futuro equipo de trabajo, que lo acompañará en los trabajos cotidianos propios de su responsabilidad pública.

Una buena fórmula electoral no sólo se distingue por sus capacidades técnicas y su reputación pública, sino también por la capacidad de trabajar en equipo, sujeto a altos niveles de estrés y de alta demanda de su tiempo, ya que no sólo durante la campaña se demandará jornadas agotadoras de trabajo, sino también, muy seguramente, a lo largo del período de su ejercicio de gobierno.

La percepción que tiene la sociedad de un candidato y su equipo de colaboradores en conceptos como prestigio, fama, mitos, anécdotas y rumores, así como, la apariencia física, el perfil psicológico, las cualidades y características de todos y cada uno de estos personajes son cuestiones muy importantes en la aceptación del elector y, en última instancia, para determinar la orientación de su voto.

Un Partido con Alto Posicionamiento y Estructurado Regionalmente

Una buena campaña también se asocia, aunque no necesariamente, a un partido político que goza de una gran aceptación social y que el elector identifica como una alternativa benéfica para la integración del gobierno. Muchas veces, las fórmulas electorales reúnen las condiciones ideales para pronosticar un triunfo electoral. Sin embargo, debido a la reputación del partido que los postula, estas campañas no logran obtener la victoria ante la desconfianza social sobre estos partidos políticos.

Algunas veces, las campañas no son exitosas porque los partidos sólo se han preocupado por tener presencia y realizar trabajo político en los núcleos centrales de la circunscripción electoral, pero han descuidado la periferia y las áreas del interior. Sin embargo, muchas veces, los votos que proporcionan las zonas urbanizadas no son suficientes para alcanzar el triunfo electoral. De ahí, la necesidad de construir una estructura partidista en todos los núcleos de la población que se encarguen de realizar trabajo proselitista y de propaganda no sólo en tiempos electorales sino en forma permanente. Es decir, se requiere rebasar el modelo del "partido oso" en el que los institutos sólo trabajaban en los periodos electorales, que son muy cortos, pasando invernando o en letargo una mayor parte del tiempo, para construir un modelo de partido activo que realice trabajo permanente.

Una Estrategia Política Adecuada (alianzas y coaliciones)

Una campaña exitosa, generalmente, está asociada a una estrategia política adecuada, la cual puede incluir el considerar las necesidades de coaligarse o hacer alianzas políticas con otras fuerzas partidistas, o deslindarse de ciertas posturas y actitudes electoralmente no son benéficas. Por ejemplo, Al Gore, en los Estados Unidos de Norteamérica, trató de distanciarse de la tutela y cercanía con el presidente Bill Clinton, para formarse una imagen como candidato que piensa y actúa por sí mismo.

La estrategia comprende toda una serie de acciones proselitistas para lograr un mayor número de votos y acercar la posibilidad del triunfo electoral.

Un Partido Unificado y Disciplinado

Una campaña exitosa reclama un partido unificado y, sobre todo, disciplinado. Muchas de las derrotas políticas, se deben a los conflictos que se dan al seno de los partidos en la disputa por los espacios de poder al interior de la organización o por la candidatura a los puestos de elección popular, ya que estos conflictos desdibujan la credibilidad social del instituto político y afectan la imagen partidista. De hecho, el conflicto al seno de las formaciones políticas es inevitable, sin embargo, lo que se debe buscar es incrementar la capacidad para procesar la serie de conflictos que se presentan al interior de la organización. Aquellos partidos que han tenido la capacidad interna de procesamiento de dichos conflictos, son aquellos que más usualmente logran la victoria.

Uno de los errores más comunes, en materia de conflictos es que éstos tratan de dirimirse en la prensa o a través de acciones de protestas callejeras o públicas, lo cual genera que se trasciendan los marcos institucionales propios del partido y pasen a ser activos de la competencia.

Una Experiencia de Gobierno Exitosa

La campaña exitosa de un partido en el poder, está ligada a una buena experiencia de gobierno, ya que, de cierta manera, los procesos electorales representan una especie de plebiscito sobre las acciones de gobierno. Es decir, los electores tienden a aprobar o desaprobar con su voto las acciones de los gobernantes en turno. Por ello, existe una especie de relación positiva entre calidad y eficiencia gubernamental y posibilidad de continuar en los espacios de representación pública.

Por otro lado, si el partido o candidato que participa en las contiendas electorales no se encuentra en el poder, una mala experiencia de gobierno se constituye en una gran oportunidad para alcanzar los objetivos buscados, siempre y cuando se sea lo suficientemente hábil para transmitir al elector la sensación de un gobierno mediocre o abusivo. Las experiencias malas de gobierno tienen que ver con actos de deshonestidad en el manejo de los recursos y asuntos públicos por parte de los gobernantes, con actos de prepotencia y abuso de autoridad, con crisis económicas y políticas y con toda una serie de acciones y errores gubernamentales que generan molestia en la ciudadanía. De hecho, casi siempre la alternancia en el poder está asociado a crisis políticas o económicas y escándalos donde están involucrados los gobernantes o sus allegados.

Recursos Económicos Suficientes

Para que una campaña sea exitosa, también, se requiere contar con una serie de recursos económicos que estén destinados al pago de propaganda, para la organización de eventos masivos, la contratación de servicios especializados y, sobre todo, para asegurar el traslado del candidato y su equipo de colaboradores. Al respecto, una máxima de la política mexicana señala que "un político pobre es un pobre político", lo cual significa que sin recursos económicos es muy probable que una campaña electoral no sea exitosa.

Para la obtención de recursos económicos, que complementen los recursos recibidos como parte de las prerrogativas de los partidos, se pueden realizar una serie de actividades de recolección de fondos que van desde rifas, comidas, tardeadas, festivales, visita a empresarios y hombres prominentes de los negocios, así como colectas entre amigos y simpatizantes. Sin embargo, se tiene que ser muy cuidadoso con respeto a lo señalado por la normatividad electoral, en cuanto al origen y monto de los recursos recibidos.

Innovación y Creatividad Mercadológica

Una campaña exitosa es aquella que logra incorporar la innovación y la creatividad en los esfuerzos proselitistas en la búsqueda del éxito electoral. Es, en cierto sentido, una campaña moderna y atractiva para el elector, que logra movilizar los sentimientos benévolos y sabe apelar a la sensibilidad estética y emocional del ser humano.

Las campañas modernas privilegian los medios más populares y comunes con los que el elector está en contacto de manera cotidiana como la televisión, la radio y la prensa. Sin embargo, ante una sociedad tan heterogénea y con costumbres tan distintas, una campaña que aleja físicamente al candidato de la gente no puede ser exitosa. Por ello, toda campaña exitosa realiza trabajos complementarios que acercan al candidato y al partido con el elector, como lo pueden ser las visitas domiciliarias, los mítines y concentraciones públicas, las asambleas comunitarias y las redes de amigos en apoyo de la causa partidista.

Este tipo de campañas se caracterizan por la incorporación de las nuevas y modernas técnicas y estrategias que el marketing político proporciona, así como de profesionales expertos en persuasión, imagen y proselitismo político.

Una Polarización Electoral

Se dice, que las mejores campañas son aquellas que logran polarizar el voto y son capaces de motivar el interés de los electores. Toda estrategia de mercadotecnia comprende las cuatro etapas de la técnica AIDA, (la Atención, el Interés, el Deseo y la Acción). Esto implica en el ámbito político-electoral, que las campañas exitosas parten de motivar la atención del elector para concluir en la captación de un gran caudal de votos y hacer posible el triunfo electoral.

Una campaña polarizada es aquella que impone un dilema en la mente del elector. Por ejemplo, el cambio o la continuidad, la honestidad o la deshonestidad, la capacidad o la improvisación, lo cual se logra transmitir con creatividad y atino, al mercado electoral.

Una campaña polarizada es aquella que sabe aglutinar y articular, en base a referentes positivos, a un electorado heterogéneo y disperso en torno de una idea, un candidato o un partido. Este tipo de campañas favorecen, generalmente, al partido retador y desfavorecen a los partidos gobernantes.

Una Coyuntura Favorable

El contexto favorable para una campaña exitosa se caracteriza por una percepción social de identidad y respaldo ciudadano. Una coyuntura favorable, para un partido gobernante, puede ser una bonanza económica, un jubilo ciudadano por logros específicos de la administración, de celebridades o equipos deportivos, por la recepción de una distinción especial o, incluso, por un momento deseado de tranquilidad y paz social.

Si se es un partido de oposición, una coyuntura favorable implica errores y desprestigios del gobierno en turno, un desgaste prematuro en su acción de gobernar, una crisis económica, un escándalo público o una fractura partidista de la competencia.

Una Plataforma Electoral Sensitiva

Una campaña exitosa es sabia para diagnosticar los problemas, necesidades y aspiraciones de los electores y luego transformarlas en plataformas programáticas, en propuestas y agendas del candidato o partido. Es decir, una campaña exitosa es una campaña sensitiva de las aspiraciones del elector, que conoce su idiosincrasia, sus formas de pensar, sus problemas y necesidades.

Una plataforma electoral sensitiva implica, también, la capacidad para poder convertir en propuestas de gobiernos las manifestaciones sociales de descontento e inconformidad, traduciéndolas en lenguaje sencillo y entendible, apegadas a las filosofías, principios y valores de los mismos partidos.

Una Oposición Desorganizada

Una campaña exitosa no sólo se construye sobre las fortalezas propias, sino también sobre las debilidades de la competencia. Es decir, ante un escenario de desorganización, conflicto y desprestigio social de los adversarios, las posibilidades de éxito se incrementan. Esto implica, capacidad para diagnosticar situaciones de disfuncionalidad organizativa y caos en la competencia, para poderlos capitalizar a favor de la causa política que se busca.

La desorganización implica, también, la incapacidad de la competencia para hacer llegar el mensaje adecuado al elector y motivar el voto a su favor.

Una Campaña Bien Cuidada

Una campaña exitosa, es, sobre todo, una campaña muy bien cuidada hasta en los más mínimos detalles, que utiliza la mercadotecnia como referente permanente en la acción del partido y sus dirigentes en toda la etapa del proceso político. Es una campaña con el mínimo de errores y escándalos políticos, un ejercicio proselitista profesional, impulsado por hombres y mujeres con experiencia, sensibilidad y espíritu de servicio.

2.- CAMPAÑAS FRACASADAS

Contrariamente a las campañas exitosas, las campañas fracasadas son todas aquellas que no concluyen en el triunfo electoral. Las características de este tipo de campañas son, principalmente, trece y están, un tanto, relacionadas, aunque a la inversa, con las propiedades de las campañas exitosas. A continuación se señalan las características de este tipo de campañas:

Un Mal Candidato

Una campaña que fracasa está asociada con un mal candidato, pobre en cualidades discursivas y que goza de mala reputación e imagen pública. De hecho, muchas de las campañas que se realizan, a pesar del monto de los recursos económicos que se inviertan en los esfuerzos proselitistas, fracasan por dos tipos de cuestiones asociados al proceso de selección de candidatos. Por un lado, una selección equivocada o poco afortunada del candidato, quien no goza de arraigo y de reconocimiento social o, por otro lado, por que fue producto de un proceso viciado, que generó resentimiento en la mayoría de la membresía partidista.

Un mal candidato es todo aquel individuo que tiene antecedentes de deshonestidad y señalamientos públicos de abuso de autoridad, prepotencia e insensibilidad política. Es todo aquel que comete errores de todo tipo en el proceso de proselitismo político y no cuida las formas y métodos más elementales que recomiendan los cánones de la política. Se debe recordar que el candidato es el centro articulador de los esfuerzos partidistas en la búsqueda del triunfo electoral, de ahí que una de las preocupaciones centrales debe ser el seleccionar un candidato que asegure el éxito.

Una Pobre Fórmula Electoral

Si ante la selección de un mal candidato, se acumula además la selección de un mal equipo de trabajo o fórmula electoral, las cosas pasan a empeorarse, ya que los electores no sólo están atentos sobre las cualidades de quienes encabezan las formulas electorales, sino también sobre los personajes más cercanos y allegados de estos candidatos. Por ello, se debe ser siempre muy cuidadoso en la integración de los equipos de trabajo. Muchas veces los "amigos" en la política ayudan más estando alejados que cerca del proceso político, por lo que el partido debe ser sensitivo a este tipo de cuestiones, para evitar un fracaso electoral.

Un Partido Desgastado y sin Presencia

A veces el candidato postulado goza de muy buena reputación, pero el electorado desconfía del partido que lo postula, por sus antecedentes en otras experiencias de Gobierno. Ante este escenario, muchos de los candidatos tratan de omitir el nombre y logotipo de la formación política que los postula. No obstante, esta disociación no logra cuajar, ya que en las boletas electorales, el día de los comicios, es inevitable el poder suprimir el nombre del partido postulante.

En otras ocasiones, una campaña fracasa porque el partido no tiene presencia real ni estructura política que le permita estar en contacto con las bases electorales. Es decir, las campañas que fracasan, generalmente están asociadas a partidos "electoreros" que sólo realizan trabajo proselitista en tiempos electorales, pero se alejan de la comunidad una vez que pasan los comicios.

Una campaña fracasada también se asocia a un partido muy desgastado, que ha pasado de escándalo en escándalo y no logra cuajar una identidad propia y positiva de acuerdo a la percepción de los votantes.

Un Partido Dividido e Indisciplinado

Una campaña fracasada se asocia también a un partido con serios problemas internos y de disciplina, que no sólo afectan la imagen, sino también, la capacidad operativa de la organización. Es decir, ante las fracturas internas y las luchas intestinas, una gran parte de la energía partidista se canaliza hacia la búsqueda de soluciones de los conflictos internos, descuidando las acciones proselitistas en la búsqueda del éxito electoral.

De igual forma, un partido indisciplinado origina dinámicas destructivas al seno de su organización, ya que al interior se desarrollan sentimientos y actitudes que tienden a favorecer más a la competencia que a alcanzar los objetivos electorales propuestos.

Una Errónea Estrategia Política

Campaña fracasada es también aquella que se respalda en estrategias políticas equivocadas o desfasadas, que bien pudieron ser útiles en el pasado, pero que no son las más adecuadas para la coyuntura específica que se está viviendo. Una estrategia equivocada puede ser una política de enfrentamiento y crítica con los medios de comunicación con los grupos de poder (iglesia, ejército, grupos empresariales o sindicatos) o con líderes y personalidades que gozan de la simpatía de los electores.

Una Experiencia de Gobierno Altamente Cuestionada

Una campaña fracasada de un partido gobernante, la mayoría de las veces, está asociada con un ejercicio mediocre y deshonesto de la función pública. Esto sucede, por que el partido descuida a los individuos que lo llevó al poder y no existe una especie de compromiso para gobernar en base a los principios éticos y normativos que profesa la organización.

Ante el afán de conquistar el poder, muchos partidos ofertan las candidaturas a individuos ambiciosos y desleales, que una vez en el poder se alejan de los más mínimos criterios de decencia y civilidad política, buscando satisfacer sus intereses particulares por encima de los intereses de los demás.

Escasez de Recursos Humanos, Económicos y Materiales

Una campaña fracasada carece de lo más elemental y, a su vez, de lo más importante en un esfuerzo de esta naturaleza: un capital humano altamente calificado, recursos económicos para promover al candidato y recursos materiales para realizar los trabajos de proselitismo electoral.

Como se comentó anteriormente, una campaña exitosa demanda dinero. Sin embargo, el dinero no lo es todo, sino está acompañado de un capital humano que le de calidad y profesionalismo a la campaña y genere nuevas dinámicas que motiven el apoyo del electorado.

Una Campaña Tradicional

Una campaña fracasada se apega a las fórmulas y métodos tradicionales de hacer política y desdeña los avances tecnológicos y nuevas herramientas y técnicas para la persuasión de los votantes. Son campañas sustentadas en el empirismo y la falta de innovación, que rechazan a los consultores especializados en mercadotecnia política y a todo aquello que implique una forma diferente de conseguir los votos de los ciudadanos. Son campañas que viven en el pasado y que no logran trascender hacia nuevos esquemas en el ejercicio político.

Sólo se interesa en las élites, desdeñando a las masas electorales, que en última instancia serán quienes determinen el carácter y tipo de representante público que acceda a las posiciones de gobierno.

Una campaña Insípida

Una campaña fracasada es una campaña insensible e insípida para el elector, carente de propuestas para la solución de los problemas, necesidades y aspiraciones de la mayoría de los electores. Es un tipo de campaña que se articula en base a la difamación y calumnia de los adversarios, que destruye no construye, que está cargada de un profundo sentido de negatividad y agresividad.

Una Coyuntura y Contexto Electoral Desfavorable

Una campaña fracasada se asocia a un contexto desfavorable que motiva a que el elector vote por todas menos por la opción que representa su candidato. Generando una coyuntura asociada con el desprestigio del partido o candidato, así como, con la deshonestidad y el abuso de autoridad. Una coyuntura desfavorable puede ser creada por una crisis económica, un desastre natural, una epidemia, o un escándalo en el que se vean envueltos los gobernantes o candidatos en turno.

Una Plataforma Electoral Desfasada

Muchas veces, los candidatos postulados desconocen la problemática y características distintivas de las circunscripciones electorales en la que están compitiendo. Hablan del ejido, cuando están en localidades donde predomina la pequeña propiedad, hablan de campesinos ante comunidades urbanas, hablan de la construcción de una sociedad socialista ante una organización empresarial. En fin, son campañas con plataformas electorales desfasadas que no representan un discurso atractivo y sensible para el elector.

Una Oposición Organizada

Una campaña fracasada no necesariamente es aquella sumergida en el caos y la improvisación, sino que, no logró el triunfo electoral porque la competencia fue más hábil y tuvo los recursos, la creatividad y capacidad para atraer un mayor número de votos. Es decir, una campaña fracasada puede ser una que se encuentra organizada profesionalmente, pero superada por otro ejercicio político, mucho mejor y más agresivo.

Una campaña Plagada de Errores

Muchas veces, una campaña fracasa por el cúmulo de errores que se comenten a lo largo del proceso electoral. Este tipo de errores van desde escándalos en los que participan o se ven involucrados los candidatos o equipos de campaña, omisiones o declaraciones desafortunadas que perjudican la causa buscada. Un desempeño mediocre en un debate público con otros candidatos, una decisión equivocada o una campaña insípida en medios, puede constituirse en errores que restan votos y pesan en el resultado final de una elección.

Consideraciones Finales

Las características antes señaladas, tanto de una campaña exitosa como de una fracasada, son parte de un modelo ideal, que no necesariamente están presentes en forma agregada en un sólo tipo de campaña, sino que, incluso, la presencia de una sola característica de los modelos antes descritos puede ser determinante para asegurar el triunfo o la derrota en las elecciones. Es decir, la selección de un mal candidato puede ser suficiente para perder los comicios, a pesar de que se cuente con toda la serie de otras características distintivas de las campañas exitosas.

Las campañas fracasadas, además, traen consigo una serie de experiencias y aprendizajes para candidatos, partidos y equipos de campaña que permiten en el futuro retroalimentar la práctica política y convertirse, en su momento, en éxitos electorales. Este proceso de aprendizaje de experiencias exitosas se denomina benchmarking, el cual será abordado, de manera más amplia, en el próximo capítulo.

8. ESTRATEGIAS DE MERCADOTECNIA POLÍTICA

La mercadotecnia política es una disciplina muy útil para los políticos modernos. Su ámbito de competencia incluye, entre otras cosas, el estudio del mercado político, el análisis, diseño y mejoramiento de la imagen, los planes de propaganda y las estrategias proselitistas.

Las estrategias de mercadotecnia implican los métodos y formas para lograr el propósito establecido, ya sea legitimar un gobierno, un programa o un proyecto, alcanzar una posición política, debilitar a la oposición o obtener el triunfo en una campaña electoral. Las estrategias implican decisiones importantes orientadas responder, mínimamente, las siguientes interrogantes: ¿Cuáles son las tareas por realizarse y cuáles son críticas para lograr mi objetivo? ¿Cómo se realizan? Con qué tecnología? ¿Cuáles son los puntos fuertes que debo enfatizar en la campaña? ¿Cómo conformar un equipo de campaña?¿ De qué manera hago más eficiente el uso de los recursos de la campaña? ¿Cuál es la capacidad de mi equipo de trabajo, sus conocimientos y experiencia? ¿De qué forma logró conformar una buena imagen pública? ¿Cómo persuadir al elector? ¿Cómo obtener el triunfo?

A continuación, tratando de dar respuesta a estos cuestionamientos, se enlistan las ideas más trascendentales de la mercadotecnia política que permiten incrementar las habilidades directivas de partidos o candidatos políticos. Con fines expositivos, estas ideas se agrupan en actividades preelectorales, electorales y postelectorales.

I. Actividades Preelectorales

1. Comience a establecer amistades personales y a crear una red de relaciones políticas. Ampliamente hablando, la campaña política no tiene comienzo, ni final. Dedíquese de por vida a construir una buena imagen pública.

2. Use sus relaciones públicas para construir su imagen. Recuerde que lo importante es lograr conquistar la confianza del elector. Un candidato déspota y altanero, es un candidato que, más temprano que tarde, será rechazado por el elector. El mejoramiento de sus relaciones personales le crearan más amigos, los cuales muy posiblemente lo apoyarán el día de la elección.

3. Realice diferentes actividades de presencia preelectoral en la sociedad. Privilegie las acciones de servicio y de gestoría en beneficio de la comunidad.

4. Prepárese física y emocionalmente para emprender empresas mayores. Finiquite compromisos secundarios que puedan distraer su tiempo y atención. Convoque la solidaridad y comprensión de su familia.

5. Arregle sus asuntos de trabajo. No permita que problemas laborales o de solvencia económica distraigan su atención. Enfoque completamente sus energías y tiempo a la campaña.

6. Busque ser postulado por su partido por consenso de sus militantes. Trate de unificar grupos de interés en torno a su candidatura. Gánese la nominación en base al trabajo, la disciplina y la lealtad a su partido.

7. Defina con claridad las metas y objetivos de su campaña. Dele dirección a su trabajo. Antes de iniciar sus labores proselitistas o su campaña política fije objetivos y las metas a alcanzar. Los objetivos son propósitos mucho más generales no cuantificables, como lo puede ser el coadyuvar en el proceso de transición política, mientras que las metas son más concretos y cuantificables. Los objetivos pueden ser generales y específicos. Los objetivos generales pueden ser participar en política, los específicos pueden ser el ganar la elección.

8. Diagnostique objetivamente el mercado electoral que desea conquistar. Obtenga la información de los censos de cada comunidad. Estudie las particularidades de cada segmento electoral. Conozca a sus "clientes," sus necesidades, aspiraciones y preferencias. Todo trabajo serio de mercadotecnia política debe partir de un estudio de mercado que permita conocer con precisión las particularidades de cada comunidad. Para conocer el mercado electoral puede consultar las estadísticas de las elecciones pasadas, la votación casilla por casilla, observar sus tendencias y las preferencias de los electores por subsector de la población (jóvenes, mujeres, adultos, por nivel de educación, socioeconómico, etc.).

9. Tome en cuenta las necesidades del mercado a la hora de planear su estrategia. Infórmese con objetividad sobre las características del mercado antes de tomar decisiones.

10. Busque que el candidato a postular tenga un perfil político atractivo y reúna los requisitos de elegibilidad que pide la legislación electoral. Recuerde que un buen candidato debe tener carisma, trayectoria, preparación, aceptación y arraigo en la comunidad que se postula, y que cumpla con todos los requisitos formales que las leyes electorales pidan (edad, avecindado en el lugar, que tenga la credencial electoral, que no haya sido miembro recientemente de algún organismo electoral, etc.).

11. Haga cola, no sea "arribista." Tenga en mente que un buen candidato debe reunir ciertos requisitos como el tener capacidad, mostrar humildad y comprobar arraigo y militancia. Las estructuras y militantes del partido se sienten atraídos e identificados con las candidaturas "internas," más que con las "externas."

II. Actividades Electorales

12. Forme un equipo de trabajo sólido que le ayude a tener éxito en su campaña política. Invite a compañeros de trabajo, ex- colegas de la escuela, vecinos y camaradas de su partido. Recuerde que la campaña política es una cuestión de equipo de trabajo.

13. En colaboración con su equipo defina un plan de campaña, estructure un organigrama de trabajo y delimite sus estrategias a seguir. La definición de un plan de campaña le permitirá tener mayor certeza y dará direccionalidad de los trabajos realizados, el organigrama le ayudará a delimitar tareas, especializar a su equipo de trabajo y asignar responsabilidades concretas a su comité de campaña. Las estrategias le permitirán tener claridad en las pautas a seguir en la búsqueda de sus objetivos de poder.

14. Tenga un plan de campaña general y uno específico para cada municipio o comunidad. No todos los núcleos de población tienen los mismos problemas, ni las mismas necesidades. Diagnostique el mercado electoral y proponga soluciones en base a estudios específicos. Tenga en mente que el elector otorgará su voto por aquel candidato que, dentro de su paquete de beneficios, contemple la solución a los problemas relevantes.

15. Sea el primero en darse a conocer al elector y ocupe los mejores lugares para anunciarse. El ser nominado candidato de su partido con anticipación de otros candidatos puede tener sus ventajas. Por ejemplo, puede ocupar las mejores bardas para la propaganda, tiene más tiempo para realizar las visitas domiciliarias, su nominación puede ser noticia que la recojan los medios de comunicación, etc. Recuerde el dicho popular que señala que "el que madruga dios lo ayuda."

16. Elija una causa relevante para su campaña y enfoque sus energías en impulsarla. La lucha por la democracia, el combate a la corrupción y la eliminación de la pobreza pueden ser causas que movilicen al electorado. Sin embargo, trate de ser más específico, hable de un mejoramiento de los salarios, una mayor creación de empleos y el mejoramiento de los servicios públicos. Piense qué es lo que más le preocupa a su elector.

17. Trate de ser diferente a los demás candidatos y campañas. Sea creativo o de oportunidad para que colaboradores creativos ocupen lugares estratégicos en su comité de campaña. Deseche la monotonía, la trivialidad y la imitación de patrones de la publicidad ya rebasados. Cree nuevos paradigmas en la política. Anímese a ser diferente.

18. Diseñe una imagen corporativa de su candidatura. Contrate a profesionales que diseñen su logotipo y material publicitario. De la seriedad a los productos que presenta a sus electores. Recuerde que muchos ciudadanos conocerán su candidatura sólo por la publicidad que les llegará a sus manos. Invierta en publicidad, para cosechar un mayor número de votos.

19. Cuide las faltas de ortografía y estilo en su propaganda. Muestre profesionalismo y seriedad en sus trabajos.

20. No tema innovar. Utilice toda la serie de técnicas nuevas de la mercadotecnia. Use el teléfono para comunicar mensajes, las caricaturas en bardas y volantes. Valore la pertinencia de las ideas innovadoras que den lucidez y distinción a su campaña.

21. Escoja un atractivo lema de campaña. Busque que sea original, claro, corto, fácilmente memorizable y "pegadizo." Diseñe slogans que sean incluyentes, que no excluyan a nadie.

22. Utilice la creatividad en el diseño y la difusión de su campaña. Una campaña sin creatividad, es una campaña destinada al fracaso. La creatividad lo hará diferente de otros candidatos, le atraerá electores y, seguramente, le dará resultados satisfactorios al momento del conteo de los votos.

23. Maneje a profundidad la plataforma política de su partido. Conozca la historia de su partido, sus diferentes etapas de desarrollo y sus estructuras de gobierno. Tenga respuestas rápidas y seguras para las preguntas de los periodistas. Hable de los principales planteamientos de su instituto político y las propuestas concretas de gobierno.

24. Lúzcase en los discursos. Demuestre, a propios y extraños, que está preparado para las tareas de gobierno. Muestre que tiene un profundo adoctrinamiento partidista y que su objetivo es el bienestar común de la sociedad. Traduzca las necesidades del pueblo en consignas bien formuladas, con una alta conductividad popular.

25. Prepárese para los debates públicos. Demuestre su capacidad, su amplia cultura y la seguridad de sus argumentos. Proyecte estabilidad emocional y habilidades directivas para desempeñar el puesto.

26. Capacite a su equipo de campaña, transforme el empirismo y activismo en militancia profesionalizada. Desarrolle mercadotecnia tanto externa como interna. Para que su equipo de campaña convenza al elector, primero debe estar convencido el mismo. Profesionalice a sus colaboradores, dedique tiempo a la capacitación política de su equipo de trabajo.

27. Vigile el comportamiento de su equipo de campaña. Amoneste a los prepotentes y abusivos. No deje que algunos de sus colaboradores manchen su imagen. Instruya a su equipo de trabajo, y déle indicaciones para que sea la amabilidad y cordialidad su carta de presentación.

28. Imprima personalidad a su campaña, vista con propiedad y pulcritud. Recuerde que la imagen del candidato depende, muchas veces, de la forma en que lo ve el elector. Escoja su vestuario dependiendo del auditorio al que dirigirá su discurso. Si va al campo o a la fabrica, trate de vestir para la ocasión.

29. No sea excluyente, recuerde que para ganar Usted necesita tanto calidad como cantidad. Nunca desprecie el apoyo de los ciudadanos. Los iletrados como las celebridades todos tienen un voto, que contará el día de la elección. Ningún voto puede ser insignificante, cada sufragio puede decidir el resultado.

30. Haga trabajo de equipo. Apóyese en su suplente o con los candidatos a vicepresidente y secretario en las labores de dirección. No permita que los celos "profesionales" destruyan sus posibilidades de triunfo.

31. Recuerde que el ingenio es su mejor aliado. Sea ingenioso para todo. Escoja con cierta originalidad los temas de sus discursos, el tipo de publicidad, la forma de organizar una reunión de trabajo. Nunca trate de repetir arquetipos usados en campañas pasadas, piense qué se puede innovar en beneficio de su campaña.

32. Planifique tanto recursos económicos como tiempo. La campaña sólo durará un lapso de tiempo determinado. Administre sus recursos, sus recorridos y presentaciones. No concentre todos sus esfuerzos en una sola área geográfica y descuide todas las demás. Priorice, pero no abandone a las pequeñas comunidades.

33. Diseñe mensajes respetuosos, informativos y, al mismo tiempo, relevantes, para el elector en cuestión. Hágalos llegar a través de los medios electrónicos de comunicación, por calcamonías y en bardas. Diseñe su folletería con información atractiva y accesible para el ciudadano, no lo atiborre con mensajes abstractos. Tenga en mente que la función de la propaganda es crear conciencia acerca de su partido o candidatura, ser identificado, diferenciarse y ser aceptado.

34. No genere conflictos con otros partidos o candidatos. Sea respetuoso con el adversario, trate de convencerlo de la rectitud y de las bondades de su programa de

gobierno. No desvíe ni malgaste sus recursos, energías y tiempo en discusiones estériles con sus oponentes.

35. Involúcrese con cautela en los problemas de las comunidades, pero no trate de ser el Mesías. Evite tomar partido en temas controversiales y respete las opiniones de las partes.

36. Sea flexible, pero no anárquico. La flexibilidad debe ser entendida como tolerancia y solidaridad, pero nunca deje que su autoridad se afecte. Sepa Usted que la anarquía es la madre de las derrotas electorales.

37. Conozca las leyes electorales. Usted y los miembros de su equipo de campaña necesitan manejar con propiedad lo estipulado por las normas electorales. Reproduzca las leyes en la materia y compártala con su equipo. Organice talleres de lectura y discusión de los documentos entre sus colaboradores.

38. Comprométase con sus electores, pero no sobre-oferte. Haga lo que quiera el cliente, pero no se exceda. Recuerde, que lo difícil no es llegar, sino concluir satisfactoriamente el mandato popular y cumplir con su programa de gobierno. No permita que sus promesas de campaña desdibujen su período de gobierno.

39. Busque "socios" estratégicos. Trate de ganarse la amistad y simpatía de los líderes naturales, líderes de opinión y de los representantes de los grupos de interés. Si no gana amigos, al menos neutralice enemigos.

40. Sea competitivo y trate de lograr ventajas sobre sus adversarios. Demuestre que tiene capacidades, aptitudes y talentos para ejercer el puesto de gobierno que busca. Predique con el ejemplo.

41. Diversifique las competencias y habilidades de su equipo de campaña. Conjunte un equipo de trabajo con diversas destrezas y conocimientos y distribuya responsabilidades. Recuerde siempre que todos pueden aportar su grano de arena para alcanzar sus objetivos de poder.

42. Delegue responsabilidades y genere confianza entre sus colaboradores. No monopolice las decisiones de su comité de campaña. De oportunidad para que sus colaboradores se luzcan por su trabajo. Delimite claras responsabilidades y pida informes de los avances. Trabaje al lado del coordinador, no como "patrón" de la campaña.

43. Tenga en mente que los recursos humanos son el factor crítico para lograr el éxito. Trate bien a sus colaboradores, reconozca públicamente a los mejores y más entregados. Tenga siempre en mente que el posicionamiento de su candidatura o partido dependerá de los trabajos realizados en conjunto por su equipo de colaboradores.

44. Sea el ejemplo en la disciplina, trabajo y puntualidad de su equipo de campaña. No exija a sus colaboradores, lo que Usted no puede ofrecer. Para que el barco navegue por buen camino, se necesita que el capitán sea disciplinado, trabajador y, sobre todo, puntual. La combinación de estos tres elementos seguramente crearán una imagen positiva de su candidatura y de su persona.

45. No deje lo importante en manos de aficionados, déle seriedad a los trabajos. La coordinación de la campaña y el diseño de sus planes y estrategias electorales deber ser dirigido por profesionales. La publicidad y la imagen corporativa de su candidatura deben ser minuciosamente diseñadas y construidas por profesionales en la materia.

46. Analice las características de sus militantes y simpatizantes y busque incrementar su apoyo. Todo partido tiene siempre un "voto duro," que invariablemente favorece el candidato postulado por su partido. Trate de conocer qué es lo que determina esa lealtad "incondicional," fomente el mantenimiento de esos lasos y trate de crearlos en otros subsectores del electorado.

47. Busque expansión geográfica y demográfica. Recuerde que su triunfo dependerá del número de votos recibidos no sólo en algunas partes de su distrito, estado o municipio, sino de la totalidad de los electores. Es decir, haga trabajo de campaña en las zonas altamente pobladas (urbanas), pero no descuide a las zonas rurales.

48. Sea un candidato versátil, culto y seguro. Un candidato con mentalidad "cuadrada y con evidentes miedos escénicos," difícilmente podrá tener éxito dentro de una sociedad democrática. La confianza de los electores se logra cuando el candidato muestra seguridad en sus planteamientos y demuestra que es una persona con conocimientos y sensibilidad política.

49. Utilice todos los medios para dar publicidad a su campaña. Una campaña mal publicitada es como una iglesia sin campana en la que los feligreses, a pesar de su devoción cristiana, desconocen el horario de la celebración de la ceremonia religiosa. Para que toda campaña política tenga éxito se necesita hacer uso de la publicidad, la propaganda y de la mercadotecnia política. Si sus recursos son escasos, utilice la creatividad para publicitar su campaña y plataforma programática.

50. En gran medida, la campaña es un proceso de comunicación entre el candidato y los electores. Por ello, mantenga buenas relaciones con los medios de comunicación. Hoy día, lo medios están transformando los parámetros y formas tradicionales de hacer política y han demostrado su trascendencia y efectividad en moldear las voluntades y decisiones de los electores. Recuerde que los medios de comunicación son un factor real de poder, que no se puede desatender.

51. Privilegie el uso de los medios electrónicos de comunicación. Es decir, dentro de los medios de comunicación, Priorice a los que tienen una mayor penetración en la sociedad. Recuerde que la gran mayoría de los mexicanos tienen un radio o un televisor en su hogar o centro de trabajo y que la información es más fácilmente asimilable cuando es vista y escuchada por el elector.

52. Aprenda a "conquistar" a todo el mundo, respetando la pluralidad del electorado. Recuerde que la sociedad está constituida por una serie de subsectores y subgrupos con intereses, pensamientos y aspiraciones distintas. Trate de buscar los equilibrios que permitan generar una buena imagen de su persona. Acérquese a los grupos de deportistas, a los grupos culturales, a los ecologistas, a los políticos, a los comerciantes, a los empresarios, a los profesionales y a todos los subgrupos de la sociedad.

53. Explore e impulse las alianzas políticas, pero tenga cuidado al escoger el tipo de aliado. Gratifique con promociones y mejores apoyos a los que le acerquen electores. Las alianzas forman parte de una buena estrategia partidista, ya que muchas veces determinan el resultado de una elección. Sin embargo, en algunos casos sea prudente, recuerde el dicho que reza de que "Vale más sólo, que mal acompañado." Es decir, analice sus posibles aliados, las ventajas y desventajas de tal alianza.

54. Acérquese a los organismos civiles y a los grupos de interés. Toda sociedad está permeada, de una u otra forma, por diferentes grupos de poder, que muchas veces inciden en el rumbo a seguir por dicha sociedad. Últimamente, han proliferado una gran cantidad de organizaciones no gubernamentales, "apartidistas," que tienen metas específicas de trabajo. Trate de conquistar la amistad de los líderes de dichos organismos, retome sus demandas, reúnase para escuchar sus planteamientos y avance sus objetivos proselitistas.

55. Use la mejor tecnología posible en su campaña. Cree su página en Internet, tenga su base de datos en computadora y presente sus escritos con profesionalismo. Una campaña trascendente sólo se puede lograr si se hace uso de la tecnología de punta existente en el mercado. La página en Internet le dará publicidad a nivel macro y será muy económica. La base de datos de sus electores, le permitirá conocer con precisión el domicilio, el onomástico y la profesión de cada uno de los ciudadanos que constituyen el mercado meta. La elaboración de cartas personalizadas en impresora láser le dará una mayor seriedad y profesionalismo, favoreciendo su imagen como candidato.

56. Evalúe periódicamente su campaña, y busque el mejoramiento continuo de su imagen. Recuerde que, muchas veces, es bueno hacer cambios en la marcha. Sin embargo, no se desvíe de su plan. No se olvide de sus objetivos, ni abandone el barco ante el "presagio de la primer tormenta."

57. No permita que las encuestas lo desanimen. De hecho, las encuestas sobre las preferencias electorales pueden favorecer o desfavorecer su candidatura, pero no determinan el resultado final de una elección. Si los estudios de opinión lo favorecen, no se confíe, trabaje fuerte; si no lo favorecen redoble sus esfuerzos y redefina estrategias.

58. Déle seriedad y funcionalidad a sus oficinas de campaña. Por varios meses, las oficinas de campaña serán su segundo hogar. La oficina trasmite además una imagen al ciudadano da confianza y genera aceptabilidad o rechazo del elector. Una oficina funcional cuenta con espacios suficientes para sesionar con amplios grupos, tiene una área de atención a los ciudadanos y se define en base al organigrama de la campaña.

59. Realice reuniones periódicas de trabajo con su equipo. Use las juntas como procesos retroalimentadores. Mantenga comunicación permanente con su equipo de campaña. Informe a sus colaboradores de los principales incidentes surgidos durante la jornada electoral, reciba reportes de los diferentes comités de campaña y, en acuerdo con el coordinador general de la campaña, fije pautas y rumbos a seguir.

60. Sea leal a la amistad. Recompense el trabajo, no se deje influir por rumores e intrigas de sus colaboradores. Trate de mantener la unidad y disciplina de su equipo de campaña.

61. Mantenga comunicación permanente con otros candidatos de su partido y con los directivos de su instituto político. Recuerde que su candidatura es sólo una parte de un plan general de su partido y que la comunicación e intercambio de experiencias con otros candidatos puede enriquecer su campaña. Coordine sus esfuerzos dentro de una estrategia más global, manteniendo comunicación con los directivos de su partido a nivel estatal o nacional.

62. Valore si es más conveniente explotar el nombre del partido (marca) o el nombre del candidato. Muchas veces resulta más atractiva para el elector el nombre del candidato, que el (producto) del partido. Otras veces, el nombre del partido "garantiza" un gobierno benéfico para el ciudadano. Diseñe su estrategia publicitaria en base a esa evaluación.

63. Diseñe lemas de campaña, frases de publicidad y slogans que atraigan la atención del elector. Sea específico, subrayando soluciones a los principales problemas que aquejan a la comunidad. También ser breve y claro.

64. Trate de ser amable, atento y modesto con sus electores. Usted necesita no sólo el voto, sino también el apoyo, comprensión y respaldo de los ciudadanos en las tareas de gobierno. No se haga odiar por acciones despóticas, ni crea que el poder es para siempre. Recuerde que sólo lo tiene prestado por un corto tiempo.

65. Sea competitivo, prepárese para competir y mejore sus habilidades discursivas. El triunfo de su campaña lo apuntalará siempre y cuando Usted esté preparado para tener éxito. Tome cursos de oratoria, lea sobre los más diversos temas y practique constantemente el arte de hablar en público. Recuerde que un líder es más aceptado por el grupo en relación al aumento de su competencia con respecto a las tareas en cuestión.

66. Optimice recursos. Todo programa de mercadotecnia debe tener una tabla de tiempos establecida y ser susceptible de llevarse a cabo dentro de un período definido. Identifique las necesidades y aplique racionalmente los recursos necesarios.

67. Administre escrupulosamente el presupuesto de campaña, no despilfarre recursos. Una campaña con abundancia de dinero puede ser interpretada como una falta de respeto a los electores. Una campaña sin recursos, puede ser entendida como una debilidad del candidato. Recuerde, "ni tanto que queme al santo, ni tan poco que no lo alumbre."

68. Tenga cuidado con los dineros de la campaña. Evite que se filtren recursos económicos "mal habidos" que lo puedan desprestigiar o perjudicar legalmente. Busque apoyos económicos privados, pero monitorie su origen.

69. Conozca la historia de los pueblos, sus héroes y personajes destacados. Demuestre que está informado sobre los grandes personajes que han surgido de su comunidad. Realice relatos históricos, salude la memoria de los hombres ilustres y remarque su importancia dentro de la historia del estado y del país.

70. Organice festivales populares. Tenga en mente que a muchos electores no les interesa la política, pero si prestan atención a actividades de entretenimiento.

71. Estudie a sus competidores. Conozca el plan programático de sus adversarios, sus fortalezas y sus debilidades. No diseñe sus estrategias políticas en base al diagnóstico de los candidatos alternos, pero tome en cuenta las acciones y planes de los demás.

72. Haga a la seriedad y responsabilidad los elementos distintivos de su candidatura. Sea serio y responsable en lo que promete y dice. Nunca hable de más, diríjase con respeto a sus electores.

73. Diga sus discursos con pasión, convencimiento y seguridad. Para convencer, el primero que necesita estar convencido es Usted. Documente sus propuestas, muestre que tiene un amplio manejo del tema y diga sus discursos con firmeza. Repita y reitere. Trate de contagiar y reproducir sus argumentos.

74. No imposte personalidades. Sea sincero con sus electores y con sigo mismo. La franqueza y sinceridad le dará una mejor imagen.

75. Mire a los ojos a los electores, su mirada debe darles confianza. No cometa el error de muchos políticos que tienen temor de ver a los ojos a sus electores. Salúdelos de mano, con afecto y energía. Piense que en cada ciudadano Usted tiene un amigo.

76. "Venda" la idea a sus electores que la solución a sus problemas dependerá del tipo de elección que realicen en los comicios. Haga sentir al elector, lo que es una creciente verdad, que su voto vale y que él decidirá el nombre del próximo gobernante.

77. Cuide lo que dice y la forma en lo que lo dice. Recuerde que durante las campañas electorales Usted es una figura pública sujeta a un especial escrutinio por parte de la sociedad y sus comentarios pueden trascender más allá de su circulo de colaboradores.

78. Participe en seminarios, coloquios y conferencias. Utilice la tribuna para difundir sus ideas y propuestas programáticas. Enriquezca sus capacidades discursivas y aprenda las técnicas del debate parlamentario.

79. Haga una campaña positiva. Nunca trate de ganar la elección recalcando las debilidades y errores de sus adversarios. No se muestre como candidato mediocre, acudiendo a la difamación y la calumnia. Gane por su programa y su trayectoria, no por la falta de alternativas.

80. Recuerde que las lealtades electorales son siempre efímeras, por lo que no se confíe de que su "clientela" se mantendrá siempre fiel. Por ello, debe mantener contacto con su elector, ya sea a través de la propaganda, por medio de brigadas de visita domiciliaria o a través de reuniones periódicas en la comunidad.

81. Respete la cultura, idiosincrasia, valores y tradiciones de los electores. Aprenda a vivir dentro de un mundo diverso y plural. Sea firme en sus acciones, pero nunca proponga programas que atenten contra las costumbres de los ciudadanos.

82. Sea oportuno. Recuerde que aquello que no se haga durante la campaña, carecerá de razón de ser después de ella.

83. Use la planeación estratégica en su campaña. Establezca una ruta crítica de sus planes y dé seguimiento a todo.

84. Busque nuevas motivaciones para el elector. Estudie Psicología política. Indague sobre las técnicas más efectivas para la persuasión política. Trate de entender la realidad psíquica del ciudadano, lo que piensa y siente.

85. La mercadotecnia debe estar orientada al "cliente", a retener al "cliente", a aumentar su lealtad. El retener al cliente es un asunto estratégico. Trate al elector como un activo apreciado.

86. Tenga siempre en mente que la mercadotecnia es un factor real del poder. Recuerde que el éxito de la mercadotecnia política se mide a través del número de votos que obtenga. Trate por todos los medios de conquistar el mercado meta.

87. Use las mezclas de la mercadotecnia. Busque los equilibrios en las diferentes técnicas mercadotécnicas. Lea sobre esta fascinante disciplina y mejore sus posibilidades de triunfo.

88. Por último, no abuse de las bondades de la mercadotecnia, ni cree falsas expectativas. Tenga presente que el uso de la mercadotecnia contribuye a ganar procesos electorales, pero, de ninguna manera, asegura un triunfo total de los comicios.

III. Actividades Postelectorales.

89. Sea agradecido. Agradezca públicamente a sus electores por su voto. Agradezca a su comité de campaña, trate de buscarles posiciones dentro del nuevo gobierno. Si ganó o perdió, de todos modos pinte bardas y distribuya volantes que muestren su agradecimiento a los votantes después de las elecciones.

90. Sea inteligente. Invite a la unidad de los electores, reúnase con sus adversarios de campaña y trate de ganar su colaboración. Transcienda más allá de las fronteras partidistas y construya consensos en sus actos de gobierno.

91. Tenga siempre en mente que triunfar en una elección representa tan sólo el ganar una batalla. Prepárese para desafíos mayores. Establezca sus propios retos, póngale calendario a sus proyectos y trate de disfrutar su nueva vida.

92. Gobernar es convencer. De seguimiento a todas las actividades y compromisos contraídos. Si gana la elección, diseñe una estrategia para mantener la lealtad de sus electores. Trate de cumplir con todos y cada uno de los compromisos asumidos. Mire al futuro, no se conforme con la posición ya ganada.

93. Tenga mucho cuidado en el manejo de los presupuestos públicos. Ponga especial atención en el cumplimiento de la normatividad administrativa. No despilfarre recursos, cuide celosamente el patrimonio de la sociedad. Use su poder en beneficio de la comunidad.

94. Rinda informes constantes a sus electores. Use mamparas, gacetas, periódicos y juntas de trabajo para informar de los avances de su programa de gobierno. Pida el apoyo y la comprensión de sus conciudadanos.

95. Respete los acuerdos. Honre con sus acciones los acuerdos asumidos con sus apoyadores. Respete la diversidad y trate de lucirse en su trabajo. Sin embargo, no se le olvide la prudencia y la modestia.

96. Conserve la ecuanimidad y estabilidad emocional en sus actos de gobierno. Evite que los conflictos de interés entre sus colaboradores se conviertan

en crisis políticas. Fomente la unidad en torno a su gobierno y cuide mantener los equilibrios.

97. Salga de sus oficinas. No se burocratice. Organice giras de trabajo por todos las colonias, comunidades y delegaciones de su municipio. Mantenga las "puertas abiertas" al pueblo. "Báñese" de pueblo, pero no descuide el trabajo de gabinete. Fomente una imagen fresca, vital y activa.

98. Enséñese a decir no, pero dígalo respetuosamente. No sea populista, tratando de satisfacer a todos. Recuerde que Usted gobernará dentro de un escenario de escasez de recursos económicos. Sepa decir no, cuando Usted considere que lo pedido está fuera de sus posibilidades, pero no lo haga lastimosamente.

99. Tome sus decisiones basado en la justicia y la razón. Rechace padrinazgos, compadrazgos y el nepotismo. No deje que el poder lo cegué y lo encamine al acantilado de la desgracia.

100. Persevere en sus objetivos políticos. Nunca desista en su lucha, si las circunstancias no lo favorecieron en la elección busque otras oportunidades. Recuerde que "el que persevera, alcanza."

9. IMAGEN Y PODER POLITICO

En la época de las telecomunicaciones y la democracia electoral, el manejo de imagen de un político es tan trascendental para su carrera como lo es la misma capacidad organizativa. De nada sirve ser un gran activista político, un organizador de masas o un hábil operador, si la imagen pública que trasmite es mala, pobre o mediocre.

De ahí que el perfil ideal de un candidato a puesto de elección popular, tenga que ser estudiada, analizada y mejorada para buscar avanzar los objetivos de poder.

De acuerdo a Víctor Gordoa, "la imagen es la figura, representación, semejanza y apariencia de una cosa. La imagen pública es la imagen colectiva que de un individuo se tiene en un tiempo y lugar determinado". En política, la imagen es la representación, ó proceso físico- psicológico, que se hace el elector de un partido o candidato. La imagen del candidato es la manera como es percibido, no necesariamente como es en realidad.

La imagen de un candidato es la percepción que tienen los ciudadanos de su carácter interno, una impresión construida a partir de su apariencia física, estilo de vida, porte, acciones, conducta y sus modales.

En un proceso electoral, el candidato es el centro de la atención, es el recurso más valioso, por que sólo él puede realizar algunas de las actividades, como apariciones personales en los medios de comunicación, participar en debates públicos, llevar a cabo conferencias de prensa y encabezar mítines, entre otros. De ahí que su imagen tenga que ser cuidada, cultivada, reforzada y/o construida.

El manejo de imagen le ayuda a ser exitoso en la intrincada vida política, aunque, es importante aclararlo desde un inicio, no le asegura de por si, el triunfó electoral.

Sé que el tema de la imagen pública es complejo y el atreverse a dar consejos para mejorarla resulta delicado y pretencioso. Sé además que la imagen es algo tan intangible, tan fugaz, relativa, dinámica y misteriosa, que resulta poco menos que imposible dar consejos para desarrollarla o mejorarla. Sin embargo, me he atrevido a escribir sobre la temática buscando el perfeccionamiento ético de nuestros políticos, tratando al mismo tiempo, de rescatar la era de la política de la elegancia, o la que yo llamo de la alta política.

La Imagen del Éxito

1. La primer idea que debemos manejar es que la imagen es percepción. Es decir, es la forma en que el ciudadano nos percibe. Todos los candidatos a puestos de elección popular tienen, de hecho, una percepción que puede ser buena, regular o mala. Esta imagen puede estar asociada con los términos capacidad, honestidad, responsabilidad y trabajo o con sus antípodas. Una buena imagen está asociada también a la eficiencia y ésta

se relaciona automáticamente con calidad, seriedad y poder. De ahí que, un buen político debe trabajar en mejorar la percepción que las masas tienen de su persona.

2. La imagen pública se forma gracias al esfuerzo constante, la inteligencia de sus acciones y el raciocinio de su proceder. Es decir, nadie nace de antemano con una buena o mala imagen pública, sino que se adquiere en base a su proceder. Puede nacer con un buen o mal apellido, con riquezas o pobrezas, pero la imagen que emite a la sociedad se forja gracias a sus acciones. De ahí la importancia de pensar sus acciones y actuar con inteligencia.

3. La imagen pública se define, principalmente, en base a tres factores fundamentales: las características físicas, intelectuales y emocionales. Trate de buscar un equilibrio entre ellas. Todas son importantes, pero en política las características intelectuales y emocionales son mucho más apreciadas que las físicas.

4. Una buena imagen se gana gracias a la acumulación de los pequeños buenos detalles. En otras palabras, el "camino al cielo," se recorre gracias a las pequeñas acciones. Fije objetivos concretos y alcanzables, trabaje disciplinadamente para alcanzarlos.

5. La ley de la política es ser conocido. Un político no es tal si no ha sido visto lo suficiente, o citado a menudo su nombre. Por ello, debe hacer lo necesario para aumentar sus relaciones y los contactos con otros políticos, con los medios de comunicación, con los grupos de interés y con los intelectuales.

6. De la vista nace el amor. La gran mayoría de las decisiones la hacemos por los ojos. Maquiavelo decía que "generalmente los hombres juzgan por lo que ven y más bien se dejan llevar por lo que les entre por los ojos que por los otros sentidos... y pudiendo ver todos, pocos comprenden lo que ven."

7. Una buena reputación se gana usando el sentido común para acercarse a la gente, para tratar de resolver sus problemas, para visualizar el futuro y satisfacer las expectativas sociales.

8. Tanto importa la reputación que puede decirse, parafraseando al cardenal Richelieu, que hay quienes hace más cosas con su sólo nombre que otros con sus ejércitos.

9. Una buena imagen no puede ser comprada. Puede gastar millones en los medios de comunicación o pagando gacetillas y periodistas para tratar de construir una buena imagen. Sin embargo, su personalidad, sus acciones y omisiones pueden jugar un peso más importante.

10. La imagen de un político no es para siempre. Una imagen puede deteriorarse, no importa cuanto tiempo la venga cuidando, en un momento

de descuido puede desbaratarse. Muchos políticos han llegado al poder gracias a su buena imagen, pero una vez en la oficina, sus acciones e inmadurez han terminado por arruinarlos. De ahí que, para ser un buen político se tenga que actuar con consecuencia trascendiendo el limbo de las campañas.

11. No se "queme" por tan poco. Es decir, nunca cambie su reputación por beneficios a corto plazo. Piense sus acciones y compromisos. Usted puede llegar muy lejos, pero lo corto de miras, puede limitar su progreso hacia el futuro.

12. La imagen se hace, no nace. Se requiere creación, manejo y control de una imagen pública. La imagen es producto de los estímulos recibidos a través de los sentidos, los cuales también incitan a actuar. Usted puede mejorar su imagen, lo que necesita es el autoanálisis, la meditación y el propósito de mejorar.

13. La imagen es resultado. La imagen produce un juicio de valor en quien la concibe, por lo que su opinión se convertirá en su realidad. Puede ser una realidad ficticia, pero es lo que la gente ve o quiere ver de Usted. Si es candidato a presidente, lo primero que debe parecer es presidente.

14. En política la percepción es la realidad. La imagen se convierte en la identidad de quien ha sido percibido y una vez otorgada, esta identidad se convertirá en la verdad particular de quien la ha percibido Es decir, la imagen es percepción que se convierte en la identidad y con el tiempo en la reputación. Trate de ser percibido como una persona afectiva, carismático, confiable, ingenioso, dinámico, enérgico, generoso, gentil, feliz, honrado, amable, modesto, optimista, capaz, letrado, culto, sensible y propositivo.

15. Cría fama y échate a dormir. La reputación es la opinión que la gente tiene de una persona o cosa. De hecho, ya el mexicano tiene una mala reputación de los políticos, por lo que se tendrá que esforzar de más para construir una buena imagen pública. El altruismo, la filantropía y las acciones caritativas son buenos medios para construir una buena reputación.

16. Es inevitable tener una imagen. Todos tenemos una imagen: buena, mala o regular. Si la imagen es mala trabaje para mejorarla. Si es buena, luche por conservarla. Si es regular, hay muchas cosas que puedes hacer.

17. Los primeros siete segundos son los que constituyen el momento crítico en la que se causa la primera impresión. Esta primera impresión es la que cuenta. Después será muy difícil hacer que la gente cambie de opinión. Por ello, en cualquier presentación pública trate de ganarse el auditorio en estos primeros momentos.

18.   "Corazón mata cerebro." La gente decide mayoritariamente basada en sentimientos. Sus emociones juegan un papel muy importante en la toma de decisiones. Es decir, la habilidad para tomar decisiones esta gobernada más por las emociones que por la razón. Cuando en público, maneje discursos emotivos que, seguramente, le redundarán buenos dividendos políticos.

19.   En consecuencia, las decisiones políticas las toma el corazón no la cabeza. La mente emocional decide y pone en acción al resto del organismo, sin detenerse a pensar en el qué y el por qué está haciendo algo. Los seres humanos deciden 85 por ciento en sus sentimientos y sólo un 15 por ciento restante en sus pensamientos.

20.   El que madruga, dios le ayuda. Para mejorar su imagen verbal recuerde que son siete minutos el tiempo en la que la gente escucha sin distracción. En los actos públicos, trate de ser, más que el último orador, uno de los primeros para asegurar que su mensaje sea bien recibido y atendido.

21.   En política, las cosas son lo que parecen. La imagen cuenta más que la realidad. La imagen que proyecta puede ser su fortuna o su desgracia. De ahí la necesidad de tener siempre presente en todos sus actos y decisiones sobre los efectos que tendrán en su reputación y su futuro.

22.   La imagen siempre es relativa. Como persona o amigo puede proyectar una muy buena imagen, pero no como político. Realice una auditoria de imagen. Si es necesario, acérquese a un consultor de imagen pública. Pida asesoría profesional.

23.   La imagen es dinámica. Una imagen deteriorada puede mejorarse y una buena imagen puede deteriorarse. Si su reputación social no es buena, no se desanime, no hay peor lucha que la que no se hace.

24.   Construir una imagen no, necesariamente, es equivalente a falsear la realidad. En política la percepción de las masas es muy importante. Valore su imagen como el bien más preciado que tiene, sin llegar al esnobismo.

25.   La imagen está condicionada al contexto y la coyuntura. En un escenario, la imagen que posee será su mejor aliado, pero en otros puede ser su peor enemigo. La imagen pública no es el hombre entero, total, de carne y hueso, sino las dimensiones de su personalidad. Es, como decía Ortega y Gasset, él y sus circunstancias.

26.   Una buena imagen se forma cuando actuamos con seguridad en nosotros mismos, cuando transmitimos confianza y sentido de responsabilidad. Para convencer a otros, primero debemos estar convencidos nosotros mismos. Se tiene que predicar con el ejemplo y actuar en consecuencia.

27. Defina con claridad los objetivos de imagen pública que quiere formar. Por ejemplo, la humildad y sencillez es bien vista por los electores. Un político también necesita carácter, transmitir sentido de responsabilidad, mesura y, sobre todo, de honestidad. Una imagen basada en los más altos principios humanos, en el deseo de servir al prójimo, seguramente le redituará altos dividendos políticos.

28. Use la creatividad para generar una buena imagen pública. Las ideas deben ser útiles y pragmáticas. Crear una imagen es un proceso racional que demanda creatividad, conocimientos, sensibilidad, trabajo, disciplina y dinero.

29. La política es imagen y ésta se forma, en gran medida, por la propaganda. En la época actual, un político es más producto de la propaganda que del trabajo de base y labor comunitaria. Use cuanto medio esté a su alcance para difundir su obra, su trayectoria y sus ideales. Recuerde que la propaganda es el conjunto de técnicas y medios de comunicación social tendientes a influir con fines ideológicos en el comportamiento humano.

30. La propaganda moldea la percepción de la audiencia. Úsela en cada oportunidad que se le presente, no importa que lo etiqueten de protagónico.

31. Siempre trate de ganarse a la opinión pública a su favor, pero no cambie radicalmente de postura. La política del gatopardismo o del Tílcuate de Juan Rulfo más que beneficios, le puede traer innumerables perjuicios.

Imagen y Campañas

32. En cierto sentido, las campañas políticas en la época moderna no son sino guerras de percepción, guerras de imágenes y de mensajes propagandísticos.

33. El candidato representa la imagen del partido, es quien cumple o no con las expectativas de los ciudadanos y será elegido siempre y cuando emita la imagen que represente la satisfacción de las necesidades y esperanzas de los electores.

34. La imagen de los partidos políticos permea la de sus candidatos. Muchas veces, los resultados electorales son la cosecha de la mala o buena imagen que tiene la formación política que lo postula. A veces es un buen candidato, pero le falta partido. En otras, es un buen partido, pero le falta candidato. Lo ideal es trabajar en construir una buena imagen del partido y una del candidato.

35. La imagen de un partido en el poder, irradia sobre la imagen del candidato. De igual forma, la imagen de candidatos de un partido generalmente se asocia a anteriores candidatos y servidores públicos. Si su antecesor goza

de mala reputación, promueva el cambio. Si es bien aceptado, hable de continuidad.

36. Muchos electores votan por la experiencia del pasado no por las promesas del futuro. Es decir, una imagen gubernamental deteriorada generará muchos votos de castigo por parte del elector. Si se cree castigado, sea paradigmático y fomente una nueva época en las acciones políticas.

37. Aunque la Mona se vista de seda, Mona se queda. Una vez creada la mala reputación, la gente difícilmente creerá que puede cambiar la esencia del candidato. Sin embargo, la política del distanciamiento, la autocrítica y la ruptura algo pueden ayudarle.

38. Para generar una buena imagen, un político debe tener control de sus impulsos, debe mantener la serenidad ante situaciones criticas, debe actuar siempre con objetividad y poseer una gran seguridad en sí mismo.

39. Un buen candidato debe transmitir la imagen de un buen líder, que inspira confianza y respeto, que posee el don de mando y la capacidad de dirección.

40. Una característica primordial de un gran político es la capacidad de iniciativa, de pensar en ir adelante. Promover innovaciones, tomar decisiones acertadas, resolver conflictos, inspirar confianza. Como político de vanguardia tenga el valor de innovar.

41. Para obtener una buena imagen pública, el político debe actuar con optimismo, encontrando el lado positivo de todas las situaciones. El optimismo va de la mano con una actitud positiva que se traduce en alegría, gentileza y amabilidad para con los demás. Un político déspota y pesimista, nunca será un buen político.

42. La democracia implica para el político tolerancia, dialogo y apertura. Quedó atrás la época en que la arrogancia, la altivez y el orgullo eran elementos indispensables en la personalidad de los políticos. Recuerde que un político altivo y altanero, terminará, más temprano que tarde, en el acantilado de la desgracia.

43. La imagen de un político se mide en la toma de decisiones. Trate de ser consecuente en su acción, cumplido con lo pactado, respetuoso de los demás, discreto y justo en su accionar. Un buen político también debe tener un don de mando, sabe decidir y lo que debe hacer basado en la razón, la justicia y la equidad.

44. Un buen político aprende a trabajar en equipo, fomenta la convivencia, reconoce y premia el esfuerzo particular. Un buen político escucha, impulsa, educa y aprende continuamente. Reconoce deficiencias y aprende de los

demás. Está abierto a la crítica, reorienta sus acciones y actúa con responsabilidad.

45. No hay nada más dañino para su imagen que los excesos. Evítelos siempre.

46. Un buen político mira el futuro, no pierde su mirada en el pasado.

47. La socioempatía y la imagen pública son hermanas gemelas. La empatía social es un compromiso bidireccional con el ciudadano, es el deseo de comprender sus necesidades y encontrar la respuesta más adecuada. La empatía implica una buena imagen de servicio y apoyo hacia la población.

48. Una de las cuestiones más importantes de todo candidato, es proyectar credibilidad ante el elector. Prepare todas sus presentaciones públicas y hágalo con naturalidad y profesionalismo. Usted debe mentalizarse en que si puede.

49. La imagen pública se constituye por el prestigio, fama, mitos, anécdotas y rumores que influyen en la opinión pública. De hecho, Usted ya tiene una imagen. Por ello, es necesario hacerse una evaluación sobre la imagen que actualmente tiene o proyecta, para diseñar sus acciones futuras a seguir.

50. Un buen político evita en lo posible la demagogia. Se conduce con sencillez y humildad, evitando la prepotencia y la ostentación.

51. El elector vota de acuerdo a la imagen que percibe de los candidatos, los partidos y la política en sí. Cuatro virtudes se admiran más de un político: su lealtad, su honradez, su disciplina y su capacidad.

52. La imagen de su familia y equipo de campaña también cuenta mucho en la opinión de los electores. Usted puede gozar de buena reputación, pero sus principales colaboradores pueden arruinar toda su campaña. Por ello, lo indicado es reclutar colaboradores honestos, confiables y que gocen de buena o aceptada reputación.

53. Su imagen está sujeta a las debilidades y fortalezas humanas. Sin embargo, Usted debe saber que las campañas duran poco tiempo, el cual debe aprovecharse para perfeccionar sus habilidades de comunicación interpersonal, mejorar la telegenia, afinar su voz, mejorar la habilidad para polemizar, aumentar la capacidad para resistir y responder a los ataques.

54. En política es mejor transmitir una imagen pública de retador que de defensor. Sin embargo, su estilo de retador no lo debe radicalizar tanto, sino más bien tiene que moderarlo. Durante la elección interna del PRI, para las elecciones del 2000, Roberto Madrazo, por ejemplo, apareció como el retador del sistema, el crítico del modelo económico y el renegado de los viejos estilos de hacer política, lo que generó amplias simpatías.

55. Si Usted está en la oposición, su papel debe ser de retador, de crítica, de ataque, resaltando necesidades de modo que los electores empiecen a pensar que el partido en el poder no ha sido efectivo. Su objetivo es crear conciencia de la necesidad de cambio. Si su partido está en el gobierno, su discurso debe magnificar la obra, resaltar los logros, minimizar los errores y desaciertos, mostrar símbolos de poder, restar credibilidad a la oposición y advertir de los riesgos del cambio.

56. Siempre es recomendable regionalizar las campañas y la imagen que se presente. En un país multicultural, un candidato debe contar siempre con un asesor de imagen pública, para estudiar a los electores, su cultura y la forma que le gusta verlo. Recuerde que en algunos lugares un traje es una barrera de comunicación, pero en otras un sombrero provoca simpatías.

57. Métase en su mente que en la medida en que las personas acepten la imagen de un candidato, estarán dispuestas a escuchar sus propuestas y eventualmente, dar el voto a su favor.

La Imagen Física y "Buenas" Costumbres

58. Como te ven te tratan. Estar en buena forma física comunica energía, eficiencia y alta autoestima. Esfuércese por estar en forma, cuide su alimentación y practique algún deporte. La complexión física también es muy importante. Cuide con esmero su salud física y mental y así mejorará su imagen

59. Los candidatos "atractivos" son aquellos en quienes los votantes ven las cualidades que desean ver en los funcionarios públicos. En este sentido, los candidatos con un mejor físico tiene de antemano ventajas sobre los candidatos "feos." Sin embargo, la belleza física por si misma no es garantía de triunfo, sino está unida a otro tipo de cualidades. Por ello, el perfil del candidato ideal es aquel que presente buena imagen física y tenga prestigio, sensibilidad y reconocimiento social.

60. Vista con elegancia. Como decía Azorín, "el fin que persigue el arte en el vestir es la elegancia. Pero la elegancia es casi una condición innata, inadquirible. No está en la maestría del sastre que nos viste, está en nosotros. Está en la conformación de nuestro cuerpo; en los movimientos; en la largura o cortedad de los miembros; en el modo de andar, de saludar, de levantarse, de sentarse."

61. Vista pulcra y elegantemente. No necesariamente debe gastarse una fortuna si sabe combinar su ropa y la adquiere en promociones especiales. Use traje oscuro para transmitir autoridad. Una camisa de colores o rayitas comunica accesibilidad. Nunca use joyas ostentosas. Un excelente calzado realza toda la indumentaria.

62. Un fistol y una pluma fina es símbolo de autoridad y poder. Use siempre corbatas finas y aprenda el arte de la combinación de los colores.

63. Cuando esté en un banquete, coma lentamente y use con propiedad los cubiertos. Recuerde que Usted está en la mira de todos los asistentes. La buena educación y finos modales siempre lo deben acompañar.

64. Cuide su forma de caminar y la postura. Una mirada muy abajo, refleja inseguridad, temor, deshonestidad. Mantenga la vista ligeramente hacia arriba, la cara un poco alzada, pero no mucho porque lo contrario refleja inaccesibilidad o arrogancia.

65. Es importante su gesticulación y el uso de sus manos. Los ademanes deben complementar su mensaje verbal. La gente no confía en Usted sino puede verle las manos cuando habla. En consecuencia, mantenga limpias y atractivas sus manos.

66. El uso de la vista es muy importante. El contacto visual significa vencer el miedo de conocer y dejar que nos conozcan. Nadie va a votar por Usted, sino es capaz de sostenerle, por un momento, la mirada a los ojos.

67. Un apretón de manos firme, puede significar un cambio de actitud y un voto de apoyo. Los electores quieren sentirse importantes. Para ellos, es anecdótico y atractivo el que un político los haya saludado. Salúdelo firmemente, pero recuerde ¡ni tanto que queme al santo, ni tanto que no lo alumbre!

68. En política como en la vida, la limpieza es muy importante. Trate siempre de presentarse higiénico, más si lo hace públicamente. Cuide cualquier detalle, su pelo, sus manos, su ropa, el perfume que usa, los anteojos, así como calidad de los productos.

69. Proyecte energía y vitalidad. Un candidato fuerte, vigoroso, persuasivo, capaz de imprimir energía y vitalidad al trabajo, entregado por completo a la campaña, es la mayor garantía de éxito.

La Imagen Audiovisual

70. En la era de la videopolítica, el manejarse con soltura y profesionalismo frente a las cámaras es una garantía de éxito. Todo buen político debe dominar el arte de hablar frente a los medios de comunicación

71. La construcción de la imagen pública es la decisión más importante que un político de nuevo cuño puede hacer en un escenario de alta competencia política. Las campañas en la época de la videopolítica se hacen, en gran medida, gracias al uso intensivo de los medios de comunicación,

principalmente los electrónicos. Por ello, trabaje arduamente para mejorar su imagen pública, sin caer en la falsedad y la hipocresía.

72. La virtud y la fortuna son don aspectos que marcarán su porvenir. Si tiene la oportunidad de salir en los medios, la fortuna ya lo ha acompañado, ahora falta que Usted haga uso de su virtud. Usted debe entender que la reputación de los políticos está, en gran medida, en manos de los comunicadores, por lo que debe cultivar las más finas y cuidadosas relaciones.

73. El hablar frente a las cámaras, inunde la sala de luces. Hable en tal lugar donde la luz le dé de frente en el rostro, para que se puedan apreciar sus gesticulaciones. Este quieto, no haga movimientos nerviosos, pues su inquietud sólo delata su inseguridad.

74. Debe evaluar la forma de dar información a los medios y la forma como se percibe por el auditorio. Grávese y analice los videos. Trate de conocer como la gente lo ve a través de los medios y como Usted se ve. Evite la voz impostada, si es necesario modular la voz, hágalo pero trate de hablar con naturalidad como si estuviera en casa.

75. Siempre se debe preparar la conferencia de prensa con mucha anticipación. Es importante que Usted esté muy preparado y sepa para qué está allí. Ante la pregunta de los periodistas, no dé rodeos, vaya directo al grano. Empiece siempre por lo más importante, ya que lo más importante es lo que le interesa a la gente.

76. No es bueno para un político darle consejos a la prensa sobre lo que debe hacer o entrar frecuentemente en conflicto con los hombres de prensa, tratando de señalarles posibles desviaciones o deseables caminos.

77. Recuerde que en los primeros segundos de su intervención se juega el destino de su entrevista en televisión. Preocúpese por ello y logre atrapar la atención del auditorio. Trate de mostrar ante el auditorio una gran capacidad de manejo y de conducción.

78. Frente a las cámaras, hable claro, diga las cosas con precisión, no tenga miedo use un promedio de frases cortas, construcción directa. Use ejemplos o metáforas que permitan al televidente ver las cosas con mucha claridad.

79. Sea interesante. Trate de ser doctoral en su exposición. Trate de imitar a los locutores profesionales.

80. Muestre entusiasmo, convicción y trate de transmitir ese entusiasmo a los demás. Nadie convence a los otros, sino parece estar convencido.

81. Hable respetando a los demás. Ante preguntas difíciles o provocadoras, conserve la calma y mantenga siempre la ecuanimidad. Jamás pierda la cabeza ante preguntas insultantes. Trate de sortear los cuestionamientos difíciles y siempre sonría. Recuerde que su imagen es lo más importante que debe cuidar.

82. Trate de caer bien. Recuerde que los medios seguramente han cortado su discurso, pero lo que importa es la impresión que uno deja en miles de tele-escuchas.

83. Base su exposición en hechos reconocidos y valores aceptados. No contradiga innecesariamente a los demás. No pida disculpas por pensar como piensa, ni esconda su manera de pensar, por que eso le quita credibilidad desde el comienzo.

84. Muestre siempre una buena actitud. Cuando el periodista le pregunte, mírelo y cuando usted hable mírelo también como cuando ve a un amigo, que lo quiere convencer de algo.

85. Vista con propiedad para una conferencia de prensa. Recuerde que si usted lleva un saco de cuadros extraño, lo que la gente va a ver es el saco y va a comentar más acerca de su vestimenta que de Usted. A la televisión vaya de camisa blanca, gris o celeste que se aprecia mejor en las pantallas.

86. Recuerde que el elector vota de manera más creciente por el candidato y la imagen que proyecta. Sepa Usted que la imagen se moldea y forma, en gran medida, por el trabajo de los comunicadores.

87. Recuerde que a los electores les importan los precios, la educación de sus hijos, la seguridad pública, el salario, la salud y todo lo que atañe a la vida de ellos.

88. La personalidad que Usted proyecte contribuye más al éxito en la vida, que la inteligencia que posea. Sin embargo, recuerde que la popularidad es casi siempre precaria, e incluso efímera.

89. Necesita proyectar en las cámaras un temperamento amable, benévolo, bondadoso, afable, condescendiente, afectuoso, cordial e inteligente. Pero recuerde, la reputación e imagen que proyecta, si bien es sumamente importante, no basta para ser exitoso en la política.

90. La audacia y visión de estadista son también muy importantes. El contacto con la gente, el bañarse de pueblo y el arraigo son quilates en la política. Recuerde que no hay mejor estrategia para impactar al elector que saludarlo por su nombre y mirarlo a los ojos.

91. La imagen pública de un político está, de cierta manera, asociada al sentido del humor, a su sonrisa, a su alegría de vivir. Por ello, es recomendable que un político aprenda a sonreír, transmita virilidad, optimismo y alegría por la vida.

92. Sonría con su auditorio, ya que la sonrisa es siempre el medio más importante para transmitir confianza. Usted sabe que la crítica fundamental a Cuauhtémoc Cárdenas en la elección de 1997 para la jefatura del Distrito Federal fue su tozudez, su rostro seco e impávido. Cuando fue capaz de sonreír, el elector tuvo la confianza de brindarle su apoyo y el triunfo estuvo en sus manos.

93. Ante cualquier eventualidad conserve la calma y actúe con cautela. No sea alarmista. Durante las crisis o coyunturas especiales salen a relucir las verdaderas fortalezas y debilidades del ser humano. Es, de cierta manera, el momento de la verdad. No destruya su imagen ante el primer asomo de un episodio de incertidumbre.

94. Un político debe saber que el triunfo no es cuestión de casualidad, sino de tenacidad, de trabajo y disciplina.

La Imagen Verbal

95. Para construir su imagen verbal, tendrá que presentarse "siempre tan bien preparado para hablar como si en cada una de las causas se fuera a someter a juicio tu talento." En sus presentaciones cuide el volumen de la voz, la entonación, la dicción, la integración del auditorio y analice la percepción que de Usted tienen los diferentes públicos.

96. Un político es, en esencia, un buen comunicador. El dominio de la oratoria, el arte de convencer puede ser aprendido. Recuerde que tener una buena imagen verbal es requisito indispensable para triunfar en la política.

97. Siempre que tenga la oportunidad de hablar en público, emita un mensaje claro, sincero, corto y emotivo. Recuerde que lo bueno cuando breve, es dos veces bueno. En comunicación lo menos, es más.

98. Antes de hablar en público fije objetivos claros y precisos con su participación. Escoja un tema o dos de los que pueda hablar con propiedad, hágalo con respeto y decisión. Trate de motivar los sentimientos benévolos del auditorio.

99. Los electores son hombres plásticos, sentimentales, maleables, que pueden ser moldeados de acuerdo a las habilidades de los grandes políticos. Tóquese el corazón cuando está hablando de sentimientos, hable de los más grandes ideales del hombre y de las pretensiones de mejoramiento de los electores.

100. La repetición es una arma de la comunicación de masas que siempre se debe utilizar. Ante auditorios distintos, no tema repetir. Su equipo de campaña, posiblemente se aburrirá, pero los electores necesitan conocer en su amplitud su propuesta de gobierno y su programa de trabajo.

101. Un buen orador es aquel que estimula la imaginación del auditorio, hace un recuento de la historia, utiliza frases celebres, pensamientos universales, recuerda anécdotas y llama a la acción. Recuerde que el dominio de la elocuencia hace hombres superiores; vuelve segura, honrosa, brillante y alegre la vida.

102. Hable con elegancia y precisión. No permita que su pobreza del lenguaje lo delate, encasille o clasifique en el equipo de los mediocres. Recuerde que a un político se le aprecia y clasifica por cuatro cosas: por lo que hace, por lo que parece, por lo que dice y por la manera en que lo dice.

103. Al preparar su discurso trate de explotar los motivos que hacen actuar al hombre: el deseo de lucro, de conservación, de placeres, el orgullo, los sentimientos, los afectos, los ideales, la religión, la justicia, la piedad, el perdón y el amor.

104. Coma lo necesario antes de hablar. Hable con energía, recuerde que la energía es magnética para las masas. Hable con entusiasmo contagioso. Pronuncie sus discursos con frases que creen imágenes, con palabras que pongan como figuras delante de los ojos.

105. En política, como decía Don Jesús Reyes Heroles, la forma es fondo. De ahí que la forma en que presenta sus ideas tiene mucho que ver en cómo éstas pueden ser recibidas. En auditorios políticos, mítines o asambleas comunitarias es más recomendable no leer sus discursos, mejor prepararse y luego hable en forma espontánea. En auditorios académicos, es más recomendable leer, alejándose de la improvisación y la vulgaridad.

106. Una máxima de la política es que la imagen es un factor real de poder. A mejor imagen, mayor poder de influencia. Si tiene buena imagen, el público lo escuchará con atención y lo apoyará en sus propuestas. Si su imagen es mala, muy seguramente lo ignorará.

107. El nerviosismo es un factor que trabaja en contra de sus objetivos, trate de controlarse. Si se siente nervioso respire profundamente, retenga por unos segundos el aire en sus pulmones y exhálelo con fuerza.

108. Finalmente, recuerde que debe saber manejar mejor, que sus adversarios políticos, la imagen pública. Esta es una nueva época, una nueva realidad. Si Usted no tiene la capacidad de manejar con profesionalismo la imagen pública, los adversarios lo harán más temprano que tarde.

10. LA PROPAGANDA POLÍTICA

Hablar de la propaganda política es un tema, además de apasionante, muy amplio y complejo. La propaganda política la generan los movimientos sociales, las formaciones partidistas, los gobiernos, las elites políticas, los líderes y los candidatos a puestos de elección popular, entre otros. Esta propaganda se presenta en diferentes latitudes y se ha generado a lo largo de la historia del hombre, aunque, en su acepción moderna, es considerado un fenómeno de fines del siglo XIX y fundamentalmente del siglo XX.[60] Por la tanto, lo primero que debemos hacer es acotar el análisis de esta temática en una dimensión temporal y espacial, así como, determinar que tipo de fenómeno será sujeto de indagación sobre el uso y emisión de fuentes de propaganda.

Bajo esta línea de argumentación, en el presente capítulo me circunscribiré al análisis de la propaganda política relacionada con los procesos electorales y los partidos políticos durante los últimos años. Sin embargo, abordaré algunas cuestiones referenciales sobre el desarrollo y situación actual de la propaganda como acción política y como fenómeno de comunicación social.

El proceso de propaganda, al que aquí me refiero, puede conceptualizarse como la serie de actividades informativas, de persuasión y de comunicación política durante el proceso electoral que llevan a cabo los principales partidos políticos, candidatos y gobernantes en turno con la finalidad de lograr un impacto significativo en la sociedad y así conservar o incrementar su aceptación y respaldo social. Esta conceptualización incluye los sistemas de comunicación y propaganda ideados para conservar o modificar la imagen de un partido o candidato, las actividades informativas para "vender" un proyecto político o para justificar un gobierno y sus políticas.[61] Su objetivo central se orienta en lograr, mantener o incrementar los niveles de credibilidad social, formar impresiones, construir significados y avanzar sus metas políticas.

La palabra propaganda deriva del latín *propagare* que significa propagar, sembrar, extender. Este vocablo tiene, a su vez, varias definiciones superpuestas: causar que los animales o las plantas se multipliquen o procreen; engendrar descendientes, transmitir características de una generación a otra; dar a conocer, publicitar y transmitir.

De acuerdo a Rodrigo Borja, la propaganda es el arte de promover sistemáticamente una idea política, un partido, una creencia o una causa de interés público, por medios publicitarios, para lograr su aceptación general.[62] El

---

60 De acuerdo a Anthony Pratkanis y Elliot Aronson, la era de la propaganda comenzó en Filadelfia, Estados Unidos de Norteamérica en 1843, cuando un joven llamado Volney Palmer creó la primera agencia de publicidad (véase La Era de la Propaganda: Uso y Abuso de la Persuasión, Barcelona: Ed. Paidos, 1994).

61 En este sentido, las actividades de propaganda de una formación política competitiva e institucionalizada son continuas, ya que se realizan antes, durante y después de los tiempos electorales determinados por los calendarios políticos. Sin embargo, el tipo y magnitud de la propaganda política tiende a incrementarse y diversificarse conforme se acercan los calendarios electorales.

62 Véase, Borja, Rodrigo, *Enciclopedia de la Política*, México: Fondo de Cultura Económica, 2a. Edición,

término fue acuñado en 1622 por el Papa Gregorio XV, en los tiempos de la contrareforma, al crear la institución canónica denominada Sagrada Congregación de *propaganda fide.* Esta congregación tuvo como objetivos la propagación del catolicismo para contrarrestar el expansionismo de las ideas protestantes. Si bien, el término fue acuñado en el siglo XVII, su práctica es muy antigua, ya que desde los tiempos del emperador Julio Cesar se encuentran algunos graffitis en las bardas de la Roma Antigua como instrumentos de propaganda política. Por su parte, Alejandro Magno acuñó monedas con su propia imagen.[63] Esto implica que los orígenes de la propaganda política datan de muchos años atrás, aunque, debe quedar claro como se señaló anteriormente, que la propaganda es un fenómeno dominante del siglo XX.[64]

La propaganda se desarrolló a un paso acelerado con el surgimiento de cada uno de los medios de comunicación de masas: La imprenta en el siglo XVII, las publicaciones comerciales masivas en la década de 1880, la radio en la década de los treinta, la televisión en los cincuenta y el correo directo y el telemarketing en la década de los ochenta. Hoy día, en la sociedad de la información y el conocimiento, la propaganda es un medio organizado para influir y dirigir la opinión pública. Constituye el mejor intento sistematizado y deliberado por modelar la opinión, el sentimiento y la acción de los ciudadanos. Es un principio central del poder de una sociedad con régimen político de cuño democrático.

Modernidad y Propaganda

La nueva propaganda está asociada con tres nuevos fenómenos de la modernidad: el desarrollo tecnológico, la tercer ola de transiciones hacia la democracia y el establecimiento de sociedades de mercado.

A través del desarrollo tecnológico, la propaganda política ha alcanzado niveles sin precedentes, ya sea en forma gráfica, escrita, en audio o vídeo. De esta forma, encontramos, por ejemplo, fenómenos como el telemarketing, la videopolítica y el uso de la Internet en las campañas electorales. Con el diseño gráfico por computadora, la impresión digitalizada y las cámaras digitales, la propaganda política ha logrado avances "revolucionarios," pasando en menos de un siglo de un formato lento y restringido (libros, graffitti, carteles y folletos) a uno de alcances mundiales.

El actual proceso de democratización, llamado por Samuel Huntington la tercer ola de transiciones hacia la democracia,[65] ha influido también enormemente en el

---

1998.

[63] En materia de propaganda, el antecedente más antiguo que se recuerda es una pintura mural en Pompeya que elogiaba a un político y pedía al pueblo que votara por él. Sin embargo, el momento decisivo para la publicidad fue en 1450 cuando Johann Gutenberg inventó la imprenta. El primer anuncio impreso en lengua inglesa apareció en 1478.

[64] Aquí es importante hacer la aclaración que entre propaganda y publicidad, existe una indebida sinonimia, ya que la propaganda se refiere al ámbito del pensamiento ideológico y la acción política, mientras que la publicidad se refiere a cuestiones de las empresas y los asuntos comerciales.

desarrollo de la propaganda política. Ciertamente, la propaganda también se ha desarrollado bajo regímenes autoritarios e, incluso, totalitarios como fue el caso de la Alemania de Hitler, pero bajo el paradigma de la democracia, la propaganda ha alcanzado altos e inimaginables niveles de desarrollo. Lo cual nos lleva a la constitución del mismo mercado electoral, la disputa de este mercado por una pluralidad de actores y formaciones políticas y la búsqueda de nuevas y modernas técnicas de persuasión en la disputa del poder político.

De esta forma, propaganda política y democracia aparecen como dos fenómenos estrechamente relacionados. Esto es así, en gran parte, debido a la lógica del control social y legitimidad de un grupo de poder político dentro de una sociedad democrática se basa en la construcción de una plataforma propagandística y de comunicación dirigida hacia las masas. Consecuentemente, una opción de poder en una sociedad democrática encuentra su legitimidad en el voto popular, por lo que sus esfuerzos se encaminan a mantener o incrementar el respaldo social que los electores otorgan.

Por otro lado, el predominio de la sociedad de mercado y, por consiguiente, de consumo, como nueva característica de la modernidad, también ha influido en el desarrollo de la propaganda. De hecho, los electores se han convertido en grandes consumidores de productos y servicios políticos, lo que ha posibilitado el que la propaganda pueda llegar a millones de ciudadanos, constituidos en mercado electoral.

El Nuevo Modelo de Propaganda

El nuevo modelo de la propaganda que se está adoptando en México presenta rasgos muy similares a los existentes en otras latitudes que cuentan con un sistema político democrático, como es el caso de los Estados Unidos de Norteamérica. Estas nuevas formas de propaganda contrastan con el modelo mexicano predominante en la época post-revolucionaria, donde se privilegiaban las concentraciones masivas, el contacto directo y mítines por encima de la propaganda en medios, los electores eran atraídos y llevados hacia el candidato, la credibilidad social en las elecciones era mínima y los comicios representaban una especie de "ritos protocolarios" para llevar a los espacios de representación pública a actores designados desde las altas esferas del poder.

A partir de la década de los noventa, los procesos electorales de nuestro país sufrieron una profunda transformación y con ello las formas de propaganda utilizada por las diferentes fuerzas políticas. A partir de esta época, surgieron nuevas características en las formas y medios de propaganda, reflejando una gran influencia, como se señaló más arriba, del modelo norteamericano.

---

[65] Samuel P. Huntington, "Democracy´s Thir Wave" en Larry Diamond y Marc F. Platnner, Editores, *The Global Resurgence of Democracy*. Boltimore: The John Hopkins University Press, 1993.

Las siguientes son las características más sobresalientes de la nueva propaganda política, mismas que son muy coincidentes con las del modelo de mercadotecnia política de nuestro país:

1. La propaganda se orienta progresivamente más hacia la difusión de atributos y fortalezas del candidato y no tanto del partido. Las formaciones políticas quedan relegadas en un segundo plano, dando mayor énfasis al candidato. De acuerdo a esta nueva orientación en el uso de la propaganda, el candidato es el mensaje, generando, de cierta manera, un regreso al neocaudillismo en la que la personalización es el punto nodal y eje vertebral de las campañas propagandísticas.

Anteriormente, si bien los nombres de los candidatos eran importantes, la maquinaria propagandística estaba orientada a apoyar a los partidos, a legitimar el gobierno proveniente de una determinada formación política y, en consecuencia, a asegurar que el partido emanado de la "revolución mexicana" siguiera dirigiendo los destinos del país. Bajo este modelo de propaganda, las instituciones estaban sobrepuestas por encima de las personas. Ahora, con el nuevo modelo, si bien la institución partidista sigue teniendo relevancia, lo que más importa es el candidato y sus atributos.

De esta forma, hoy día observamos campañas propagandísticas orientadas a difundir principalmente la imagen del candidato, así como, su trayectoria y experiencia de gobierno, marginando o, incluso omitiendo en algunos casos, el nombrar el partido o formación política que lo postula.

2. Se observa una creciente profesionalización de las campañas propagandísticas en las que la improvisación y el empirismo dan lugar a campañas organizadas por consultores especializados y profesionistas de las ciencias políticas, de la comunicación y la mercadotecnia política.[66] Dentro de esta nueva era de organizar campañas, los consultores políticos de renombre de otros países, principalmente norteamericanos, son contratados para prestar sus servicios en los equipos de campaña de los candidatos presidenciales. Por ejemplo, tanto Vicente Fox, Cuauhtémoc Cárdenas y Francisco Labastida contaron en la elección presidencial de julio del 2000 con asesoría externa en materia de propaganda política.[67]

3. Las encuestas sobre las preferencias electorales pasan de ser medios de diagnóstico sobre el mercado político para convertirse en nuevos instrumentos de propaganda. Con esto, se presenta una cierta distorsión y abuso de los verdaderos

---

66 Hoy día, cualquier político importante contrata consultores de comunicación y estrategas políticos para que le aconsejen sobre la manera de persuadir al público y llegar a ser elegido.

67 En Latinoamérica la tendencia ha sido en el mismo sentido. Por ejemplo, uno de los primeros consultores políticos externos fue el norteamericano Joe Napolitan quien en 1973 le coordinó la campaña presidencial a Carlos Andrés Pérez de Venezuela. En 1978, Davi Garth trabajó para la COCEI de ese mismo país y la agencia norteamericana Sawer/Miller asesoró a Mario Vargas Llosa en el Perú a inicios de la década de los ochenta. A partir de estos años, la participación de consultores externos en mercadotecnia política se ha incrementado en la gran mayoría de los países del subcontinente.

fines de investigación objetiva de las encuestas como herramientas de conocimiento, situándose, como medios de propaganda, al servicio de los intereses políticos y económicos.

4. Los medios electrónicos de comunicación (radio y televisión) monopolizan las campañas propagandísticas al actuar como canales hegemónicos de distribución de la oferta electoral de los contendientes. De esta forma, las campañas se transforman en "guerras mediáticas" por lograr persuadir al elector y obtener el voto a su favor. Lo que importa en este nuevo modelo de campaña, ya no es llenar plazas, sino llenar urnas y los medios de comunicación se convierten, ante la creciente socialización y acceso de la televisión y radio, en conductos privilegiados de los contendientes para buscar persuadir al elector.

5. La videopolítica, como la define Giovanni Sartori,[68] se convierte en el medio de campaña por excelencia, sustituyendo el contacto directo y a los mítines masivos, que si bien no desaparecen, pasan a ocupar un segundo plano en las estrategias contempladas en las campañas. La radio y la prensa siguen ocupando un lugar importante en la estrategia de comunicación política de los candidatos, principalmente por su relativo bajo costo económico, pero la televisión se posiciona, a pesar de los también relativos altos costos, como el medio por excelencia al que acuden de manera creciente los diferentes candidatos y formaciones políticas.

El acudir al expediente de la televisión por los políticos parte de la idea que lo que importa no es necesariamente la realidad, sino la percepción, la imagen del candidato y porque el porcentaje de recordación y retención del elector por este medio es mucho mayor en vídeo que en audio o texto.[69] En este sentido, la televisión representa un medio idóneo para que los candidatos y partidos presenten visualmente mensajes e imágenes persuasivas y cumplen con sus objetivos proselitistas, ya que se considera que el ser humano adquiere el 10% de sus conocimientos por el oído y el 80 por ciento por la vista.[70]

6. Se incorporan nuevas tecnologías en el proceso de comunicación política como el uso de Internet, de tal forma que el elector que tenga acceso a la tecnología moderna puede ampliar la información y comunicación con el candidato y su equipo de campaña. La Internet se convierte también en instrumento de información y comunicación entre militantes y dirigentes partidistas. De esta forma observamos, por ejemplo, que en la pasada elección presidencial todos los candidatos a la presidencia de la república editaron sus páginas web, donde el

---

68 Giovanni Sartori, Homo Videns: La Sociedad Teledirigida, México: Ed. Océano, 1999.

41 De acuerdo a estudios realizados en la materia, se concluyó que el porcentaje de recordación en texto del hombre normal es de 10 a 12 por ciento, en audio de 20 al 25 por ciento, en vídeo del 40 al 45 por ciento e interactivo del 70 al 80 por ciento (Señalado por la empresa consultora CC&A en el Seminario Internacional de Mercadotecnia Política, celebrado el 18 y 19 de febrero del 2000, ITESM, campus Ciudad de México).

42 Bartlett. C., La Propaganda Política, México: Fondo de Cultura Económica, 1941.

público en general pudo conocer, entre otras cosas, las plataformas programáticas, la oferta electoral, el currículum y agenda del candidato, o pudo inscribirse en la lista de simpatizantes y apoyadores.

7. El elector mexicano se convierte en consumidor de productos políticos, por lo que la propaganda, ante el agotamiento del modelo tradicional, experimenta nuevas formas y medios para llegar al elector como su incursión en programas de entretenimiento. Es así como, los programas de TV y radio de entretenimiento, análisis y debate se ven "inundados" por los candidatos o sus represente. Tal es el caso, por ejemplo, de programas televisivos de entretenimiento, como el que protagonizaron Eugenio Derbez, (Derbez en Cuando) y Adal Ramones (Otro Rollo) a fines de 1999 y durante la primera mitad del año 2000, en los que diferentes candidatos a la presidencia de la república desfilaron por este tipo de escenarios. Los programas televisivos de debate y presentación de propuestas por parte de los candidatos también se multiplican.

De cierta manera, los programas de espectáculos cómicos con la participación de los candidatos han sido posible debido al hecho que la gran mayoría de los electores no quiere oír hablar de política y no le presta mayor atención a la propaganda tradicional, por lo que el político se ve obligado a buscar formas alternativas para poder hacer llegar al elector su mensaje. En otras palabras, busca descubrir los circuitos de interés y reflexión no políticos del electorado para atraer su voto.

8. Las campañas propagandísticas de orientación negativa empiezan a privilegiarse por encima de las campañas propositivas, de ideas y proyectos programáticos. De cierta manera, las nuevas campañas se basan más en la imagen y la propaganda superficial que en el debate de ideas y proyectos políticos de fondo. Uno de los principios de la que parte toda campaña negativa es que el elector actual privilegia el gusto por el espectáculo, el amarillismo y el sensacionalismo por encima del análisis profundo de ideas, proyectos y plataformas programáticas.[71] Las campañas negativas buscan además desprestigiar al oponente, propiciar en el elector dudas sobre el adversario, generar "miedo" en el ciudadano o rechazo hacia la política y las elecciones.

9. Los debates como propaganda. Como parte de los procesos electorales se empiezan a institucionalizar los debates entre los diferentes candidatos y partidos que compiten por el voto del elector. Como es ampliamente conocido, uno de los primeros y más sonados debates televisados que se presentaron a nivel nacional entre los candidatos a la presidencia de la república se dieron en nuestro país en mayo de 1994 entre el abanderado del Partido Acción Nacional, Diego Fernández de Cevallos, el candidato del Partido de la Revolución Democrática, Cuauhtémoc Cárdenas Solórzano y el abanderado del Partido Revolucionario Institucional, Ernesto Zedillo Ponce de León. En la elección presidencial del año 2000, se

---

71 En esta misma línea de argumentación, señala Sproule que las audiencias masivas responden a conclusiones, no a razones; a eslóganes, no a complejidades; a imágenes, no a ideas; a personajes agradables, atractivos, no a expertos o intelectuales.

organizaron dos debates entre los candidatos a la máxima magistratura del país: uno el 25 de abril y la otra el 26 de mayo del 2000.[72] Los cuales fueron ganados por Vicente Fox Quesada.

Hoy día, los debates se han hecho una constante, ya que si bien no se contempla la obligación de su realización en las leyes electorales, no se puede concebir una elección presidencial o a una gubernatura sin la existencia de debates entre los principales contendientes. De esta forma, los debates se convierten también en instrumentos de propaganda.

10. Las campañas propagandísticas se orientan hacia los electores (masas) y no hacia las élites, ya que los votos cuentan y, a diferencia del pasado, definen el carácter de la representación política. Las campañas añejas estaban orientadas preferentemente a lograr la aprobación de las élites y los grupos de poder, menospreciando la fuerza del electorado. Por su parte, las campañas actuales, como procesos más complejos y sistemáticos, integrados por diversas etapas estrechamente vinculadas entre sí, tienen el objetivo de obtener el poder a través de la persuasión del ciudadano.

11. La propaganda se orienta a persuadir al elector a sabiendas que existe una mayor volatilidad y una menor lealtad del voto tradicional. De cierta manera, la nueva democracia genera el "hombre plástico" el cual es influenciado y moldeado por los diferentes mensajes propagandísticos que son emitidos desde los diferentes medios de comunicación.

Estas son las principales características que están adoptando la nueva propaganda, sin embargo su propio desarrollo está generando algunos riesgos, costos y consecuencias negativas. Por ejemplo, las campañas propagandísticas se han convertido en procesos políticos muy costosos desde la perspectiva económica, ya que tenemos el caso de las elecciones presidenciales de México del año 2000, donde el presupuesto de origen público para las campañas de los once partidos políticos con registro fue cercano a los cuatro mil millones de pesos. Estos recursos, en su gran mayoría (60 a 70%) se destinaron a cubrir las onerosas facturas de los medios electrónicos, principalmente televisión, ya que el acceso a este medio resulta muy gravoso.

Estas campañas dispendiosas y despilfarradoras son sumamente ofensivas ante las recurrentes crisis económicas que padece el país y la pobreza lacerante de millones de mexicanos. El uso excesivo del maniqueísmo propagandístico también desorienta al electorado y genera un ambiente de tensión y enrarecimiento político[73].

---

44 De hecho, este fue un segundo debate, ya que días antes del magno debate entre los candidatos "más fuertes" a la presidencia se había producido otro debate entre los otros contendientes a la presidencia, postulados por los partidos minoritarios. En el segundo debate sólo participaron los candidatos de la Alianza por el Cambio, Alianza por México y del PRI, Vicente Fox, Cuauhtémoc Cárdenas y Francisco Labastida, respectivamente.

73 Por ello, no se debe olvidar que la construcción de un ciudadano, de una sociedad democrática se obtiene presentando hechos verídicos y juicios sensatos de la realidad política, y no mediante técnicas artificiales de manipulación política y de maquiavelismo informativo.

La contaminación con materiales no biodegradables como plásticos, el abuso en el uso del marketing político orientado a lograr la manipulación del elector y la sensación de "hartazgo" del ciudadano ocasionado, en gran medida, por el bombardeo de propaganda, son otras consecuencias negativas de su nuevo desarrollo.

Consideraciones Finales

En una sociedad moderna, la propaganda constituye una importante forma de poder social y político, es un fenómeno que forma parte de la vida cotidiana de la sociedad democrática en el proceso de renovación de sus élites políticas. La propaganda política constituye un medio central de los partidos, gobiernos o grupos de interés que buscan su ingreso, permanencia o ascenso a las estructuras de poder o el aumento de su presencia política en una determinada sociedad. A través de un adecuado y oportuno despliegue propagandístico, los grupos de poder pueden legitimarse socialmente, avanzar sus metas políticas y perdurar en las estructuras de poder del Estado.

Aunque existen antecedentes de la existencia milenaria de la propaganda, como medio de comunicación y persuasión de masas, la propaganda política es, en realidad, un fenómeno del siglo XX. En esta época, se ha convertido en, relativamente, poco tiempo en un principio central del poder de la nueva sociedad de la información.

La situación que se dio en México durante las elecciones presidenciales del 2000, de una u otra forma, representó una "guerra" propagandística protagonizada por las distintas fuerzas partidistas en pro de la conquista del mercado electoral. Esta nueva propaganda apeló a nuestra sensibilidad estética y a nuestras emociones. Esta propaganda buscó verse, entenderse, aprenderse, recordarse y ejercitarse en el comportamiento, como fue el caso de la campaña de Alianza por el Cambio.

Finalmente, es importe apuntar que por medio de la reforma electoral federal de 1996, en materia de propaganda política, se logro introducir en la reglamentación del COFIPE, algunos señalamientos normativos sobre su permisividad, financiamiento y prerrogativas para los partidos políticos, donde se definen ciertos límites, topes de gastos de campaña y pautas éticas de conducta en esta materia.[74] En el caso de algunos estados, como Jalisco, en la legislación electoral (Ley

---

74 Anthony Giddens, señala al respecto que uno de los riesgos de la propaganda mediática tiene que ver con el poder desmedido que pueden adquirir los magnates de los medios de comunicación y del dinero. Es decir, el poder económico puede trastocar el poder político y controlarlo (*Un Mundo Desbocado: Los Efectos de la Globalización en Nuestras Vidas*, Madrid: Ed. Taurus, 2000).

47 El artículo 67 de la Ley Electoral del Estado de Jalisco señala en su párrafo V que la "propaganda será de material reciclable, fácil de retirar, biodegradable y que no modifique el paisaje, ni perjudique los elementos que conforman el entorno natural."

48 En el proceso federal del año 2000 en el que se renovaron los dos poderes públicos de la república (legislativo y ejecutivo), tan sólo trascendió que el IFE impuso una sanción de 100 salarios mínimos vigentes en el Distrito Federal al PRI en el estado de Michoacán por haber colocado propaganda en

Electoral) incluso se señala el tipo de material que debe usarse para evitar el daño ecológico.[75] Sin embargo, la legislación, en general, es un tanto laxa y en muchos casos no se cumple.[76]

En este sentido, la principal asignatura pendiente en materia de propaganda política consiste en reglamentar un poco más su uso, incorporando una dimensión ética y una nueva racionalidad ecológica en su elaboración y difusión, pero sobre todo, lo que se requiere es el cumplimiento de los ordenamientos vigentes. Diseñar un modelo de propaganda política propio y acorde a las particularidades de nuestro país; debe ser, a mi juicio, otra de las asignaturas pendientes en esta materia.

11. Mercadotecnia gubernamental

el Centro Histórico de la Ciudad de Morelia. Hecho que fue denunciado por un ciudadano (*Mural*, 29 de agosto del 2000, p.11A).

Uno de los retos más importantes de los gobiernos surgidos de procesos democráticos tiene que ver con los conceptos de legitimidad y gobernabilidad. La legitimidad es la justificación ética del origen del poder, del ejercicio del mando político, de la procedencia y aplicación de la ley o de cualquier otro acto de la autoridad. Esto significa, que los gobiernos pueden ser legítimos en su origen (voluntad popular electoralmente expresada) y en su ejercicio (acción gubernamental).[77] La gobernabilidad, por su parte, que puede ser consecuencia de la legitimidad, se refiere a la capacidad de mando, de conducción política y de disciplina democrática de una sociedad. Esto implica, el apoyo ciudadano, legitimación de la autoridad y confianza en su liderazgo.[78]

En contraparte, el término ingobernabilidad es entendido como crisis política asociada a la disminución o pérdida de credibilidad, legitimidad y, en última instancia, capacidad de las instituciones.[79] De cierta manera, esta conceptualización hace referencia a la incapacidad de la elite que conserva el poder político para mantener el gobierno y "control" de la sociedad, manifestado a través de la pérdida del consenso de los ciudadanos o pérdida de la capacidad de coerción sobre los mismos.

Existen diferentes medios para lograr la legitimidad en el ejercicio del gobierno en una sociedad democrática. Por ejemplo, a través del cumplimiento de las promesas de campaña, a través del desempeño eficaz y eficiente, por la prestación oportuna y de calidad de los servicios públicos, a través de la explotación de símbolos ideológicos, por medio del ejercicio honesto de la función pública y por el manejo adecuado de los asuntos económicos y del Estado, entre otros. Sin embargo, la legitimidad, que se traduce en consentimiento y respaldo del

---

[77] Rodrigo Borja, *Enciclopedia de la Política*; México: FCE, 1998.

[78] Manuel Alcántara Záes, "Los Problemas de Gobernabilidad de un Sistema Político" en Mauricio Merino, coordinador, *Cambio Político y Gobernabilidad*, México: Edi. Colegio Nacional de Ciencia Política y Administración Pública A.C. y CONACYT, 1992.

[79] Lipset, Seymour M., Political Man. New York, Garden City, 1960.

ciudadano, se refuerza y adquiere, principalmente, a través del conocimiento de parte de la sociedad de las obras, actitudes, políticas, acciones y logros de gobierno y esto se obtiene gracias a un buen programa de marketing.

Es decir, una de las herramientas modernas, para apuntalar la legitimidad de los gobiernos, en una sociedad democrática, lo es el marketing gubernamental también llamado marketing público.[80] El marketing implica un proceso de percepción, comprensión, planeación, estímulo y satisfacción de las necesidades, demandas y expectativas de los habitantes de una determinada circunscripción territorial (mercado), al canalizar los esfuerzos y recursos de que dispone el gobierno para satisfacer dichas necesidades. En este sentido, el marketing implica, de cierta manera, un proceso de adaptar los recursos de una institución pública a las necesidades de la ciudadanía, conformada como mercado.

El marketing gubernamental busca, básicamente, legitimar al gobierno y, a través de este incremento de legitimidad de los funcionarios en turno o partidos en el poder, apuntalar hacia la gobernabilidad. Es decir, el objetivo fundamental del marketing gubernamental está muy ligado a la búsqueda del apoyo popular, la legitimidad social y la gobernabilidad.[81]

Este tipo de marketing se ocupa de los planes de comunicación social de los gobernantes en turno y de las instituciones de carácter gubernamental en la búsqueda de la legitimidad y el consenso necesario.

Esto implica, que en la actividad pública, no basta un buen ejercicio gubernamental, sino que también es necesario el dar a conocer a la sociedad este buen ejercicio de gobierno. En términos coloquiales, se puede decir que el "huevo no sólo hay que ponerlo, sino que también hay que cacarearlo." Para ello, existen

---

[80] Esta es una sinonímia equivocada, ya que marketing público es un concepto mucho más amplio que el marketing gubernamental.

[81] De esta forma, una de las preocupaciones centrales del marketing tiene que ver con lograr el apoyo ciudadano o respaldo social a las acciones, programas y políticas del gobierno, para conservar o afianzar el poder.

diferentes medios para hacerlo, como puede ser el uso de la televisión, la radio, la prensa escrita, la Internet, los periódicos murales, las gacetas, los libros y folletos, entre otros. Sin embargo, todo esto se debe hacer de manera profesional, organizada y sistematizada a través de un plan estratégico de marketing aplicado a la acción gubernamental.

La Evolución del Marketing Gubernamental

Actualmente, una gran mayoría de los gobernantes y funcionarios públicos, de todos los países, han tomado conciencia de la importancia del marketing. Por ello, han impulsado campañas propagandísticas para difundir sus acciones y logros de gobierno, así como sus planes y programas.[82] En este esfuerzo, han erogado grandes cifras de dinero, ya que por ejemplo, tan sólo en el corto periodo de gobierno la jefa de gobierno del Distrito Federal, en el caso de México, Rosario Robles, realizó en gastos de comunicación social la inversión de 300 millones de pesos.

Por su parte, en la ciudad de Guadalajara se invirtieron para el año 2000 un presupuesto de 30 millones de pesos, en lo referente a éste rubro.

El marketing para atender el sector público, en su sentido moderno, aparece tardíamente en la década de los setenta, como parte del marketing social, resultando de un estudio de las instituciones no lucrativas y las áreas asociadas al sector gubernamental.[83] Sin embargo, en México fue hasta mediados de la década de los noventa cuando el marketing gubernamental empezó a adquirir importancia y cuando se inicio la apertura de limitados espacios para el análisis y estudio de esta disciplina como tal.

---

[82] Esta acción y montos generalmente tiende a incrementarse conforme se acercan los calendarios electorales.
[83] Salvador Mercado, *Mercadotecnia de Servicios: Tácticas y Estrategias para el éxito en la Comercialización de los Servicios*, México: Ed. PAC S.A. de C.V. 1996.

En este sentido, se puede decir que el marketing ha llegado al sector público en forma tardía, muy ligada al proceso de transición política con sentido democrático. Anteriormente, desde tiempos inmemorables existió la propaganda gubernamental, pero el término marketing implica la existencia de un mercado político que el gobierno, al igual que sus opositores, busca conquistar o retener, a través de diferentes técnicas de persuasión.

Es decir, tanto el marketing gubernamental, como el político-electoral, son consecuencia de los nuevos escenarios de alta competitividad y pluralidad política que está viviendo a nivel mundial, desde finales de la década de los ochentas y que hoy día se ha convertido en un paradigma universalmente aceptado.

Naturalmente, no todos los políticos necesitan llegar al poder de la mano de los especialistas en marketing, aunque cada día es más frecuente. Sin embargo, una vez al frente del gobierno, necesitan de un permanente sistema de comunicación capaz de contrarrestar el desgaste que produce el ejercicio del poder.[84]

El ciudadano es el núcleo central de la preocupación del marketing gubernamental, pero también los grupos de interés y los diferentes movimientos sociales, así como sus líderes y directivos. Este tipo de marketing también se concentra en la aceptación o el apoyo ciudadano a las instituciones, dependencias, organismos y directivos de tales instituciones.

Objeto de Estudio y Campo de Acción

El marketing gubernamental se encarga de estudiar el proceso de intercambio entre los gobernantes y los ciudadanos, lo cual incluye el diagnóstico de los problemas, necesidades y aspiraciones de los pobladores de una determinada circunscripción, (municipio, ciudad, estado o nación); las acciones de comunicación social y de difusión de las acciones, logros y planes de gobierno; y

---

[84] Carlos Alberto Montaner, "Lavín, Lagos y el Marketing Político", en *El Nuevo Herald*, Firmas Press, 19 de diciembre de 1999.

el diseño de planes estratégicos para lograr la legitimidad gubernamental y la aceptación social. Esto comprende también el monitoreo de las acciones, planes y declaraciones de los competidores y voces críticas de los gobernantes en turno, así como la creación de identidades e imágenes idóneas de gobierno entre la sociedad.

El marketing gubernamental no es sólo propaganda sobre planes, proyectos y obras realizadas por el gobierno, como comúnmente se le identifica, sino implica también la detección y satisfacción de las necesidades, aspiraciones y problemas de los ciudadanos. Es un fenómeno moderno, que si bien está muy ligado al proceso de comunicación social, es mucho más amplio.

No es tampoco sinónimo de comunicación social, de relaciones públicas o difusión, sino que es un concepto mucho más amplio que los incluye y los integra. La comunicación social se refiere principalmente a las relaciones del gobierno, y sus múltiples dependencias, con la prensa y los medios electrónicos de comunicación, así como las acciones de difusión de logros, planes, programas, informes y decisiones de gobierno. Por su parte, las relaciones públicas se refieren, esencialmente, a las relaciones del gobierno con lideres, autoridades gubernamentales de otras dependencias y niveles de gobierno, con grupos de interés, agencias internacionales, personalidades y grupos sociales específicos.

El marketing gubernamental se encarga, también, de la investigación de mercados, el estudio de la opinión pública, los procesos de comunicación social y de relaciones públicas, las estrategias y planes gubernamentales para lograr la legitimidad social, el tema de la imagen y la formación de identidades y percepciones públicas.
La investigación de mercado incluye, entre otras cosas, el diagnóstico de necesidades y aspiraciones de los ciudadanos, el estudio de la opinión pública sobre temas y acciones de gobierno en momentos y coyunturas específicas, la apreciación de los usuarios de los servicios públicos y la evolución de la

percepción social de calidad de dichos servicios, la imagen del gobierno y sus titulares, el estudio del grado de respaldo social a los programas y acciones de gobierno, el monitoreo de los medios de comunicación y de las acciones y declaraciones de lideres opositores, así como de tendencias administrativas y políticas en relación con la responsabilidad del ámbito gubernamental de que se trate.

Dicho proceso se realiza a través de métodos cuantitativos y cualitativos, entre los que sobresalen las encuestas de opinión, los grupos de enfoque y el panel de expertos. La información obtenida en dichas investigaciones se constituye en una plataforma importante para la toma de decisiones de los gobernantes, así como para la respectiva retroalimentación.

La comunicación social se refiere a las acciones y políticas de comunicación impulsadas por los gobernantes en turno como las campañas promociónales, las ruedas de prensa, las entrevistas y las diferentes acciones de difusión e información hacia la sociedad, así como los medios e instrumentos en las que se hace llegar esta información como son gacetas, periódicos, programas de radio y televisión, periódicos murales, paginas de Internet, trípticos, etc.

La parte de imagen y formación de identidades se refiere a las acciones del gobierno para la gestación de una percepción adecuada de parte de la sociedad de las acciones y políticas gubernamentales, así como de auditoria y construcción de una mejor imagen pública de gobernantes y funcionarios públicos. El diseño de la imagen del gobierno en la búsqueda del respaldo y la aceptación social es una de las principales preocupaciones de esta parte de la mercadotecnia.

En suma, el objetivo principal del marketing gubernamental es convertir a los ciudadanos en asiduos y fuertes seguidores y apoyadores del grupo en el poder. Busca persuadir al ciudadano y lograr la legitimidad del ejercicio público, afianzando de esta manera la gobernabilidad.

Otras Funciones

El marketing gubernamental cumple varias funciones en el ejercicio de la función pública, ya que no sólo se encarga, como se señaló anteriormente, de los aspectos relacionados con la construcción de la legitimidad de la acción gubernamental, sino que también cumple funciones de educación, formación y participación de la comunidad. Es decir, el marketing gubernamental se constituye como una tarea crítica para asegurar la participación y cooperación de todos los agentes de la comunidad en la búsqueda del bienestar general, así como en la construcción de consensos, la concientización ciudadana y, sobre todo, en la formación de valores colectivos acordes y de apoyo al sistema político predominante.

Se constituye, además, en una nueva forma inteligente y creativa para hacer aceptable entre la ciudadanía y los empleados públicos[85] acciones y planes de gobierno. Es una especie de nueva técnica de persuasión para lograr la aceptación y el respaldo ciudadano. A través del marketing se pueden generar consensos sociales y se logra la participación ciudadana.

Si bien el marketing gubernamental es un concepto mucho más amplio que va más allá de los spots publicitarios y la imagen gubernamental, el aspecto relacionado con la comunicación social y la propaganda ocupa papeles muy importantes en las actividades de gobierno. Por ello, se deben idear una serie de estrategias y acciones creativas que permitan realmente emplear a fondo esta nueva herramienta de la modernidad. La transformación de los actos de gobierno en noticias y su amplia circulación, la construcción de personajes, la formación de hábitos de consumo de noticias gubernamentales por parte de los ciudadanos, así

---

[85] Cuando la mercadotecnia se orienta a lograr la aceptación de ideas, programas y tareas de gobierno entre los mismos empleados públicos estamos hablando de mercadotecnia interna y cuando los esfuerzos se dirigen hacia los ciudadanos estamos hablando de mercadotecnia externa.

como la empatía y buena relación de gobernantes y funcionarios con los representantes de los medios de comunicación son sólo algunas de las acciones permanentes en materia de marketing que se tienen que realizar de manera continua.

Busca la formación y preparación de los funcionarios públicos y gobernantes en materia de marketing, transformándolos no sólo en buenos administradores o políticos sino también en profesionales mediáticos, capaces de enfrentar con éxito a los medios y poder vender una imagen de bienestar general y de eficiencia gubernamental es una de las acciones concretas del campo de trabajo de esta nueva disciplina.

Conceptos Similares

Aunque con raíces similares, existen notables diferencias entre marketing gubernamental, marketing público, marketing político y marketing electoral, principalmente en lo concerniente a su ámbito de competencia. El marketing público se refiere a todas las acciones de diagnóstico, comunicación y satisfacción de necesidades que impulsan todos los entes públicos, incluyendo por supuesto al gobierno. De esta forma, una institución educativa autónoma, pero de carácter público, como las universidades, al igual que un organismo electoral, como el Instituto Federal Electoral, puede tener su plan estratégico de marketing. En este caso, se habla de marketing público.

El marketing gubernamental, por su parte, se refiere, única y exclusivamente, a las acciones a nivel interno o externo en esta materia de los gobiernos en turno. El marketing electoral se refiere a las acciones de candidatos, partidos y grupos de interés en momentos electorales en la búsqueda de la conquista del poder político. Es decir, el marketing electoral comprende las acciones realizadas en la etapa electoral y el marketing gubernamental se inicia desde el momento en que se toma posesión como gobierno. Al día siguiente de ganar las elecciones comienza la agónica defensa de la labor del gobierno y con ello, el marketing gubernamental. El marketing político, por su parte, engloba tanto al marketing gubernamental como al público y al electoral. Es una especie de concepto integrador, que muchas veces se utiliza como sinónimo de los demás tipos de marketing. El siguiente cuadro resume estas diferencias.

Diferentes Conceptos de Mercadotecnia

Variable	Gubernamental	Público	Electoral	Político
Tiempo	Al momento de tomar posesión hasta la terminación de la función pública.	En cualquier momento	En el periodo electoral	En cualquier momento (pre electoral, electoral y postelectoral).
Objetivo	Lograr la legitimidad y el respaldo social de las autoridades y gobernantes en turno.	Lograr los objetivos institucionales y organizacionales	Ganar las elecciones o avanzar sus metas político-electorales (mejorar el nivel de posicionamiento).	Lograr el poder político, la legitimidad gubernamental, el respaldo ciudadano y la consecución de objetivos organizacionales.
Ejes de articulación de los esfuerzos	Las dependencias gubernamentales	Las dependencias y organizaciones de carácter público	Los candidatos, formaciones políticas y sus comités de apoyo.	Los candidatos, partidos, gobiernos, organizaciones e instituciones públicas de carácter no gubernamental.

Objeto de estudio	Las relaciones de intercambio entre gobernantes y gobernados.	Relaciones de intercambio entre instituciones, organismos públicos y la sociedad.	Las relaciones de intercambio entre candidato, partidos políticos y los electores.	Relaciones de intercambio entre electores, candidatos y partidos, entre ciudadanos, gobernantes, entre instituciones públicas y la sociedad.

Consideraciones Finales

Uno de los principios del marketing señala que todo acto de gobierno se debe publicitar. En esto están de acuerdo, la gran mayoría de los estudiosos de este tipo de cuestiones y los especialistas en asuntos públicos. Por ejemplo, Carlos Fernández y Roberto Hernández Sampieri señalan que un buen gobierno es producto de dos grandes factores: Un buen trabajo en todas las áreas y una buena imagen. Esta buena imagen se logra a través de la formación de equipos de trabajo de comunicación y los planes de marketing.[86]

Por su parte, Carlos Ferrá Sextos recomienda una política de comunicación del Plan Estratégico en el Ámbito Municipal consistente en las siguientes acciones: publicación de un documento de divulgación, de documentos técnicos, organización de jornadas sobre planificación estratégica, montaje de una exposición, realización de un vídeo, desarrollo de campañas de publicidad (televisión, radio y prensa), publicación de un boletín informativo, apariciones en los medios de comunicación, redacción de artículos en publicaciones

---

[86] Carlos Fernández y Roberto Hernández Sampieri, *Marketing Electoral e Imagen de Gobierno en Funciones*, México: Ed. Mc Graw Hill, 2000.

especializadas y presentación a agentes seleccionados con capacidad de decisión.[87]

En la función pública, muchas veces se hace más con un gramo de imagen que con toneladas de material. Por ello, es recomendable cuidar y construir la imagen de gobierno más idónea de acuerdo a la circunstancia, la coyuntura y el lugar de que se trate. La imagen como gobierno debe ser consistente con la imagen que se proyectó como candidato o incluso se debe aspirar a superarla. Una buena imagen de gobierno incluye la capacidad de trabajo, la honestidad en el manejo de los asuntos y recursos públicos, la accesibilidad, la paciencia, el liderazgo, la calidad de los servicios prestados y la capacidad de comunicación de funcionarios y gobernantes. De esta forma, el marketing se constituye en una herramienta muy útil en la construcción de esta imagen de gobierno, por lo que debe utilizarse de manera creativa e intensiva en todo el proceso de gobierno.

---

[87] Carlos Ferrá Sextos, *Planeación Estratégica*, Madrid, Documento Mimeografiado, 1998.

12. Gobernar es Comunicar

Introducción

Este capítulo fue pensado para auxiliar a los titulares de los gobiernos, principalmente locales, sobre la mejor forma de gobernar, bajo las premisas fundamentales de la comunicación, las relaciones públicas y la mercadotecnia. Es un escrito prescriptivo, que busca aconsejar o, más bien, recomendar a los gobernantes algunas ideas sobre el arte del manejo de medios, en la búsqueda de la construcción de una buena imagen pública. En este sentido, éste no es un documento analítico, sino más bien un referente que auxilia al gobernante en el manejo exitoso de los medios y la construcción deliberada, planeada y controlada de la imagen de gobierno.

No se trata tampoco de decir que el arte de gobernar se reduzca al manejo de la mercadotecnia, la comunicación social o las relaciones públicas --lo cual puede parecer como superficial--, sino de tener claridad de la creciente importancia, en los tiempos modernos, de los medios de comunicación en la construcción no sólo de la imagen gubernamental, sino también en la legitimidad política de todo grupo gobernante. Sin duda que gobernar implica tener sensibilidad política, actuar con responsabilidad, honestidad y entrega a las mejores causas públicas, pero nunca se debe dejar de lado la idea de que gobernar es, en gran medida, comunicar, construyendo desde las bases y a partir de la comunicación el éxito en el ejercicio de gobierno.

El presente apartado pretende coadyuvar en la formación de los gobernantes para que sepan qué, dónde, cuándo y cómo declarar ante los medios de comunicación. Este escrito proporciona, además, algunos consejos para el manejo de medios y la construcción de una buena imagen pública.

Comunicación y legitimidad

1. La primera idea que todo gobernante debe tener muy en claro es que gobernar es comunicar. Esto es, en la responsabilidad de gobernar no sólo es importante un buen desempeño por parte de los titulares de las diferentes dependencias gubernamentales, sino también informar a los ciudadanos sobre los logros, avances, problemas y planes que se tienen. Coloquialmente hablando, se puede decir que "no sólo se debe poner el huevo, hay que saber cacarearlo."

Esto implica que se adopte una filosofía distinta a la que ha prevalecido en el pasado en el ejercicio gubernamental, en donde la comunicación social sea un eje articulador de los esfuerzos del grupo gobernante. El gobernar bajo un nuevo esquema centrado en la comunicación o, si se quiere, en la mercadotecnia, tendría varios beneficios. En primer lugar, se trabajaría para reforzar la legitimidad de los gobernantes, ya que gobernar informando al ciudadano genera mayor respaldo y consenso. En segundo lugar, gobernar comunicando ayuda a formar o reforzar una imagen más positiva de los gobernantes. Y, finalmente, usar la comunicación social como un eje articulador del ejercicio de la función pública acerca más a los gobernantes con los ciudadanos y les proporciona a estos últimos mayor información para juzgar su desempeño.

Indudablemente, existen diferentes formas de lograr la gobernabilidad. Una de ellas es la realización de eventos y acciones que impacten profundamente a la opinión pública y que, bien publicitados, conciten el respaldo popular. Es decir, la legitimidad de un gobierno también se construye por golpes publicitarios espectaculares. Tales fueron los casos, por ejemplo, de Alberto Fujimori, en Perú, cuando logró detener al "Presidente Gonzalo," Abimael Guzmán, líder del movimiento insurgente Sendero Luminoso, cuando inició un proceso de desmantelamiento de la guerrilla en ese país. Otro caso fueron las acciones del entonces presidente de México, Carlos Salinas de Gortari, quien decidió, al inicio del sexenio, dar un golpe espectacular al viejo corporativismo sindical y ordenó la captura del líder petrolero, Joaquín Hernández Galicia, alias "La Quina." Estas acciones y el manejo adecuado que se hizo de medios incrementó, al menos temporalmente, la popularidad de los gobernantes en turno y logró un amplio respaldo social.

En este sentido, la recomendación que viene al caso es que los gobernantes identifiquen las acciones que son ampliamente aceptadas y demandadas por la población y que no se habían realizado con anterioridad por parte de pasadas administraciones, realizarlas sin el menor titubeo y darle un manejo adecuado de medios. En otras palabras, los golpes de imagen deben ser espectaculares, empezando desde el primer día de su gobierno con un bombardeo profesional de imagen.

En consecuencia, un gobierno trascendental es producto de dos grandes acciones: un trabajo honesto, eficiente y oportuno en todas las áreas del gobierno y una buena imagen. Esta última, sin duda, se puede crear a partir del diseño de un plan estratégico de imagen gubernamental creado ex profeso. El trabajo de todo gobernante implica, sobre todo, comunicación. Por ello, la tarea sustancial de comunicación e imagen debe recaer sobre expertos o profesionales en la materia. La imagen de su gobierno debe coincidir con la imagen institucional que se apruebe con anticipación, la cual todos los funcionarios deben contribuir a crear y cuidar.

El gobernante requiere también respaldarse en el *marketing* y las relaciones públicas, y no sólo en las políticas de comunicación social. Es decir, por un lado, el *marketing*,[54] entendido como el proceso planeado de construcción de una imagen pública, el diagnóstico de los problemas que más afectan y le interesan a la

---

[54] El *marketing* es un término anglosajón cuya traducción se emplea para hablar del área funcional de la mercadotecnia.

comunidad para la toma de decisiones en materia de políticas públicas y el impulso de planes y campañas promociónales para lograr la aceptación de una idea, un proyecto o una acción de gobierno;[5588] y por el otro, las relaciones públicas, entendidas como las acciones para ampliar y reforzar el contacto y compromiso del gobierno con grupos sociales específicos y de interés, con altas personalidades del mundo de la política, la cultura y las finanzas, así como con gobiernos de otras entidades.

Esto implica una concepción más amplia de la tarea de gobernar que no sólo recae en la simple acción de informar, sino en la meditada y bien planeada construcción de una imagen pública del gobierno que utiliza el *marketing*, la comunicación social y las relaciones públicas en la búsqueda de un fin mayor.

Gobierno bajo diagnóstico

1. Para diseñar una campaña promocional no sólo es necesario el conocimiento preciso de los logros y avances en el ejercicio de gobierno, sino también el conocimiento puntual y específico de las aspiraciones, problemas, filias, fobias, sentimientos, tabúes y necesidades de los ciudadanos. Esto se logra gracias a la investigación de mercados, en la cual se utilizan herramientas de carácter tanto cualitativo como cuantitativo para hacer el diagnóstico requerido. Por ello, todo gobernante debe apoyar su trabajo y la toma de decisiones en estudios de mercado realizados por profesionales, en los cuales se conozcan a fondo los problemas y necesidades más importantes de la población. Esto implica investigación para la toma de decisiones.

La investigación de *marketing*, como herramienta informacional, tiene dos usos principales: conocer el sentir y opinión de la ciudadanía y agrandar las posibilidades de toma de decisiones de carácter racional. Sobre esto último, por ejemplo, el gobierno federal en el sexenio pasado realizó un estudio, por el cual pagó 23 millones de pesos, para determinar cuáles sectores de la población se encontraban en pobreza extrema y podían ser beneficiados por el programa Progresa. Los tipos de investigación que podemos encontrar en el campo de la mercadotecnia gubernamental son: histórica, descriptiva, experimental y comparada. Los métodos y técnicas de investigación que se pueden utilizar en la mercadotecnia gubernamental son también diversos, sobresaliendo los bibliográficos, de campo, estadísticos e históricos.

2. El gobernante requiere, además, apoyarse en encuestas de opinión para conocer el grado de aprobación o desaprobación que le otorga la sociedad, conocer los principales problemas que le preocupan al ciudadano y saber qué opinión tiene sobre las acciones y planes de gobierno, entre otras. Este diagnóstico, que se sugiere se haga de manera periódica a lo largo del ejercicio de gobierno, le será muy útil, como elemento retroalimentador, para seguir o modificar

[55] El *marketing* ayuda también a la construcción de un personaje y al diseño de estrategias útiles para el mejoramiento continuo en la acción de gobernar.

actitudes, políticas, programas o acciones de gobierno y, en general, para palpar o conocer la opinión pública predominante.

Un ejemplo de este tipo de estudios, enfocado al ex presidente Ernesto Zedillo Ponce de León, lo realizó el periódico *Reforma*, el cual, desde 1995 hasta el término de su mandato, en noviembre de 2000, realizó encuestas de opinión en el ámbito nacional. A la par del estudio de mercado, usted debe construir una buena relación con los medios. Aspectos que se abordarán a continuación:

Relación con los medios

1. Mantenga una excelente relación con los medios y sus representantes para que cubran, informativamente hablando, la labor que usted desempeña. Siempre muéstrese abierto e interesado en informar a la ciudadanía sobre los asuntos de gobierno. Cultive amistad con los reporteros y sus superiores. Nunca se enfrente ni ofenda a los medios, ya que de lo contrario su gobierno puede enfrentar serios obstáculos o críticas por parte de sus representantes. Recuerde que la prensa constituye, en la práctica, el "cuarto poder" al cual usted le debe garantizar respeto y atención. Por ello, repito, mantenga una relación cordial, respetuosa, atenta y constante con los propietarios de los medios o sus representantes. De ellos depende, en gran medida, el que las políticas y objetivos de comunicación social de su gobierno se puedan concretar.

2. Nunca deje pasar el día de la libertad de expresión. Véala como una oportunidad para acercarse a los medios y generar confianza en ellos. Usted puede organizar un festejo, una comida o un acto especial que le permita un mejor acercamiento entre gobierno y medios de comunicación. Debe repartir tarjetas de felicitación y reconocimiento o puede, incluso, mandar pequeños regalos a los reporteros. Muestre su interés siempre en ellos, y más especialmente cuando los trabajadores de los medios de comunicación celebran su día.

Su gobierno tiene asignado o, si no, debe tener en lo inmediato, un gasto para asuntos de comunicación social. Ello implica el que usted o su coordinador de comunicación determinen hacia cuáles medios se destinará dicho presupuesto. Esto, que a simple vista parece muy sencillo, se puede convertir en un conflicto si no se maneja con cuidado. Trate de definir prioridades, conforme a la cobertura y posicionamiento del medio, pero busque también los equilibrios, ya que los medios que no reciban un trato que ellos consideren adecuado, pueden tomar una actitud crítica o despreciativa hacia su gobierno. Recuerde que los medios sobreviven, en gran parte, no sólo por los ingresos que los anunciantes privados les proporcionan, sino también gracias a los recursos que el gobierno gasta en promoción y anuncios.

3. La prensa tiene una gran capacidad para moldear la opinión pública. Indudablemente, la opinión pública es mucho más que los medios, pero la prensa cumple una función muy importante para transmitir información, formar impresiones y significados sobre los acontecimientos cotidianos y, sobre todo, para

impulsar una forma de entender y procesar la política, los procesos y fenómenos políticos.

4. La prensa tiene sus propios intereses y usted puede lograr que sus intereses sean también parte de los medios. Sin embargo, usted debe saber que, por desgracia, también hay gente "torcida" en el negocio, abusos y también charlatanes en algunos medios. Usted no los enfrente, simplemente no se preste a posibles chantajes o prácticas malsanas. Trate, en todo caso, de conducirse con responsabilidad y honestidad, dando un trato respetuoso a todos por igual.

Existen diferentes formatos y medios por los cuales se puede estar en contacto con los ciudadanos a través de los medios de comunicación. A continuación, se describen los más importantes en la construcción de la imagen pública gubernamental y de sus funciones.

Ruedas de prensa

1. Toda rueda de prensa debe ser preparada con anticipación. Es importante dar información que sea atractiva para los medios y que pueda ser transformada en noticia para la población. En las ruedas de prensa se debe estudiar y memorizar, con cuidado, datos y cifras que refuercen y ayuden en el proceso de persuasión del ciudadano. Todo debe estar preparado y completamente supervisado, de tal forma que no existan contradicciones en la información, imprecisiones, errores o malentendidos.

2. A una rueda de prensa, dependiendo del asunto por tratar, se debe citar con anticipación, al menos con 24 horas antes de su celebración. Para citar a la rueda de prensa no sólo es necesario hacer llegar el citatorio a los medios o sus representantes, por fax o correo electrónico, sino que es muy importante lograr una comunicación directa –por lo menos, vía telefónica-- con los periodistas y reporteros de la fuente explicándoles la importancia del tema por tratar. En las invitaciones se debe estipular el motivo de la rueda de prensa, así como, lugar, hora y día de la celebración.

3. La rueda de prensa debe desarrollarse en un lugar accesible para los medios y en horarios "tradicionales", ya que de lo contrario es muy posible que no acudan. De hecho, en materia de ruedas de prensa los representantes de los medios ya tienen una serie de rutinas, lugares predilectos y costumbres que usted debe conocer para lograr una nutrida asistencia a sus actos.

4. A su arribo al salón donde se realizará la rueda de prensa, salude personalmente a los reporteros y agradézcales su interés por cubrir y atender la invitación que se les hizo. Al iniciar la rueda de prensa, es importante recalcar, en lo general, este agradecimiento a todos los asistentes. Siempre sea puntual en los compromisos establecidos con los medios, si usted citó a una determinada hora a la rueda de prensa, trate de estar unos minutos antes de esa hora, pero nunca llegue tarde. De lo contrario, los reporteros pueden estar molestos, con razón, por

su impuntualidad y esto puede devenir en una orientación inadecuada de su nota informativa.

5. Nunca se debe improvisar en una rueda de prensa, a no ser que sea absolutamente necesario. Se recomienda entregar material escrito o en video a los medios para facilitar el entendimiento y realización de la nota informativa. Es recomendable, además, una preparación del gobernante en el asunto por tratar, de tal forma que se demuestre dominio del tema, conocimiento de los detalles y especificaciones del asunto del cual se va a informar. Entregue, además, un expediente que refuerce la información dada en la rueda de prensa.

6. El gobierno debe cuidar su imagen y presentación en la rueda de prensa. Esto implica cuidar su vestimenta, el aseo corporal, los arreglos del salón donde se celebrará la conferencia de prensa, el sonido y demás materiales necesarios. En particular, el gobernante se debe mostrar relajado y receptivo ante el cuestionamiento de los reporteros. Nunca, a no ser que se trate del anuncio de una pérdida lamentable, por más escabroso que sea el tema, debe reflejar angustia y desesperación en su rostro.

7. Durante el desarrollo de la rueda de prensa el gobernante debe mostrar seguridad y dominio del tema. Es importante que se haga una exposición magistral del asunto a tratar, que se conozcan los pros y contras, además de lo más actual del debate, así como, las versiones, en caso de que existieran, que los opositores han dado del tema. Durante la presentación, el gobernante debe mostrar sus habilidades discursivas, histriónicas y de persuasión ante los asistentes a la rueda de prensa. Recuerde, gobernar es comunicar.

8. Cuando es una rueda de prensa en la que participan también otros funcionarios, deles oportunidad de que amplíen la información y la refuercen, pero de antemano pídales no mostrar conflicto, contradicción con lo señalado por usted o desconocimiento del tema. Es decir, los informantes en una rueda de prensa se deben mostrar como un equipo sólido y cohesionado en el que existe unidad e integración. Es importante, además, dejar en claro entre sus funcionarios que quien debe ganar la atención y el interés de la prensa es el gobernante, el titular de la dependencia, no sus subordinados, por lo que se deben evitar protagonismos de gobernantes de jerarquía menor.

9. Después de concluida su exposición, es muy común que los periodistas tengan alguna pregunta o cuestionamiento que hacer. Por tal motivo, el gobernante se debe mostrar receptivo, agradeciendo la pregunta que se haga y respondiendo con amabilidad y atención, independientemente del tono, motivación y contenido de la pregunta. Es muy importante dar igualdad de oportunidades a los medios, sin mostrar preferencias sobre ninguno, para no generar celos o exacerbar las contradicciones muchas veces existentes al interior de este gremio

10. Una vez que se hayan agotado las preguntas de los reporteros, agradezca otra vez su presencia e invítelos a estar en contacto permanente con usted o sus

asistentes para ampliar, en caso de que sea necesario, la información. Si se prepara algún brindis, permanezca por un corto tiempo en el salón y acérquese para comentar y saludar a los representantes de los medios más importantes. Esto generará una actitud favorable de los reporteros hacia usted y su gobierno.

11. Nunca se confronte con los reporteros, a pesar de que se sienta agredido u ofendido. Responda con respeto, en calma y con la mayor serenidad. Esto no es fácil, pero usted debe saber que la pregunta puede ser una provocación en la cual no debe caer. Si la pregunta no tiene nada que ver con el tema que está usted tratando, de manera respetuosa señale que con gusto daría respuesta a la misma, pero que será al finalizar la conferencia, ya que no puede desviar la atención del tema central sobre el que está informando.

12. Algunas veces, los reporteros buscan confrontar a funcionarios y políticos, señalando comentarios y declaraciones supuestamente dichos por sus críticos o adversarios, que no son muy precisos ni necesariamente verídicos. No caiga en la fácil provocación, trate de responder moderadamente y con las reservas necesarias. No deje que los reporteros le generen enemigos gratis o lo hagan ver como belicoso. Primero infórmese y después dé respuesta puntual y, si así se requiere, enérgica sobre el asunto comentado.

13. Grabe todas las ruedas de prensa, ya que puede ser necesario hacer aclaraciones posteriores. Recuerde que una cosa es lo que usted dice en una rueda de prensa y otra puede ser lo que el reportero entendió y transmitió en su nota informativa. Si usted cuenta con grabaciones de lo declarado, puede acudir con los superiores del reportero y buscar una aclaración pública, pero si no tiene pruebas de lo declarado, usted poco puede hacer. Generalmente, en esas circunstancias, el director del medio le dará la razón a su personal, por encima de otras personas.

El gobierno es fuente permanente de información, por lo que las conferencias de prensa deben ofrecerse de manera periódica, de tal forma que los medios estén acostumbrados a sus intervenciones, posturas e informes. Sin embargo, asegúrese que en toda rueda de prensa se generen noticias y se den argumentos informativos atractivos para los medios.

Entrevistas en radio

1. Las entrevistas en radio son muy comunes para los gobernantes, ya que los reporteros buscan con frecuencia tener y transmitir notas informativas que tengan que ver con los asuntos públicos y de gobierno. De hecho, en los últimos años han proliferado programas radiofónicos de noticias debido al creciente interés del ciudadano en los asuntos públicos y el predominio de una cultura más auditiva. Por ello, es necesario que el gobernante esté preparado para ser exitoso en todas las entrevistas en radio que su función le demandará de manera cada día más frecuente.

2. Mientras esté al aire es de suma importancia una total concentración. Ponga interés hasta en los más mínimos detalles y todas las preguntas y cuestionamientos que se le hagan. Apréndase, además, muy bien el nombre o nombres de sus entrevistadores. Converse con él como si estuviera manteniendo una charla familiar, pero ponga atención en su voz, la entonación, las pausas y el contenido de sus palabras. Es importante también que conozca a su entrevistador. Pregunte sus antecedentes, experiencias, filias o fobias partidistas, y todo lo referente a su programa y estilo de comunicación. En su presentación puede, además, introducir anécdotas y analogías adecuadas según el tema y el momento que se viva.

3. Prepare siempre las entrevistas, no deje que la improvisación y la inercia del trabajo le hagan quedar mal ante el público radioescucha. Recuerde que en la radio usted tiene una excelente oportunidad para comunicarse con amplios auditorios y para dar la información que sea de su mayor interés. Hoy día, la radio es un nicho de oportunidades que permite acercar puntos de vista y contrastar opiniones, convirtiéndose, en cierta manera, en sustituto de la plaza pública donde anteriormente se debatían o contrastaban las opiniones ciudadanas.

4. Las entrevistas en radio se pueden dar en diferentes formatos, ya sea que se invite al gobernante a acudir a algún estudio o cabina de grabación; que el reportero se traslade a la oficina del gobernante; que éste sea abordado en un acto público o en "entrevista de banqueta". Ante tal variedad de escenarios, el gobernante debe saber qué hacer en cada uno de los casos.

5. Cuando el gobernante acuda a una cabina de grabación, debe pedir con anticipación que le manden un guión sobre el tema y los puntos de interés para la entrevista. Si es posible, y el nivel de confianza es bueno, puede pedir incluso un guión sobre los principales cuestionamientos que se le harán, así como, el tiempo que dispone para explicarlos. En la entrevista, el gobernante tiene que mostrar seguridad en lo que dice, ser respetuoso con el auditorio y el reportero que lo entrevista, así como buscar ser persuasivo sobre el tema que trata.

6. Cuando las preguntas sean un tanto incómodas, se debe buscar esquivarlas pero no debe ser tan obvio, de tal forma que no se dé una sensación al auditorio de que no quiere dar una respuesta. Puede responder que, por el momento, no tiene la información suficiente para articular una respuesta, que lo investigará y más tarde dará contestación a la pregunta. Se puede también decir que sí se contestará, pero en la respuesta se puede "salir por la tangente" o, simplemente, se puede ser omiso en esta pregunta o responder con generalidades, con un lenguaje cantinflesco[5689]

---

[56] Para evadir preguntas "venenosas" o escabrosas puede señalar lo siguiente: "Llegaré a ese tema en breve, pero primero permítame explicar... Esa es una pregunta importante, pero para contestarla usted debe entender..." De esta forma, usted puede salirse por la tangente.

7. En una entrevista por radio, se tiene que hablar pensando detenidamente lo que se dice, buscando siempre no faltar a la verdad ni ofender o agredir a terceros. Recuerde que "el pez por su boca muere," por lo que es más prudente ser parco en las respuestas que "desbocarse" y generar en el auditorio una sensación de anarquía en el gobierno. No incurra en el error que muchos gobernantes cometen cuando manifiestan una tendencia a responder de más a las preguntas, a decir más de lo que se desea saber.

8. Cuando algún radioescucha se comunique a la radio y lo contradiga públicamente, usted debe guardar la cordura y lo debe invitar a acercarse a su gobierno e informarse con más detenimiento y profundidad sobre el tema en cuestión. Nunca debe descalificarlo y acusarlo de ser un "gatillero" pagado por la oposición. Dé una respuesta firme, pero respetuosa: recuerde que no sólo lo escucha el crítico, sino también cientos o miles de ciudadanos.

9. En una entrevista por radio las frases cortas y bien sustentadas le ayudan a formar entre el auditorio una buena imagen de su persona y su gobierno, por lo que debe privilegiar lo breve y sustancioso por encima de lo largo y aburrido. Preocúpese por la entonación de su voz, la realización de pausas y por hacer énfasis en determinadas palabras y frases que usted quiera remarcar.

10. Nunca acepte entrevistas cuando sepa que hay otros invitados que asisten a la radio con la única finalidad de criticarlo o "acabarlo" políticamente. Usted es una persona muy ocupada, por lo que sobrarían excusas para explicar la ausencia en el programa. Usted no está obligado a acudir y ya habrá tiempo de aceptar en otra ocasión la invitación, pero bajo mejores escenarios. Si no es posible evadir la invitación, salude cordialmente a los participantes, trate de "romper el hielo" y lograr un previo acercamiento y acuerdo con los demás invitados.

11. Para construir su imagen pública a través de la radio, tendrá que presentarse "siempre tan bien preparado para hablar, como si en cada una de las causas se fuera a someter a juicio su talento". En sus presentaciones cuide el volumen de la voz, la entonación y la dicción. Siempre que tenga la oportunidad de hablar en la radio, emita un mensaje claro, sincero, breve y emotivo. Recuerde, lo breve es dos veces bueno. En comunicación, lo menos, es más.

12. Un gobernante es, en esencia, un buen comunicador. El dominio de la oratoria, el arte de convencer puede ser aprendido. Recuerde, que tener una buena imagen verbal es requisito indispensable para triunfar en la política.

13. Antes de hablar en público fije objetivos claros y precisos. Escoja un tema o dos de los que pueda hablar con propiedad; hágalo con respeto y decisión. Trate de motivar los sentimientos benévolos del auditorio.

14. Un buen comunicador es aquel que estimula la imaginación de los radioescuchas, hace un recuento de la historia, utiliza frases celebres, pensamientos universales, recuerda anécdotas y llama a la acción. Recuerde que

el dominio de la elocuencia hace hombres superiores; vuelve segura, honrosa, brillante y alegre la vida.

15. Hable con elegancia y precisión. No permita que su pobreza de lenguaje lo delate, encasille o clasifique en el grupo de los mediocres. Recuerde que a un gobernante se le aprecia y clasifica por cuatro cosas: por lo que hace, por lo que parece, por lo que dice y por la manera en que lo dice.

16. Al preparar su discurso, trate de explotar las motivaciones que hacen actuar al hombre: el deseo de lucro, la conservación, los placeres, el orgullo, los sentimientos, los afectos, los ideales, la religión, la justicia, la piedad, el perdón y el amor.

17. Coma lo necesario antes de hablar. Cuando tome el micrófono hágalo con energía, recuerde que la energía es magnética para las masas. Hable con entusiasmo contagioso. Pronuncie sus discursos con frases que produzcan imágenes, con palabras que se pongan como figuras delante de los ojos.

18. El nerviosismo es un factor que trabaja en contra de sus objetivos. Trate de controlarse. Si se siente nervioso, respire profundamente, retenga por unos segundos el aire en sus pulmones y exhálelo con fuerza.

19. Cuando las entrevistas son en su oficina o la sala de prensa, trate de "ir al grano" e informar sobre los asuntos más importantes que tenga que tratar. Sea cortés con sus invitados y bríndeles todo tipo de atenciones y consideraciones. Explíqueles cordialmente el motivo de la entrevista y entrégueles anexos que les ayudarán a reforzar la información que usted les proporcione. Nunca hable de más, ni pierda el sentido de la parquedad.

20. Si las entrevistas son de "banqueta", debe cuidar mucho su entonación y el contenido de sus declaraciones. En ocasiones, es recomendable reducir al mínimo este tipo de entrevistas, ya que las mismas invitan a la improvisación y, muchas veces, se constituyen en espacios donde se cometen los errores más graves. Otorgue este tipo de entrevistas sólo cuando sea absolutamente necesario.

21. Si usted es abordado en un acto público, recuerde siempre que es mejor poco pero sustancioso. No acepte provocaciones ni caiga en actitudes de enfrentamiento con los medios, pero tampoco se sienta obligado a responder todo lo que los reporteros le pregunten. Simplemente, dé respuestas secas y precisas o invítelos a platicar con mayor detenimiento en otra ocasión.

Entrevistas en televisión

1. Las entrevistas en televisión, hoy por hoy, son las más importantes y las que más público tienen. De acuerdo al XII Censo General de Población y Vivienda 2000, realizado por el INEGI, 85% de los hogares mexicanos tienen televisión y la gran mayoría se informa por este medio sobre lo que pasa en su entorno. Por ello,

debe aprovechar toda oportunidad que usted tenga para aparecer en la "pantalla chica" e informar a su auditorio.

2. El acceso a la televisión puede darse de diferente forma: aprovechando los espacios de carácter público que se generan o mediante el pago de estos espacios. Trate de aprovechar los espacios gratuitos que se abren al gobernante, procurando siempre que su acción de gobierno se convierta en noticia. En tal sentido, fomente las ruedas de prensa, los boletines informativos y acérquese con los representantes de los medios de comunicación. Su gobierno puede ahorrarse mucho si puede construir una red de relaciones y amistad con los medios. Por la tanto, nunca desperdicie la ocasión de salir al aire sin gasto alguno.

3. Todo gobernante debe dominar el arte de las presentaciones exitosas en la televisión. En televisión su imagen es muy importante. Por tal motivo, siempre que acuda a este medio, cuide su presentación física, la vestimenta y su semblante. Nunca acepte estar ante las cámaras si usted no ha atendido su presentación. Si por cuestiones de trabajo o agenda, no tuvo el tiempo suficiente para arreglarse, los estudios de grabación tienen siempre espacios y materiales para que usted atienda estas cuestiones.

4. Prepárese siempre antes de aparecer ante las cámaras. Pida con anticipación un guión de los temas por tratar o el asunto que le interesa abordar al comunicador. Nunca llegue a un estudio o reciba a un reportero de televisión sin saber cuál es el asunto sobre el que usted va a ser cuestionado. Ante los ojos de la ciudadanía nunca debe usted aparecer como un improvisado o un desinformado.

5. Siempre salude al auditorio y al presentador, sea cordial con todos y gánese su simpatía. El arte de gobernar implica hacer uso de algunas técnicas asociadas con la retórica, la actuación y el melodrama. Sea sincero, pero no aburrido, recuerde que los teleespectadores sólo pueden captar, casi en su totalidad y si es su primer programa sintonizado, lo que dice sólo en los primeros 7 minutos de su intervención.

6. La televisión forma imágenes y el teleauditorio pone más atención en lo que ve que en lo que escucha. Recuerde que en los primeros 7 segundos, los tele-espectadores se formaran una primera imagen sobre su persona y su gobierno, por lo que debe aprovechar al máximo esta oportunidad. Tenga en mente que la gran mayoría de las decisiones las hacemos por los ojos. Maquiavelo decía que: "Generalmente, los hombres juzgan por lo que ven y más bien se dejan llevar por lo que les entre por los ojos que por los otros sentidos [...] y pudiendo ver todos, pocos comprenden lo que ven".

7. Inicie la entrevista en forma pausada, utilizando la entonación, el lenguaje corporal, los ejemplos concretos, señalando la importancia de los logros y avances que se han dado en su administración. Si es conveniente, haga un análisis

comparativo con respecto a otros años y otras administraciones. Muéstrese cordial, amigable, cercano al ciudadano y sus problemas.

8. Ante la posible interpelación o cuestionamiento del moderador o entrevistador, responda con atención y agradezca la pregunta. Trate de verse sincero e interesado en resolver los problemas que afectan a la comunidad. Nunca pierda la compostura frente a las cámaras, a pesar de la presión o incomodidad en la que usted se encuentre.

9. Aproveche la oportunidad que le dan las cámaras para mostrar a su auditorio que usted es un gobernante culto e informado y que conoce a profundidad los asuntos de interés público. Siempre que sea posible, y sin ser arrebatado, aproveche la oportunidad para tomar la palabra. Recuerde que en televisión el tiempo es oro.

10. Cuando usted esté al alcance de las cámaras nunca haga señales o gestos irrespetuosos o que puedan mostrar desinterés, cansancio o aburrimiento. Recuerde que una cámara puede estar al acecho de todo lo que haga o diga, sin que necesariamente esté usted bajo el interrogatorio directo. Cuídese de los periodistas y camarógrafos mal intencionados, que buscarán momentos para importunarlo.

11. Si la televisión es usada con fines promociónales pagados, es muy importante tener definido un plan estratégico de comunicación que tenga objetivos y metas muy claras. Los mensajes deben ser diseñados por profesionales y con base en los objetivos buscados. Nunca deje este tipo de tareas a la improvisación o los amigos. Debe contratar expertos y profesionales en la materia.

12. El mensaje central de la campaña debe definirse con base en un estudio de mercado y en relación con los objetivos que pretenda alcanzar. Los mensajes deben movilizar los sentimientos de la población, estar orientados a apelar a la sensibilidad estética del ciudadano y sus emociones. Además, los mensajes deben ser informativos, creativos y entretenidos para la población. Recuerde que la televisión es muy cara, por lo que no se debe desperdiciar ningún recurso.

13. Toda campaña de difusión gubernamental debe estar orientada a formar una opinión positiva en los ciudadanos sobre sus gobernantes y sus acciones. Por tal motivo, usted debe impulsar la difusión de logros, avances y planes futuros. Hágalo siempre de la mejor manera y señalando que su gobierno se preocupa por mantener informada a la población.

14. En las campañas pagadas usted puede promover logros y acciones, pero también personas. Sin embargo, sea cuidadoso ya que cuando predomina este último tipo de mensajes, es muy seguro que surjan diferentes críticas y cuestionamientos sobre la promoción. Cuando no es el gobernante el objeto central de la comunicación, las campañas pueden ser mejor aceptadas; pero, en ocasiones, es necesario correr el riesgo de la crítica ante los beneficios mayores

que se pueden obtener por una campaña amplia y agresiva en los medios de comunicación para crear o moldear una imagen del gobernante.

15. Busque los horarios y los medios más adecuados para realizar la campaña de promoción. Para ello apóyese en la investigación sobre canales de distribución, preferencias televisivas y *ratings*. Generalmente, en televisión, a la hora de los noticiarios y durante las noches, de 20:00 a 23:00 horas, hay un mayor número de ciudadanos atendiendo su monitor de televisión. Ajuste también la programación de los anuncios con base en su presupuesto y el tipo de auditorio que quiera alcanzar.

16. La construcción de la imagen pública es la decisión más importante que un gobernante de nuevo cuño puede hacer. Por ello, atienda todos los detalles. Una mirada muy baja refleja inseguridad, temor o deshonestidad. Mantenga la vista ligeramente hacia arriba, la cara un poco alzada, pero no mucho porque lo contrario refleja inaccesibilidad o arrogancia. La gesticulación y el uso de sus manos son importantes. Los ademanes deben complementar su mensaje verbal. La gente no confía en usted si no puede verle las manos cuando habla. En consecuencia, mantenga limpias y atractivas sus manos.

17. La iluminación puede cambiar la imagen y rostro del gobernante. Al hablar frente a las cámaras, inunde la sala de luces. Hable en tal lugar donde la luz le dé de frente en el rostro, para que se puedan apreciar sus gesticulaciones. Tranquilícese, no haga movimientos nerviosos, pues su inquietud sólo delata su inseguridad. Recuerde, la televisión exagera cada movimiento. La pérdida de dominio de sí mismo, conduce, en el mismo momento, a la pérdida del dominio de la audiencia.

18. Recuerde que en los primeros instantes de su intervención se juega el destino de su entrevista en televisión. Por ello, preocúpese por lograr atrapar la atención del auditorio. Es decir, el gobernante debe tener una apertura atractiva, debe asir al televidente en el primer minuto, de otro modo el público cambiará de canal. Trate de mostrar ante el auditorio una gran capacidad de manejo y de conducción.

19. La virtud y la fortuna son dos aspectos que marcarán su porvenir. Si tiene la oportunidad de salir en la televisión, la fortuna ya lo ha acompañado, ahora falta que usted haga uso de su virtud. Usted debe entender que la reputación de los gobernantes está, en gran medida, en manos de los comunicadores, por lo que debe cultivar las más finas y cuidadosas relaciones.

20. Cuide su vestimenta. Evite cuellos de camisa doblados hacia arriba, una corbata sucia o mal anudada, camisas desabrochadas, joyas ostentosas y, en general, evite que su vestimenta o maquillaje den una imagen negativa de su persona.

21. Debe evaluar la forma de dar información a los medios y la forma en que ésta es percibida por el auditorio. Grabe y analice los videos. Trate de conocer cómo lo

ve la gente a través de los medios y cómo se ve usted. Evite la voz impostada. Si es necesario modular la voz hágalo, pero trate de hablar con naturalidad, como si estuviera en casa.

22. La televisión trabaja mejor con campañas positivas que negativas. Por ello, es importante que los mensajes que usted emita estén cargados de optimismo y un sentido positivo de la acción de gobernar. Un gobernante rencoroso o visceral seguramente causará una impresión negativa en su auditorio, lo que le puede resultar contraproducente en materia de imagen pública.

23. La libre expresión de ideas, opiniones y pensamientos incluye la crítica a los gobernantes, el debate público, el libre intercambio de ideas y el derecho a disentir. No cometa el error de tratar de imponer algún tipo de censura a los medios, ya que estas actitudes le pueden resultar perjudiciales. Para un gobernante tampoco es bueno dar consejos a los medios sobre lo que deben hacer, o entrar frecuentemente en conflicto con los hombres de prensa, tratando de señalarles posibles desviaciones o deseables caminos.

24. Hable claro frente a las cámaras. Diga las cosas con precisión. No tenga miedo. Use frases cortas, de construcción directa. Use ejemplos o metáforas que permitan al televidente comprender los asuntos con mucha claridad.

25. Sea interesante. Trate de ser doctoral en su exposición. Trate de imitar a los locutores profesionales. Muestre un buen aspecto y use su lenguaje corporal, pero no exagere. Su aspecto y sus gestos no deben contradecir su discurso. La imagen pública de un gobernante está, en cierta manera, asociada al sentido del humor, a su sonrisa, a su alegría de vivir. Por ello, es recomendable que un político aprenda a sonreír, a transmitir optimismo y alegría por la vida.

26. Respete a los demás. Ante preguntas difíciles o provocadoras, conserve la calma y mantenga siempre la ecuanimidad. Jamás pierda la cabeza ante preguntas insultantes. Trate de sortear los cuestionamientos difíciles y siempre sonría. Recuerde que su imagen es lo más importante, lo que más debe cuidar.

27. Trate de caer bien. Recuerde que los medios seguramente han cortado su discurso, pero lo que importa es la impresión que uno deja en miles de televidentes. Muestre entusiasmo y convicción, y trate de transmitir ese entusiasmo a los demás; nadie convence a los otros si no parece estar convencido él mismo.

28. Base su exposición en hechos reconocidos y valores aceptados. No contradiga innecesariamente a los demás. No pida disculpas por pensar como piensa, ni esconda su manera de pensar: eso le restaría credibilidad.

29. Muestre siempre una buena actitud. Cuando el periodista le pregunte, mírelo. Cuando usted hable, mírelo también, como cuando ve a un amigo al que quiere convencer de algo.

30. Cuide su postura, ya que ésta puede proyectar una mala o buena personalidad. La personalidad que proyecte contribuye más el éxito en la vida que la inteligencia que posea. Sin embargo, recuerde que la popularidad es casi siempre precaria, e incluso efímera.

31. Necesita proyectar ante las cámaras un temperamento amable, benévolo, bondadoso, afable, condescendiente, afectuoso, cordial e inteligente. Pero recuerde, la reputación e imagen que proyecta, si bien son sumamente importantes, no bastan para ser exitoso en la política.

32. En toda entrevista es importante que usted adopte un tono de sinceridad, lo cual seguramente le redituará una mayor credibilidad. Es recomendable, además, practicar frente a una cámara de televisión y criticar, para evitarlos, los errores de sus presentaciones en televisión. El arte de aparecer en medios debe estudiarse, aprenderse y practicarse como todas las otras artes.

La oficina de comunicación social

1. Su gobierno debe poner en operación, en caso de no contar con ella, una oficina de comunicación social, y confiar en los trabajos que desde ahí se realicen. Esta oficina, departamento o coordinación debe ocupar un espacio y lugar importante dentro de su nuevo esquema de gobierno. Para integrar su equipo de comunicación no sólo confíe en sus amigos y camaradas de partido: invite a profesionales y expertos en ciencias de la comunicación a colaborar con su administración.

2. La oficina de comunicación social debe tener los recursos económicos, la importancia y los elementos humanos para realizar adecuadamente su trabajo. En ella se pueden impulsar tareas de redacción de boletines de prensa, edición de gacetas y periódicos gubernamentales, organizar ruedas de prensa, programar entrevistas de los gobernantes en la radio, la televisión y la prensa. En esta oficina, además, se puede monitorear a los medios, presentar resúmenes informativos a los funcionarios y diseñar campañas especiales de promoción de los logros y avances de gobierno. Se pueden organizar, también, campañas para promover la imagen institucional y la difusión de programas y acciones específicas del gobierno.

3. El responsable de la oficina de comunicación social debe ser una persona dinámica, informada y sensible, capaz de desarrollar excelentes contactos con los medios y sus representantes. Esta función exige, además, el conocimiento acerca del modo de operar de los medios, preparación en ciencias de la comunicación o disciplinas afines y capacidad para trabajar bajo presión y en horarios discontinuos.

4. Desde la oficina de comunicación social se pueden elaborar la gaceta del gobierno, periódicos murales, boletines de prensa, la página de Internet, así como realizar acciones y programas especiales para construir la imagen de gobierno que

se desea y abonar en el apuntalamiento de la legitimidad. La oficina de comunicación social puede también realizar monitoreos de los medios de comunicación masiva y análisis de información, principalmente de los más importantes, así como realizar u ordenar encuestas de imagen.

5. En algunas ocasiones, los nuevos gobernantes deben dominar el arte de comunicar los mensajes directamente al ciudadano, sin la filtración de las coordinaciones de comunicación social. Siempre se debe privilegiar el contacto directo del gobernante con la población.

6. Si su gobierno dispone de espacios gratuitos en radio o televisión úselos todos, pero con calidad. Usted puede encargar a la coordinación de comunicación social la elaboración de programas noticiosos del gobierno en los cuales se informe a la población sobre los logros y avances de su administración, se traten temas educativos y de interés del auditorio, así como entrevistas con los gobernantes y personalidades. Sin embargo, recuerde que estos programas deben ser tan entretenidos como informativos.

7. Es muy importante que la coordinación de comunicación social lleve una correcta administración de los gastos de comunicación, ya que, sin duda, éstos van a ser auditados y fiscalizados. No permita que a partir de una mala administración de dichos recursos se levante un escándalo que afecte su imagen. De hecho, usted debe vigilar que todo el presupuesto de su dependencia sea manejado con honestidad y transparencia para evitar escándalos públicos.
Dentro de las herramientas utilizables por la oficina de comunicación social, encontramos:

a) Las gacetas

Todo gobierno debe editar, al menos, una gaceta, periódico o semanario que se constituya en un instrumento para informar, formar una opinión y contribuir a la construcción de la imagen gubernamental que se quiera. Esta gaceta debe ser publicada periódicamente, según los recursos con los que se cuente, y ser elaborada conforme a los cánones profesionales en la materia.

La gaceta debe ser también el medio oficial para que el gobierno fije posiciones sobre asuntos de interés público, informe sobre avances y logros alcanzados, así como para discutir asuntos de interés de la opinión pública. Formar, informar y entretener deben ser los objetivos centrales de este tipo de publicaciones.

La gaceta deberá ser, de preferencia, gratuita y ser distribuida con oportunidad de tal forma que, al menos, cada familia de su circunscripción pueda tener un ejemplar de la misma. Dentro del contenido de la gaceta también debe privilegiarse el tratamiento de asuntos de interés de los ciudadanos, como trámites para recibir algunos servicios públicos, horarios de oficina, calendarios de pago de impuestos y contribuciones, entre otros.

b) Periódicos murales

En caso de que los recursos con los que cuenta el gobierno no sean suficientes para tener una publicación periódica como una gaceta, se puede "echar mano" de otros medios más económicos, como el diseño de periódicos murales y la edición de volantes y trípticos informativos.

Los periódicos murales con fotografías y material gráfico son muy útiles para poblados pequeños y centros de alta concurrencia ciudadana, como mercados y plazas públicas, en donde los pobladores tengan un espacio para conocer qué hace su gobierno y en qué se gastan los recursos de sus impuestos.

Todo periódico mural debe, además, ser colocado en un lugar que permita su apreciación y lectura cómoda por parte de los ciudadanos, y ser presentado con tipografía y textos de fácil lectura.

En el periódico mural se pueden ofrecer también espacios para que los propios ciudadanos colaboren enviando materiales, propuestas y colaboraciones sobre temas de interés general.

c) Boletines o comunicados de prensa

Todo comunicado de prensa debe anunciar algo novedoso que interese al reportero o al medio, para que de él se haga noticia. Esto implica que el contenido de los comunicados o boletines dé a conocer acciones o logros importantes, la agenda de trabajo del gobernante, la visita de alguna personalidad destacada o la firma de algún convenio de colaboración con otra dependencia.

Antes de preparar su comunicado decida a quién se enviará, cuándo y cuál será el mensaje central que se transmitirá. Redacte el boletín en el lenguaje de los periodistas, procurando que sea breve, preciso y directo. Seleccione también los medios a los que se enviará. En particular a quienes tengan interés en publicar su nota, hacer un reportaje o ampliar la información. Es muy importante que todo comunicado de prensa esté bien redactado, no tenga faltas de ortografía o problemas gramaticales. Quien redacte estos documentos debe estar, además, bien informado del asunto por informar, así como tener experiencia periodística.

Todo comunicado de prensa debe estar escrito en hojas con membrete, con el logotipo o nombre de la dependencia en la que el gobernante se desempeña. Es importante poner fecha y numerarlos de manera consecutiva. En todo comunicado de prensa se debe señalar la dirección o teléfonos de la dependencia que lo emita, así como, señalar que se trata de un boletín o un comunicado de prensa.

Prepare un número amplio de fotografías. Incluya en los comunicados de prensa unas que sean tomadas en su lugar de trabajo, otras con su familia, otras durante el trabajo de campo o visitas a la comunidad y otras en actos especiales. Cuide que estas fotografías sean de calidad y formen la percepción en el público de un gobernante dinámico, sincero y entusiasta. Estas fotografías estarán orientadas a crear la imagen que usted quiere que se forme.

d) La página de Internet

Todo gobierno debe incorporar en sus planes y acciones los últimos avances de la tecnología. En este sentido, en materia de comunicación el gobernante debe diseñar y actualizar de manera permanente, al menos, una página Web en la que se describan las acciones fundamentales del gobierno, se pongan a disposición del ciudadano documentos y reglamentos básicos, así como, los planes y proyectos más importantes de su administración. A través de este instrumento, el gobernante estará cumpliendo una función de información y de contacto con sus gobernados.

Toda página Web debe ser construida por profesionales (*Web Master*), quienes deben diseñar este instrumento permitiendo una navegación fluida y fácil por parte de los usuarios. Esta página Web se debe constituir en un medio de vinculación con la población, la cual incluya, entre otras cosas, un directorio de funcionarios incluyendo su dirección electrónica, un organigrama de la dependencia, los planes de desarrollo y documentos rectores de la institución. La página Web puede también contener documentos históricos, servicios proporcionados por el gobierno, requisitos para la realización de trámites de servicios públicos, informes de gobierno, boletines de prensa, gacetas, cartelera, agenda de eventos y todo aquello que se considere útil para la ciudadanía.

Es importante que la página Web se actualice de manera periódica, incluyendo una reseña de las actividades y eventos más importantes que realiza el gobernante o que se presentan en la circunscripción de que se trate. Es necesario, además, publicitar por otros medios este instrumento electrónico, de tal forma que los ciudadanos conozcan la dirección para poder acceder a la página gubernamental.

La página Web puede depender de la coordinación de comunicación social y estar muy en contacto con las políticas y planes de acción en materia de comunicación.

e) Las campañas especiales

La campaña de imagen gubernamental puede también realizarse por alguna oficina de consultoría experta en la materia o por la oficina de comunicación social del gobierno. Sin embargo, si se decide que su manejo sea interno, se debe cuidar el diseño de la campaña, la elaboración de mensajes y textos, así como su producción.

Toda campaña de imagen gubernamental debe estar sustentada en un plan estratégico que incluya, por lo menos, los siguientes apartados: objetivos, estrategias, elaboración de presupuestos, programación y evaluación. En los objetivos, el plan debe buscar crear o reforzar la imagen deseada del gobernante o situarlo ante la opinión pública, informar a la ciudadanía sobre un asunto de interés o buscar el respaldo de la población hacia una idea, un programa o acción de gobierno. Las estrategias incluyen definir el medio por el cual se difundirá la campaña, el diseño en fondo y forma del mensaje, así como los tiempos que durará la campaña. En la elaboración del presupuesto se incluirá el costo de la campaña segmentada por medio(prensa, radio, televisión u otro) y por tipo de medio (*La Jornada*, *Proceso*, *Público*, *Mural*; TV Azteca; Radio Metrópoli, etc.). En la programación se incluirá, básicamente, el cronograma de la campaña por medio y tipo de medio. La evaluación, que busca retroalimentar la campaña, se realizará en tres tiempos: pocos días después del inicio, a mediados y al finalizar la campaña.

Una campaña especial puede organizarse, por ejemplo, en torno al informe anual que su gobierno debe realizar, o por motivo de la celebración de una fecha especial para la entidad que usted gobierna.

El gobernante debe crear una imagen de cercanía con la comunidad, por lo que no debe atrincherarse en su despacho. Por lo tanto, debe vérsele resolviendo problemas, visitando poblados, hablando con la ciudadanía, con familias y líderes, así como entrando a centros de trabajo y planteles educativos. Se puede crear un buzón especial para recibir quejas o sugerencias de los pobladores, instaurar un día para los ciudadanos (miércoles ciudadano) o disponer de un número telefónico para acercar al gobernante con la población.

Para mejorar su imagen, el gobernante debe abstenerse de acudir a lugares públicos donde se presenten espectáculos de hombres o mujeres desnudas, se consuma en exceso alcohol, drogas o recurrir a la violencia física. Indudablemente, en cuestiones de carácter privado, no debe cometer excesos ni permitir que se difundan posibles problemas o desavenencias familiares o sentimentales.

El nepotismo le puede acarrear una crisis muy seria de imagen, por lo que debe abstenerse de emplear a familiares directos en puestos de gobierno. La forma en que resuelva los conflictos de gobierno, o incluso de carácter privado también, puede resultar dañina para su imagen. Por ello, lo recomendable es la prudencia y la moderación, por encima de los exabruptos y acciones viscerales.

f) El departamento de relaciones públicas

Todo gobernante debe, además, contar con una oficina de relaciones públicas, que realice actividades diferentes a la oficina de comunicación social. La oficina de relaciones públicas se encargará, esencialmente, de fomentar y cultivar las relaciones del gobierno con líderes, autoridades gubernamentales de otras dependencias y niveles de gobierno, así como con grupos de interés, agencias internacionales, personalidades y grupos sociales específicos.

La oficina de relaciones públicas debe buscar ampliar los contactos, relaciones y convenios de colaboración con sus pares y otras dependencias gubernamentales de mayor o menor nivel, debe trabajar, también, en la construcción de la imagen gubernamental en coordinación con comunicación social y los expertos en mercadotecnia. La ventaja de la oficina de relaciones públicas tiene que ver con un contacto más directo con otros actores o con ciudadanos, lleva, muchas veces, la representación oficial del gobierno y realiza actividades específicas de promoción y difusión de la dependencia gubernamental.

Un gobernante "todo terreno"

La política es un campo dominado por los símbolos, los ritos y el protocolo, por lo que el arte de gobernar implica el manejo creativo y estricto de estos símbolos, propios de su alta investidura y la responsabilidad política que le corresponde ejercer. Por ello, el gobernante moderno debe dominar el arte de la presentación pública en medios electrónicos y los protocolos de la política. Debe ser, además, una persona preparada para enfrentar diferentes escenarios y debatir ante propios o extraños. Pero, sobre todo, el gobernante debe mostrar presencia, encanto e inteligencia, cualidades que lo hagan ver ante los ojos de la ciudadanía como una persona preparada, correcta, responsable y capaz de dirigir los destinos de su comunidad.

Todo gobernante debe estar preparado para enfrentar críticas y cuestionamientos sobre sus acciones y decisiones. De hecho, la acción de gobernar es una actividad sujeta a la crítica y fiscalización por parte de diferentes actores. Por ello, es mejor que usted esté preparado y acepte la crítica como una cuestión normal de la que puede aprender, mejorar y retroalimentarse.

En una sociedad democrática, las crisis políticas serán consustanciales a la acción de gobernar, por lo que el gobernante deberá estar preparado para dar un manejo inteligente de medios y evitar costos políticos innecesarios por un tratamiento inadecuado o torpe de estas crisis. De hecho, muchas crisis gubernamentales se agravan y complican por un manejo incorrecto de medios, por lo que todo buen gobernante, que debe ser "todo terreno", debe estar capacitado para manejar con inteligencia y sensibilidad este tipo de asuntos.

Como gobernante, usted tendrá, seguramente, una agenda de trabajo muy complicada, pero debe administrar bien su tiempo para dedicarle espacios, cada día más amplios, a las actividades de comunicación y construcción de la imagen de gobierno. Recuerde, esta área es prioritaria en la construcción de la legitimidad gubernamental. Nunca lo olvide: *gobernar es comunicar*.

13. Comunicación Gubernamental

Una de las áreas más importantes de la mercadotecnia gubernamental tiene que ver con la comunicación . De hecho, la mercadotecnia gubernamental implica, en esencia, un proceso de comunicación entre gobernantes y ciudadanos, orientado a construir consensos sociales e informar y formar opinión entre los ciudadanos.

Es decir, los objetivos de toda comunicación gubernamental tienen que ver, principalmente, con informar a los ciudadanos sobre las acciones, planes, programas y logros de un gobierno para generar la aprobación y legitimidad que todo gobernante, en un contexto de un sistema político de cuño democrático, requiere de parte de los ciudadanos. La mercadotecnia gubernamental implica también el conocer a la gente, saber de sus principales problemas, preocupaciones y necesidades, así como de sus sentimientos y emociones, para diseñar un paquete de políticas públicas que las satisfaga o atienda.

Hoy día, la comunicación gubernamental se da, principalmente bajo formatos mediáticos a través de la radio, la televisión y la Internet, ya que por su alcance y rapidez de la transmisión resultan mucho mejor, más accesible para los ciudadanos y, relativamente, menos costosa.

La comunicación gubernamental incluye el estudio y análisis del emisor del mensaje, el medio en la que se transmite el mensaje, el tipo y calidad del mensaje mismo, el receptor del mensaje, la retroalimentación, los "ruidos" o barreras que se presentan entre el emisor y el receptor, así como el contexto en que se da la comunicación.

En el presente capítulo, abordaremos el estudio del proceso de comunicación gubernamental, el cual es considerado como una piedra angular y eje rector de la mercadotecnia gubernamental. Sin temor a equívocos, se puede decir que sin comunicación no es posible hablar de política y un buen gobernante es, en esencia, un buen comunicador. De ahí la importancia de conocer el proceso de comunicación gubernamental para mejorar la imagen de gobierno y crear los consensos necesarios que aseguren afianzar la gobernabilidad.

En la primer parte, se estudia al emisor del mensaje, sus fines y objetivos estratégicos, así como la naturaleza del sistema político que posibilita el desarrollo de la mercadotecnia gubernamental. En la segunda parte, se analizan los diferentes formatos que adopta y medios que utiliza la comunicación gubernamental. En la tercer parte, se señalan las acciones más cotidianas en la comunicación gubernamental. En la cuarta parte, se analiza el mensaje en su forma y contenido. En la quinta parte, se analiza al receptor (los públicos) de los mensajes gubernamentales. En la sexta parte, se aborda la retroalimentación en el proceso de comunicación gubernamental. En la séptima parte, se describen los principales ruidos o barreras más frecuentes en la comunicación gubernamental. Finalmente, se analiza el contexto y la coyuntura en la que se da el proceso de comunicación.

1. El emisor de mensaje.

El gobierno, generalmente a través de las oficinas de comunicación social, es el emisor del mensaje y el que diseña las políticas de comunicación gubernamental y acuerda los presupuestos que se destinan a esta área. Su propósito está orientado a informar a los gobernados de sus acciones, planes y programas, rendir cuentas a la ciudadanía, fomentar el orgullo e identidad territorial, crear y fortalecer una imagen institucional o, incluso personal, del gobernante. Estos objetivos, a su vez, están orientados a construir los consensos sociales y la legitimidad de su acción de gobierno.

El emisor del mensaje debe tener claro cual es el objetivo concreto que busca alcanzar por cada una de sus acciones de comunicación. Aquí es primordial señalar que lo que más importa no es lo que el gobierno quiera informar o comunicar, sino el efecto que se intenta producir entre los ciudadanos. Es decir, lo que en última instancia interesa es fijar objetivos concretos de persuasión y después saber si lo que se buscar alcanzar por parte del gobierno, se está materializando y en que grado se está avanzando en la construcción de los consensos sociales o en la formación de una opinión pública favorable al gobierno en turno.

El emisor del mensaje puede encargar la realización de los trabajos de creación, diseño y elaboración de los mensajes comunicacionales a agencias y empresas especializadas con el fin obtener una producción de calidad, altamente creativa. El gobierno debe cuidar que el contenido y la forma de los mensajes coincidan con las políticas de comunicación social, no se contrapongan con la idiosincrasia ciudadana y la moral pública y, sobre todo, sean oportunos de acuerdo a la coyuntura que se esté viviendo.

No es lo que se dice, sino la forma en que se dice lo que, muchas veces, impacta a los ciudadanos. Es decir, la manera en que el emisor transmite dicho mensaje también es muy importante para lograr la persuasión de los ciudadanos. Por ello, se recomienda que el emisor cuide tanto la forma como el contenido del mensaje.

2. Acciones y medios de comunicación gubernamental.

Las políticas y labores de comunicación social de los gobiernos se materializan a través de una serie de acciones específicas y concretas que, en su diversidad, integran y complementan los programas y planes de persuasión de los gobernantes. Estas acciones son los spots en radio y televisión, las gacetillas y desplegados que se publican en periódicos y revistas, los pósters y volantes, la Internet, los espectaculares, las estaciones de radio y televisión, la pinta de bardas y la edición de gallardetes, calcomanías y engomados, la edición de libros y folletos publicitarios, así como la impresión de un sin número de objetos utilitarios (gorras, lapiceros, playeras, encendedores, bolsas, etc.).

a. Spot en radio y televisión

Los spots para radio y televisión son los más utilizados en los últimos años por los diferentes gobiernos debido a la rapidez y alcance que se logra en la transmisión y debido al hecho de que la gran mayoría de los ciudadanos están expuestos y acostumbrados a este tipo de publicidad.

Un spot de radio, generalmente, es de 15, 20 o 30 segundos y está orientado a informar, reforzar, incitar y persuadir a los ciudadanos. Para que este spot cumpla con su cometido, es necesario que el mismo agrade al radioescucha, se diferencie de los demás comerciales y, sobre todo, persuada al público al que va dirigido. Para lograr estos propósitos se requiere que los spots sean creativos, apelen a las emociones y sentimientos de la gente y se transmitan de manera repetitiva para asegura la penetración en la mente de los ciudadanos.

En un spot en radio, se debe cuidar la modulación de la voz, el ritmo y tono, ya que el radioescucha forma una especie de adicción hacia voces agradables y seductoras y rechaza aquellas que le parecen agresivas, "insaboras" o poco educadas.

Un spot de televisión también tiene una duración corta, siendo los más frecuentes los que se transmiten en un lapso de 20 a 30 segundos. Por esta brevedad del tiempo, se requiere en su elaboración concreción y creatividad. En un spot para televisión se debe cuidar la imagen física, el lenguaje corporal y la vestimenta de los gobernantes. La gente, por lo general, ve televisión, no escucha televisión, de ahí la importancia de tener un manejo profesional de su imagen y de tener un entrenamiento preciso para ser exitoso frente a las cámaras.

Los spots de televisión parten de la etapa de establecimiento de los objetivos que se buscan alcanzar. Le sigue la parte creativa y de diseño del guión. Una vez concluida esta etapa, se selecciona a los actores, escenarios y lugares para la filmación. Una vez realizada las tomas respectivas, se pasa a la etapa de edición y producción final. Antes de salir al aire, se evalúa su contenido y forma, el posible impacto entre los ciudadanos y se aprueba la versión definitiva de los mismos.

b. Gacetillas, anuncios y desplegados

Las gacetillas, anuncios y desplegados en periódicos y revistas también son muy usados como parte de las políticas de comunicación social. En el diseño de gacetillas se debe usar un lenguaje sencillo, directo, apoyado por imágenes y no muy cargado en texto. El propósito de toda gacetilla es informar a los ciudadanos sobre sus acciones, políticas, planes y programas, por lo que es importante resaltar la fecha y lugar del evento, remarcar las características especiales del mismo y hacer un diseño ligero, más grafico que en texto del mismo.

Los anuncios que el gobierno pública en revistas y periódicos debe ser también más de carácter informativo, apoyados en imagen y con el texto suficiente para informar a la sociedad. Se debe evitar, igualmente, usar letras pequeñas que casi nadie lee, además de usar una tipografía más adecuada al público que se dirigen (jóvenes, profesionistas, campesinos, etc.).

Los desplegados tiene como objetivo fijar una postura del gobierno, aclarar una cuestión a la opinión pública, dar a conocer algo o manifestar una opinión sobre un tema de interés general. La mayoría de los desplegados, muchas de las veces, están sobrecargados de información lo que genera que muchos lectores obvien la lectura del desplegado, con la consecuente pérdida de oportunidad por parte del anunciante. Por ello, todo gobernante debe cuidar que la información que se vierta en un desplegado no abrume al lector y que el mismo se interese en el contenido del mismo.

Como recomendación general, se debe cuidar tanto la forma como el contenido en las gacetillas, anuncios y desplegados, pero sobre todo, se debe considerar que el ciudadano promedio no es muy ávido a la lectura, por lo que se debe privilegiar la brevedad y la concisión.

c. Póster y volantes

Los póster y volantes refuerzan los trabajos del gobierno y ayudan a informar a la población sobre hechos, planes y programas del gobierno. Los póster son elementos más gráficos que de texto, que tienen como propósito central el posicionar una imagen de gobierno, agradar a la gente e informar sobre la realización de algún evento, festejo, plan o programa. Los póster deben tener un atractivo visual, por lo que se debe jugar con los colores, la tipografía, el diseño y gráficos del mismo.

Se recomienda el uso de colores institucionales y la creación de una imagen corporativa en la que la publicidad del gobierno responda a una política e identidad propia y en la que se muestre una mayor homogeneidad en la publicidad gubernamental.

Los volantes deben contener tanto elementos gráficos como de texto, estar creativamente diseñados y ser atractivos a la vista de la gente. Los volantes deben contener en su portada más imagen que texto, pero en su interior (bipticos, trípticos, etc.) se debe privilegiar el texto, por encima de la imagen. Una portada "apolítica" puede ser también bien recibida por el ciudadano y pasar la prueba inicial de aceptación del lector. Una vez que el lector aceptó el volante, es muy posible que dedique algo de tiempo para la lectura del mensaje que el gobierno quiere hacer llegar.

d. Internet

La Internet está jugando un papel, cada día, más importante en las estrategias de comunicación, información y persuasión de los gobiernos, la cual es relativamente económica y de fácil acceso para la gente.

La información que se dispone en Internet permite que los ciudadanos tengan acceso directo a la legislación, a los acuerdos, nominas, presupuestos, políticas, planes y programas del gobierno y los diferentes poderes públicos posibilitando, por un lado, que la gente pueda acceder a más información, y, por el otro, que el propio gobierno cumpla con lo que establece la Ley de Acceso a la Información Pública y Gubernamental.

Toda gobierno debe tener su página de Internet, hacer un diseño simple, pero a la vez atractivo para el ciudadano, y sobre todo, permitir una navegación fluida y rápida por la misma página. Esta página permite ser actualizada de manera frecuente, mide el número de accesos, permite la comunicación con el ciudadano y la retroalimentación.

La Internet puede usarse además para informar, vía correo electrónico, de las acciones, eventos, programas, planes y políticas del gobierno, así como para establecer contacto permanente con un número determinado de electores. Sin embargo, desgraciadamente no toda la población tiene acceso a la Internet, por lo que este medio sólo complementa a los otros aquí señalados.

e. Espectaculares

Los espectaculares son elementos de publicidad más bien de carácter gráfico destinados a públicos en transito ya sea por calles y avenidas, carreteras y zonas de alta densidad de población. Los espectaculares cumplen el papel no sólo de informar, sino también el de llamar al atención, diferenciarse de los de más y agradar a la población.

La ubicación de los espectaculares, el diseño y la utilización de colores llamativos es muy importante a considerar en este tipo de publicidad. El uso de fotografías de alta calidad, el diseño modernista y, sobre todo, una apelación al humor y a las emociones de la gente dan buenos resultados en este tipo de publicidad. No es recomendable abusar en texto, ya que poco ciudadanos realmente prestan atención al contenido y más si se trata de pequeñas letras que resultan ilegibles para los transeúntes.

Una de las recomendaciones adicionales en materia de espectaculares, es contratar en cantidad ante las empresas publicitarias especializadas en la producción de este tipo de material, lo que permite ahorrar recursos económicos y, sobre todo, contratar una publicidad móvil. Esto es, que los espectaculares puedan cambiar de ubicación por un determinado tiempo, una vez que se considere que ya cumplieron su objetivo y que una parte importante de la población, objetivo de persuasión, ya tuvieron el contacto con la publicidad.

f. Estaciones de radio y televisión gubernamental

La radio y la televisión juegan un papel muy importante en las estrategias de mercadotecnia gubernamental. El gobierno tiene acceso a estos medios modernos de comunicación a través de tres vías. Primero, en el caso del gobierno federal a través del tiempo del Estado y el tiempo fiscal que la Ley Federal de Radio y Televisión permite. Segundo, por la compra de espacios publicitarios para radio y televisión con recursos del erario público, que en el caso del gobierno federal para el año 2002 ascendieron a mil 461 millones de pesos. Tercero, a través de las propias estaciones de radio y televisión, que los diferentes gobiernos, principalmente estatales, tienen en concesión.

Para lograr captar un mayor auditorio y tener la fidelidad de la gente, es muy importante que la programación sea atractiva, diversa y que satisfaga el interés de entretenimiento de la audiencia. Mezclar programas educativos, informativos y de entretenimiento general resulta una buena formula, ya que de esta manera se asegura que un amplio auditorio pueda interesarse en este tipo de medios.

El reto principal de estos medios estatales es que tengan los recursos, la calidad y el profesionalismo para poder competir con los otros medios de la televisión comercial y así captar el interés de los ciudadanos. El mejor atino que pueden lograr este tipo de medios, por la calidad y pertinencia de su programación, es captar el interés no sólo de los electores, sino también de los periodistas y representantes de medios de comunicación privados. Por ejemplo, el programa de radio denominado "Fox con tigo, Fox en vivo," logra captar el interés de muchos profesionistas de los medios de comunicación, quienes a su vez, informa e influyen en moldear la opinión pública del país.

g. Bardas y gallardetes

Las bardas y los gallardetes ocupan también un lugar privilegiado en la publicidad gubernamental. Su objetivo es informar a la ciudadanía sobre programas, acciones, resultados, así como planes y proyectos de gobierno. La publicidad por medio de gallardetes y las bardas está destinada, fundamentalmente, a audiencias móviles, por lo que se debe privilegiar los aspectos gráficos y de imagen por encima del texto.

En su diseño y elaboración, se deben cuidar la ortografía, el contenido y la forma de los mismos, buscando no sólo informar a la población sino también el agradar a la gente. Como con cualquier otro tipo de publicidad, también, es recomendable solicitar los permisos correspondientes a las instancias propias de gobierno, evitar el plagio de textos e imágenes registradas por otros gobiernos o particulares, así como el hacer diseños e impresiones de calidad, evitando no saturar a la gente.

h. Calcomanías y fistoles

Las calcomanías y engomados son también usados por algunos gobiernos, principalmente de carácter local. Su objetivo es reforzar la imagen, la identidad y sentido de pertenencia de la gente que vive en un determinado municipio, estado o país o labora en una determinada institución. Las calcomanías generalmente señalan el nombre del municipio, los eslóganes de gobierno o algún aspecto emotivo que apela a la emoción e identidad de la gente como "Yo amo a San Martín Hidalgo," por poner un ejemplo.

Los fistoles contienen el escudo y nombre de la institución, del municipio o del poder legislativo, ejecutivo o judicial. Se elaborar de diferente metales, siendo los mejores aquellos acuñados o recubiertos de oro. Su objetivo es lograr identidad y fomentar el sentido de pertenencia de la gente hacia alguna de las instituciones.

i. Libros y folletos

La edición de libros y folletos que promocionan a los municipios, estados o al país son también parte de la mercadotecnia gubernamental, que busca atraer turistas, inversiones o la realización de cierto tipo de eventos nacionales e internacionales.

Los libros sobre la historia, las tradiciones y lugares de interés cultural de ciudades, municipios o estados son ejemplos de este tipo de mercadotecnia gubernamental. Los folletos sobre sitios de interés histórico, atractivos de la ciudad, servicios y medios de transporte constituyen también ejemplos del uso de la mercadotecnia en el ámbito gubernamental.
En estos dos tipos de promociónales, se recomienda el uso de gráficos e imágenes, acompañados de un texto breve, por ser más atractivos para la gente. Sin embargo, para algunos casos el texto debe ser lo suficientemente amplio para dar información a los turistas e inversionistas o a los propios habitantes sobre la historia, descripción de sitios históricos y culturales, así como de los servicios que se disponen.

j. Objetos utilitarios

Los objetos utilitarios no sólo se emplean en campañas electorales sino también por parte de los gobiernos con el objetivos de informar, divulgar y persuadir a los ciudadanos. Como su nombre lo índica, los objetos utilitarios a la vez que promocionan al gobierno, brindan un beneficio particular a la ciudadanía, como puede ser el caso de un calendario, una bolsa, unas plumas, cachuchas, encendedores, playeras, etc.

Su fortaleza es que los portadores de esta publicidad la llevan a todos lados, sea al hogar, el trabajo, las áreas deportivas y creativas, por señalar algunas. En el diseño de estos objetos utilitarios, se recomienda el uso de elementos más bien gráficos e imágenes, con poco texto y, sobre todo, el uso de diseños y colores que llamen la atención de la gente.

3. Acciones de la comunicación

La comunicación gubernamental implica, además, el impulso de una serie de acciones proactivas orientadas a informar y formar una opinión pública favorable hacia el gobierno. Estas acciones son la edición de boletines de prensa, la realización de conferencias de prensa y la participación de los gobernantes en entrevistas en los medios de comunicación.

De hecho, la función de los gobernantes no sólo es gobernar y administrar los bienes públicos, sino además informar y dar cuenta a la ciudadanía sobre sus hechos, uso y destino de recurso públicos, así como de los resultados del ejercicio de gobierno. Los medios y acciones de informar son básicamente tres, mismos que se señalan a continuación.

a. Boletín de prensa

Los boletines de prensa son pequeños comunicados, presentados en forma escrita, en la que el gobierno informa, aclara, precisa o da a conocer la postura, política o acciones que se llevarán acabo en los días por venir o de logros se han presentado en los últimos días.

Los boletines de prensa deben ser redactados bajo un formato periodístico que facilite el trabajo a los representantes de los medios de comunicación, resaltando las ideas y temas que interesa al gobernante, pero que también resultan atractivas para la ciudadanía.

Todo boletín de prensa además debe escribirse en papel membretado, ser fechado y firmado por alguna autoridad, además de señalar el número consecutivo que corresponda. Estos boletines deben ser enviados vía fax, por correo directo o incluso por medios de correo electrónico a los representantes de los medios de comunicación.

b. Conferencia de prensa

Las conferencias de prensa se convocan cuando existe información o hechos relevantes que son de interés general y que motivan la atención de los representantes de los medios de comunicación. A través de la conferencia de prensa, se informa a la población sobre las acciones y logros más importantes del gobierno, se dan a conocer los planes y programas específicos, así como se comunican sobre la realización de eventos de alta trascendencia para la sociedad.

En toda conferencia de prensa señale, en un inicio, el objetivo de la misma, posteriormente dé la información que se requiere, leyéndola preferentemente, y después responda preguntas y comentarios de los medios. Sea atento a los cuestionamientos de la prensa, diríjase con gentiliza y respeto y trate de responder con honestidad y objetividad. Nunca señala datos, cifras o hechos de los que no está completamente seguro.

En la organización de las conferencias de prensa, se debe cuidar la oportunidad en la convocatoria, el lugar o recinto de su realización, así como la puntualidad en su inicio y conclusión de la misma. Nunca se enfrente a los medios y trate, siempre, de dar un trato equitativo y justo a todos los periodistas.

c. Entrevistas

Las entrevistas, como su nombre lo indican, son ejercicio de comunicación entre un gobernante y la sociedad, mediado por uno o más medios de comunicación. El objetivo de toda entrevista es dar información por el gobierno o ampliarla sobre un tema determinado, tratar un asunto relevante para la sociedad, conocer el punto de vista del gobierno, o simplemente, opinar sobre algún aspecto de interés general.

Para asegura el éxito en las entrevistas, prepare con anticipación y a detalle la información que proporcionará, conozca los antecedentes del entrevistador, pregúntele sobre el tema de su interés, el tiempo que se dispone, así como, para el caso de radio o televisión, si es una entrevista en vivo o será diferida. Desde un inicio, trate de caer bien al periodista, evite el nerviosismo y lo que diga, dígalo con seguridad.

Hasta aquí, hemos descrito las acciones y medios que usa el emisor de un mensaje para tratar de persuadir a los ciudadanos y generar los consensos necesarios para afianzar la gobernabilidad y aumentar la popularidad de los gobernantes. El propósito de todas estas acciones de comunicación es hacer noticia y atraer el interés y atención de los medios y de los profesionales de la comunicación, para que estos, a su vez, generen el interés de sus públicos y audiencias. Finalmente, recuerde que los medios de comunicación juegan un papel muy importante en moldear la opinión pública, por lo que trate de llevar una buena relación con sus representantes, evite, por lo tanto, la confrontación.

4. El mensaje

El mensaje es la parte medular del proceso de comunicación, que tiene como objetivos informar, agradar, advertir, persuadir y mover a la acción al receptor del mismo. Es el conjunto de palabras, símbolos, ideas, emociones e imágenes que transmite el emisor. En el campo de la mercadotecnia gubernamental, el mensaje tiene como objetivos el lograr el consenso y aprobación de los ciudadanos sobre las acciones, disposiciones, programas y planes de gobierno.

Hay varios tipos de mensajes, siendo estos los generales y los específicos. Es decir, aquellos orientados hacia un público más amplio (los generales) y aquellos destinados a audiencias más específicas. También los mensajes gubernamentales pueden clasificarse según el medio que se utiliza para su difusión y propagación siendo estos mensajes de radio, televisión y prensa escrita, entre otros. Finalmente, hay mensajes verbales, escritos, impresos, audiovisuales y sonoros, según sea el tipo de medio que se privilegie para su difusión.

Para que un mensaje logre alcanzar los objetivos debe reunir las siguientes características.

Primero, debe estar dirigido a un determinado público. Es decir, debe tener un destinatario muy definido, que se pretende informar o persuadir. Segundo, debe ser conciso, claro y sencillo para asegura que el receptor pueda entenderlo. Tercero, siempre se debe preferir por parte del gobernante calidad por encima de cantidad. Es decir, si realmente hay algo nuevo y relevante que decir, el gobierno lo debe decir, pero sino lo más recomendable es no decirlo o no hacer boletines de prensa, ruedas o conferencias de prensa sólo por hacerlas. Cuarto, todo mensaje debe adaptarse a las condiciones culturales y educativas del público receptos, a quien está dirigido el mensaje. Quinto, debe ser lógico, no contradictorio y estar estructurado de una manera coherente. Sexto, para poder persuadir todo mensaje debe ser emotivo. Séptimo, el mensaje debe tener una belleza sea sonora o visual, aún aquellos que se sustentan sólo en texto. Octavo, todo mensaje debe utilizar símbolos y palabras claves pegadizas que permitan ser fácilmente recordados por los públicos. Noveno, los mensajes deben ser repetidos insistentemente para lograr su posicionamiento en la mente de los receptores. Décimo, los temas del mensaje deben ser aquellos que el ciudadano le interesa, preocupa. Es decir, la temática del mensaje debe estar en relación con las necesidades, expectativas, problemas y sentimientos de los receptores.

Todo mensaje tiene una forma y un fondo o contenido. De acuerdo a Jesús Reyes Heroles, en política la forma es fondo; es decir, cuenta tanto lo que se dice como la forma en la que se dice. Por ello, es importante cuidar los formatos del mensaje según el medio que se utilice para su difusión o propagación, así como el contenido de los mismos.

Si es un mensaje en radio, cuenta el orden de las ideas, el contenido, la sonoridad del mensaje, la entonación de la voz e, incluso, el uso de pausas y silencios. Si es por televisión, la imagen es un aspecto muy importante del mensaje. Si es un mensaje para medios escritos cuenta el diseño y la brevedad del mismo, así como el contenido del texto.

5. El receptor del mensaje

El receptor del mensaje es también un actor muy importante del proceso de comunicación. Es el objetivo central de este proceso y quien, en última instancia, determina el contenido del mensaje. En el campo de la mercadotecnia gubernamental, el receptor principal del mensaje son los ciudadanos, aunque también otros tipos de gobierno, grupos de interés o sectores específicos al interior del propio gobierno pueden ser los receptores de dichos mensajes.

Para asegurar, una correcta y oportuna comunicación es importante conocer a los públicos a los que va dirigido el mensaje. Saber de su idiosincrasia, su nivel cultural y educativo, sus necesidades, preocupaciones y aspiraciones o expectativas. Conocer a la gente, permite diseñar un mensaje y emitirlo de acuerdo a la forma que puede ser mejor recibido.

Para conocer a la gente, se debe investigar usando las metodologías cuantitativas y cualitativas que permiten un mejor acercamiento a la realidad. Por medio de la investigación cuantitativa se mide el pulso a la opinión pública, se conoce porcentualmente las opiniones de los ciudadanos, el grado de aprobación o desaprobación hacia un gobernante o política gubernamental e, incluso, se puede diseñar una agenda pública o impulsar una serie de políticas públicas orientadas a satisfacer los requerimientos de la sociedad.

Por medio de la investigación cualitativa, se puede profundizar en el análisis y el conocimiento de los ciudadanos, sus problemas y necesidades, así como su desarrollo histórico y su maduración a través de los años. La investigación cualitativa nos permite, además, conocer a detalle los sentimientos y opiniones de los ciudadanos, sus particularidades, así como los pormenores sobre casos específicos de las acciones de gobierno. En consecuencia, antes de iniciar un ejercicio de comunicación gubernamental se recomienda siempre investigar a los públicos a los que van dirigidos los mensajes.

Finalmente, se debe considerar los significados que todo público da a los mensajes del gobierno y se debe auditar o evaluar la eficacia de las campañas publicitarias que se impulsan desde las oficinas de comunicación social.

6. La retroalimentación

En todo proceso de comunicación gubernamental es recomendable que se produzca la retroalimentación, entendida esta como la parte del proceso que permite el flujo bidireccional de mensajes. La retroalimentación cambia el sentido de los factores del procesos de comunicación, transformando al receptor en emisor de un nuevo mensaje y generando el dialogo entre emisor y receptor.

En todo proceso de comunicación gubernamental es recomendable que exista esta retroalimentación para así conocer el sentir de la población y las opiniones sobre el desempeño y planes de trabajo de los gobernantes. Es decir, se requiere impulsar un gobierno que fomente la participación social y que integre las opiniones y recomendaciones de la propia ciudadanía.

La retroalimentación se puede impulsar a través de la realización de foros de consulta pública, páginas de Internet, buzones, correo y por medio de la recepción de las opiniones y sugerencias por parte de la población.

7. Los ruidos

En todo proceso de comunicación gubernamental siempre se presentan una serie de barreras y obstáculos que impiden, distorsionan o limitan la comunicación. Estos ruidos pueden ser de carácter cultural o educativos o de carácter político o ideológicos.

Los ruidos culturales se dan cuando el nivel y sofisticación de los mensajes hacen imposible que el receptor entienda lo que se le quiere comunicar. Al usarse un lenguaje sofisticado, complejo y abstracto lo único que se logra es la confusión o apatía del receptor.

Los ruidos políticos o ideológicos se producen cuando se trate de difundir una ideología determinada entre la población, usando códigos y conceptos de carácter político que sólo una parte muy pequeña de la población entiende como puede ser el concepto de Estado, paradigma político o aparato ideológico de Estado. En este sentido, se aconseja que los mensajes sean claros, sencillos y que estén al alcance de todos o la mayoría de los ciudadanos.

8. El contexto

Finalmente, el contexto en el que se produce el proceso de comunicación gubernamental también influye en la recepción del mensaje y, sobre todo, en la interpretación que se les de a las diferentes políticas de comunicación social.

Por ejemplo, si una campaña propagandística del gobierno en turno se da en tiempos electorales, ésta se puede entender como parte de una estrategia electoral para favorecer a ciertos candidatos o al partido que detenta el poder. Si una campaña de gobierno, se da en medio de una severa crisis económica, puede generar criticas y agravios muy serios en el sentido de dilapidar los recursos económicos para tratar de fomentar una imagen de gobierno. Es decir, el contexto y los tiempos en la que se impulsa la campaña de comunicación gubernamental puede ser decisivo para lograr su aceptación o rechazo por parte de la población.

14. Los Lemas de Gobierno

1. Introducción

Al igual como pasa en la política electoral, en el campo de la mercadotecnia gubernamental también se estila el uso de lemas en las campañas publicitarias por los gobiernos sea federal, estatales o municipales. De hecho, el uso de eslóganes publicitarios por parte del gobierno precede al uso que hoy día se hace de manera generalizada en las campañas político electorales como fue el caso del lema porfirista "Mucha administración, poca política, inventado por Ignacio Vallarta.[90] Los antecedentes de lo que hoy conocemos como lemas de gobierno son los usados en los escudos de armas o los lemas de la ciudad, muy en boga desde la época posrevolucionaria en nuestro país.

El uso de lemas en el gobierno no es privativo de nuestro país, ya que, por ejemplo, en otras latitudes y naciones tanto de Latinoamérica como en Europa es común que los gobiernos locales o federales acuñen también "frases celebres" que utilizan como parte central de sus estrategias de comunicación política. Sin embargo, en otros países también con sistemas presidencialistas, como en los Estados Unidos de Norteamérica, el uso de lemas publicitarios es prácticamente inexistente, ya que lo que predomina son más bien temas (issues) que el gobierno privilegia como parte de sus programas de trabajo.

El lema es una palabra o frase breve que expresa el objetivo de un gobierno, un programa o una acción gubernamental. Es, a su vez, sinónimo de slogan, que es una palabra anglosajona que significa grito o consigna. Este termino proviene del gaélico escocés, mismo que significaba, en su origen, "grito de ejercito." De hecho, es un grito de síntesis que cristaliza una idea, define un asunto y, en el mejor de los casos, busca emocionar, exhortar e inspirar a quienes lo escuchan o ven.

En el caso de México, un país en el que la política está más ligada a la pasión, al rito y al protocolo que a la razón, el uso de lemas en la comunicación gubernamental es muy frecuente, ya que estos le otorgan, en cierta manera, identidad, valor simbólico y dirección a la acción gubernamental.

En este escrito, se analiza el uso de los lemas publicitarios por los diferentes gobiernos en México, las características más distintivas de estos lemas, sus tipos y efectos en el proceso de construcción de la legitimidad gubernamental. Finalmente, se concluye que el uso de los lemas de campaña forman parte de la historia política muy ligada al simbolismo y el rito propio de la cultura política mexicana.

---

[90] Flores Caballero, Romero R. *Administración y Política en la Historia de México*, México. Fondo de Cultura Económica / INAP, 1988, p. 133.

2. Los objetivos de los lemas

Los lemas cumplen, al menos, seis diferentes objetivos como parte de las estrategias de comunicación de los gobiernos. Primeramente, el lema tiene como objetivo **informar** y comunicar a la ciudadanía sobre las prioridades, acciones y determinaciones del gobierno. "El cambio nadie lo para" por ejemplo, es un lema que utiliza el gobierno federal con el fin de informar que su prioridad es el cambio y, a su vez, su determinación para transformar a la sociedad mexicana.

En segundo lugar, el lema tiene el objetivo de **persuadir** a los ciudadanos, sobre las bondades de las acciones, programas y estrategias de trabajo de los gobernantes. Algunos ejemplos son los estados de Baja California Sur (Un gobierno de acciones), Nuevo León (A pasos Firmes) y Tabasco (Un gobierno de soluciones).

En tercer lugar, el lema cumple el objetivo de **impulsar, unir y alentar** a una determinada sociedad en la búsqueda de nuevos estadios de desarrollo. Por ejemplo, el lema "Unidos, lo lograremos" tiene como propósito buscar la unidad de los ciudadanos para buscar superar momento difíciles, alcanzar metas específicas o simplemente concretar un proyecto específico. El lema "Juntos sociedad y gobierno estamos haciendo de Tlaxcala un mejor lugar para vivir" impulsa y alienta la necesidad de la unidad para construir un mejor espacios de vida.

En cuarto lugar, el lema también cumple el objetivo de alagar, reconocer, elevar la auto estima o explotar el ego de la gente. Dos ejemplos de este tipo de lemas son El Estado grande, no por su extensión, sino por su gente, usado actualmente en el estado de Chihuahua y el lema "Tu eres los importante," vigente en la ciudad de Guatemala.

En quinto lugar, el lema tiene como propósito reafirmar una política, prometer, advertir, retar, evocar al futuro o resaltar un idea de la sociedad. De hecho, la gran mayoría de los eslóganes gubernamentales están orientados a alcanzar estos objetivos como es el caso de los lemas "valentía, lealtad y responsabilidad," que se impulsa en la ciudad de Chihuahua o el lema "La ciudad que cabalga... al futuro" usado actualmente en el municipio de Sabinas, Coahuila.

En sexto lugar, un lema busca también **diferenciarse** de otros gobiernos, ya sean del pasado inmediato o de otros niveles como el federal o estatal en el caso, por ejemplo, de gobiernos municipales, ya que el ciudadano se encuentra frecuentemente bombardeado por otros tipos de mensajes gubernamentales o políticos. En este sentido, el lema busca marcar diferencias, señalar ámbitos diversos de influencia o simplemente **hacerse notar** respecto de otros gobiernos.

Finalmente, todo lema tiene como objetivo general el contribuir en el proceso de **construcción de legitimidad** política y, en última instancia, de afianzar la gobernabilidad en un determinado espacio público. Es decir, el lema debe ser entendido como parte de las estrategias de comunicación política que impulsa un gobierno en la búsqueda de construcción de consensos sociales y de la estabilidad política que se requiere para gobernar una entidad pública.

3. Las características de los lemas

Todo lema reúne una serie de características que se deben cubrirse en el animo de avanzar en el proceso de construcción consensos sociales y legitimidad, y, sobre todo, justificar el gasto que se hace en publicidad gubernamental. Las características más importantes de un buen lema de gobierno son la siguientes.

a. Brevedad. Todo lema debe ser breve o corto, para poder usarse en todo espacio propagandísticos, ya sea en bardas, folletos, espectaculares, spot de radio y televisión. La brevedad permite no aburrir o cansar al lector y, sobre todo, asegurar su lectura y comprensión por parte de la ciudadanía.

b. Sencillo. Otra de las características distintivas de un buen lema de gobierno es su sencillez, misma que facilita el entendimiento por la gran mayoría de los ciudadanos. Sin embargo, es necesario aclarar que sencillo no significa vulgar o anti estético. De hecho, la sencillez de un lema se complementa con la estética de su diseño y con su orientación positiva.

c. Creativo. Todo lema debe ser creativo e imaginativo, por lo que se debe usar los talentos y la imaginación para diseñar eslóganes que puedan diferenciarse respecto de otros, atraer la atención del ciudadano y generar incluso su aprobación. Ser creativo implica hacer diferentes cosas o, incluso, hacer las mismas cosas pero de manera diferente.

d. Ritmo. Todo lema de campaña debe tener ritmo. Es decir, cuando el lema sea una frase, está debe elaborarse de tal forma que rime y tenga una sonorización adecuada.

e. Sea fácilmente recordado. El mejor lema de gobierno es aquel de fácil memorización y que tiene la distinción de posesionarse rápidamente en la mente de la gente. Es un lema pegadizo, atractivo, que la ciudadanía recuerda con facilidad e identifica a la administración en turno con esa breve frase publicitaria.

f. General. Un buen lema apela a la mayoría de los habitantes de un municipio, estado o país. No se preocupa por las particularidades o especificidades de subgrupos o regiones, sino por el conjunto. No ve sólo el árbol, sino el bosque. Su preocupación no es el individuo, sino la sociedad.

g. Emotivo. Todo buen lema es eminentemente emotivo. Por lo tanto, apela a los sentimientos benévolos de las gentes y busca penetrar no sólo la mente del ciudadano, sino la misma piel, buscando llegar hasta las entrañas y permanecer en la profundidad de la conciencia humana.

h. Creíble. Un lema que no sea creíble es una pésima inversión. Los mejores lemas de gobierno son aquellos que reflejan la realidad, que se apegan a la verdad y son creídos por la gente. Los lemas demagógicos o falsos son rechazados, mientras que los lemas realistas son retenidos y aceptos por la ciudadanía.

i. **Persuasivo**. Todo lema debe ser persuasivo. Debe buscar, principalmente, el convencer a los demás, el lograr el objetivo por el cual fue diseñado y persuadir a la audiencia. Un lema que no persuade es un mal lema, ya que el fin principal de la comunicación política en una sociedad democrática es la construcción de consensos y legitimidad social.

Finalmente, para que un lema de gobierno sea bueno, debe cumplir, además, las siguientes características: originalidad, tener un valor simbólico, causar un gran impacto, ser estético y generar notoriedad.

4. Errores en el diseño

Los errores más frecuentes en el diseño y el uso de los lemas gubernamentales son cuatro. En primer lugar, algunos de ellos son muy complejos, abstractos, sofisticados o técnicos, de tal forma que no todos los ciudadanos entienden el mensaje que se les quiere comunicar. Este error se comete por la diferencia entre los niveles educativos entre quienes diseñan y aprueban estos eslóganes y la mayoría de los ciudadanos a quienes va dirigido, ya que generalmente los diseñadores poseen estudios superiores, mientras que la mayoría de la población posee un grado educativa más bajo.

En segundo lugar, otro de las errores que se comenten es el diseñar lemas de gobierno, que ante los ojos de la ciudadanía, son muy demagógicos o poco creíbles. Es decir, muchas veces se diseñan lemas que señalan, por ejemplo, que "la economía está a salvo" y que existe un gran desarrollo económico, cuando la realidad refleja todo lo contrario como puede ser una crisis económica, un mayor desempleo o un mayor empobrecimiento.

Un tercer error en el diseño de un lema de gobierno es su grado de especificidad. Es decir, el foco de atención e interés es muy específico como puede ser los productores de flores o piña, cuando la gran mayoría de los ciudadanos de un estado, municipio o país, no se dedican al cultivo de este tipo de productos agropecuarios. En este tipo de casos, se recomienda el uso de un lema de gobierno mucho más amplio que involucre o apele a todos los miembros de la sociedad a la que va dirigido.

Finalmente, hay lemas gubernamentales vacíos que no significan nada para los ciudadanos, aunque desde la perspectiva rítmica y sonora se escuchen muy bien. Tal es el caso, por ejemplo, del lema "Si o No, pero Ya," que no sólo se ha usado en el ámbito comercial, sino también en el político y gubernamental. De hecho, el mismo Luis Echeverría Álvarez, presidente de México entre los años 1970 y 1976, utilizó el lema "arriba y adelante, no sólo en su campaña electoral, sino también en su ejercicio de gobierno.

5. Metodología para su elaboración

Para elaborar un lema de gobierno hay muchos métodos y formas de hacerlo. Sin embargo, para asegurar que el diseño y el efectos que se logre sea el adecuado, se debe trabajar bajo una metodología profesional. A continuación se enumerar y explican brevemente los pasos que se deben seguir para obtener un buen lema de gobierno

a. **Creación y diseño.** Para elaborar un lema, primero se debe partir del análisis del mensaje que se desea comunicar y clarificar los objetivos que se buscan alcanzar. Posteriormente, una vez definido esto, se debe pasar a la etapa creativa, a la concepción de la idea. Una vez obtenida la idea, se debe hacer el diseño preciso del eslogan buscando cubrir las características de un buen lema anteriormente señaladas.

b. **Argumentación**. Una vez que se ha creado y diseñado el lema, se debe pasar a la etapa de justificación del mismo. Para ello se deben responder las siguientes preguntas. ¿qué se quiere decir y que se pretende comunicar? ¿alcanza el objetivo que busca? ¿cuáles son las interpretaciones que la sociedad o los opositores pueden dar al lema? ¿No se repite con otros ya usados por otros gobierno, o que ya estén protegidos legalmente? ¿qué argumentos a su favor defienden este lema, por encima de otros? ¿Por qué es el mejor? ¿cumple las características de un buen lema de gobierno?

c. **Prueba.** Una vez que pasó la etapa deliberativa, se pone a prueba el lema. Para ello, se hacen pruebas pilotos en la que se pregunta a diferentes personas de diversos estratos sociales, ocupaciones, edades, sexos y localidades sobre su opinión y el efecto persuasivo y de aceptación que genera el lema. La prueba incluye su presentación tentativa en diferentes elementos de propaganda, los estudios cuantitativos de opinión y el análisis de expertos. Adicionalmente, se pueden realizar estudios comparativos sobre los lemas respecto del usado por la competencia, buscando el diseño de lemas más competitivos, usando *focus groups* o encuestas de opinión de los ciudadanos, para asegurarse del éxito de la frase.

d. **Aprobación.** Una vez que pasó la etapa de prueba, se pasa a las instancias facultadas para aprobar el lema de gobierno, que bien puede ser la jefatura de la oficina de comunicación social, los presidentes municipales, coordinadores de las fracciones parlamentarias, los jefes de gabinete, gobernadores o el titular del ejecutivo federal, según sea el caso.

e. **Uso.** Una vez que se ha logrado la aprobación del lema por la autoridad correspondiente, se procede a su utilización en los diferentes medios de publicidad.

f. **Evaluación y retroalimentación.** Finalmente, después de su uso en un tiempo determinado, se procede a hacer evaluaciones sobre su vigencia, el efecto persuasivo que está logrando, los alcances y logros obtenidos. De ser necesario, puede determinarse continuar con el lema, hacer algunas modificaciones o, definitivamente, cambiarlo.

6. Comentarios finales.

En todo proceso de comunicación política, se debe buscar siempre causar efectos en las audiencias a las que se dirigen los mensajes. Los lemas son parte de este proceso de comunicación que buscan causar ciertos efectos, por eso son dichos o presentados de manera sintética, con fuerza y determinación. Sin embargo, cuando se conceptualizan y diseñan los lemas, siempre habrá controversia por que no existe un lema perfecto para todo momento y para toda entidad.

La política es un campo muy complejo, relativo y siempre cambiante, en la que nunca hay una lectura homogénea de los lemas por toda la sociedad y por sus actores políticos. Los lemas serán siempre interpretados y leídos de diferente manera por los apoyadores del gobierno o por sus detractores. De ahí, la importancia de diseñar lemas incluyentes, amplios y regidos por los principios esbozados en este escrito. Siempre habrá además criticas, por parte de los opositores, al uso de la mercadotecnia gubernamental, ya que ésta está dirigida a construir consensos, persuadir al ciudadano, movilizar sus sentimientos y emociones y afianzar el poder.

SLOGAN DE LOS ESTADOS DE LA REPUBLICA MEXICANA

ESTADOS	SLOGAN
Aguascalientes	Sociedad y gobierno unidos en el cambio
Baja California	Por un gran estado
Baja California Sur	Un gobierno de acciones
Campeche	Patrimonio cultural de la humanidad
Chiapas	Uno con todos
Chihuahua	El estado grande, no por su extensión, si no por Su gente
Colima	Gobierno libre y soberano
Coahuila	Un gobierno con sentido humano
Durango	Al progreso de una vez
Guanajuato	Vive la magia
Guerrero	Es historia
Hidalgo	-----------------
Jalisco	Es nuestra casa, tu casa
México	Juntos avanzamos
Michoacán	Unidos, Michoacán un gobierno para todos
Morelos	Acortando brecha
Nayarit	Todos para Nayarit, Nayarit para todos. Cumplir Es el cambio

ESTADOS	SLOGAN
Nuevo León	A pasos firmes
Oaxaca	Reflejo espiritual de México. Por el Oaxaca que Todos queremos

Puebla	El estado ideal
Querétaro	Unidos por Querétaro
Quintana Roo	Quintana Roo, bien lo vale
San Luis Potosí	Zona de monumentos históricos
Sinaloa	Con rumbo firme
Sonora	Todo Sonora a cualquier hora
Tabasco	Un gobierno de soluciones
Tamaulipas	En Tamaulipas se vive mejor
Tlaxcala	Juntos sociedad y gobierno, estamos haciendo de Tlaxcala un mejor lugar para vivir
Veracruz	Veracruz avanza
Yucatán	La tierra de los dioses
Zacatecas	Avanza 4 años por un buen camino
Distrito Federal	La ciudad de la esperanza

SLOGAN DE LOS MUNICIPIOS DE LOS ESTADOS DE LA REPUBLICA MEXICANA

Estado	Municipio	Slogan
Aguascalientes	Aguascalientes	En acción por ti
	Jesús María	Municipio con rumbo
	Tepazala	Compromiso de todos
Baja California	Mexicali	Esfuerzo compartido
	Tijuana	Por una nueva Tijuana
	Ensenada	Construyendo un mejor futuro
Baja California Sur	La paz	Cumpliendo compromisos
Campeche	Campeche	Ciudad histórica y fortificada
Chiapas	Tuxtla Gutiérrez	Juntos en acción
Chihuahua	Chihuahua	Valentía, lealtad y responsabilidad
	Cd. Juárez	Dedicados a ti
Coahuila	Torreón	En Torreón estamos cumpliendo
	Saltillo	Una ciudad para vivir mejor
	Sabinas	La ciudad que cabalga..al futuro
Colima	Colima	Siempre al futuro
	Tecoman	El hombre labora para su desarrollo
	Manzanillo	Toma tu color
Durango	Gómez Palacio	Avanzando, superando y cumpliendo
	Canelas	Hospitalidad, Honor y Progreso
	Lerdo	Ciudad jardín
Guanajuato	León	El trabajo todo lo vence
	Guanajuato	Impulso Ciudadano. Patrimonio De la humanidad
	Irapuato	Construyamos el futuro hoy

ESTADO	MUNICIPIO	SLOGAN
Guerrero	Chilpancingo	Ciudad dueña de......un pasado Legendario
	Acapulco	Es mágico
	Cacahuamilpa	Una leyenda viva

Hidalgo	Pachuca	El mejor lugar para vivir
	Mineral del Chico	Pueblo y Gobierno trabajando
	Zimapán	Contribuir para mejorar
Jalisco	Guadalajara	Juntos por Guadalajara
	Zapopan	Da confianza
	Tlaquepaque	Alma de México
México	Toluca	Trabajamos hoy para construir el Mañana
	Tlanepantla	Trabajamos por ti
	Nezahualcóyotl	Juntos para progresar
Michoacán	Zamora	Acción y progreso
	Morelia	Ciudad de las canteras rosas
	Apatzingán	Unidos Apatzingán, un gobierno Para todos
Morelos	Cuernavaca	La ciudad de la eterna primavera Esfuerzo compartido
	Amacuzac	La mejor política son los resultados
	Jiutepec	Gobierno con acciones humanas
Nayarit	Xalisco	Puerta abierta al desarrollo
Nuevo León	Apodaca	Progreso con liderazgo y justicia
	El Carmen	Trabajando para ti
	Monterrey	Ciudad de oportunidades
Oaxaca	Oaxaca	El México que siempre hemos imaginado

ESTADO	MUNICIPIO	SLOGAN
Puebla	Acatlán	Construyamos al futuro
	Teziutlán	La perla de la sierra
Querétaro	Querétaro	Comprometidos con la comunidad
	San Juan del río	Armonía y desarrollo
	Ezequiel Montes	Todos somos una familia
Quintana Roo	Cancún	Vamos a limpiar Cancún
	Cozumel	Visión de un trabajo conjunto

	Solidaridad	Va en serio
San Luis Potosí	San Luis Potosí	Unidos por el futuro
	Río Verde	El compromiso es de todos..participa
Sinaloa	Guasave	Del trabajo al progreso
	Culiacán	Aliados Seguimos Avanzando
	Mocorito	Crecemos...haciendo historia
Sonora	Hermosillo	Un futuro para todos
	Empalme	Por ti, por Empalme
	Ciudad Obregón	Unidos por el progreso
Tabasco	-------------	
Tamaulipas	Altamira	Trabajamos para el desarrollo De Tamaulipas
	Matamoros	Haciendo equipo
	Miguel Alemán	Unidos
Tlaxcala	-------------	
Veracruz	Coatzacoalcos	Gobierno honesto que trabaja Para ti
	Xalapa	Todos con...Xalapa tu municipio En grande
	Orizaba	Un gobierno para todos

ESTADO	MUNICIPIOS	SLOGAN
Yucatán	Mérida	Nobleza y lealtad
Zacatecas	Zacatecas	Patrimonio de la humanidad
	Calera	Para calera construimos un Mejor futuro
Distrito Federal	Delegación Miguel Hidalgo	Vive el cambio
	Delegación Iztapalapa	Con hechos se demuestra un buen gobierno
	Delegación Azcapotzalco	Vive el cambio

SLOGAN DE SECRETARÍAS DEL ESTADO

SECRETARIAS	SLOGAN
Secretaría de Agricultura, Ganadería, Desarrollo Rural, Pesca y Alimentación (SAGARPA)	1) Alianza por el campo 2) Vamos al grano para progresar
Secretaría de Contraloría y Desarrollo Administrativo (SECODAM)	1) Credibilidad y Confianza de la sociedad en el Gobierno
Secretaría de la Defensa Nacional (SEDENA) 1) Heroico Colegio Militar 2) Fuerza Aérea Mexicana	1) Por el Honor de México 2) Honor, Valor, Lealtad
Secretaría de Desarrollo Social (SEDESOL)	Contigo es posible

15. Mercadotecnia Parlamentaria

1. Introducción

El proceso de democratización, que se está viviendo en nuestro país desde finales de la década de los ochenta, trastocará, más temprano que tarde, todas las áreas de la política e imprimirá una lógica de mayor competencia y afianzará la necesidad de una mayor legitimización social de las instituciones gubernamentales.

De esta forma, el proceso de democratización llevará asociado la búsqueda de instrumentos y herramientas, como el marketing, que coadyuven a lograr una mayor legitimidad de los representantes populares, que los hagan a los ojos de los ciudadanos más responsables, mejoren su imagen y ayuden en la toma de decisiones. Es decir, las nuevas circunstancias de pluralidad y democracia que predominan en el país harán necesario el uso del marketing como herramienta fundamental para lograr una mayor legitimidad y consenso para las instituciones gubernamentales, incluyendo a los congresos estatales y el Congreso de la Unión, que aquí se denominará la institución parlamentaria.

Existen diferentes medios para lograr la legitimidad en el ejercicio del gobierno en una sociedad democrática. Por ejemplo, a través del cumplimiento de las promesas de campaña, a través del desempeño eficaz y eficiente, por la prestación oportuna y de calidad de los servicios públicos, a través de la explotación de símbolos ideológicos, por medio del ejercicio honesto de la función pública y por el manejo adecuado de los asuntos económicos y del Estado, entre otros. Sin embargo, la legitimidad, que se traduce en consentimiento y respaldo del ciudadano, se refuerza y adquiere principalmente a través del conocimiento de parte de la sociedad de las obras, actitudes, políticas, acciones y logros de gobierno y esto se obtiene gracias a un buen programa de mercadotecnia.

Una de las herramientas modernas, para apuntalar la legitimidad de los gobiernos, en una sociedad democrática, lo es el marketing gubernamental.[5791] Una parte del marketing gubernamental lo constituye el marketing parlamentario que implica un proceso de percepción, comprensión, planeación, estímulo y satisfacción de las necesidades, demandas y expectativas de los habitantes de una determinada circunscripción territorial (mercado), al canalizar los esfuerzos y recursos que dispone el poder legislativo para satisfacer dichas necesidades. En este sentido, la mercadotecnia implica, de cierta manera, un proceso de adaptar los recursos de una institución parlamentaria a las necesidades de la ciudadanía, conformada como mercado.

---

[57] Esta es una sinonimia equivocada, ya que marketing público es un concepto mucho más amplio que el marketing gubernamental y parlamentario.

El marketing parlamentario busca, básicamente, legitimar al poder legislativo, y a través de ésta mayor legitimidad de los funcionarios en turno o partidos, en el poder afianzar la gobernabilidad. Es decir, el objetivo fundamental de la mercadotecnia parlamentaria está muy ligado a la búsqueda del apoyo popular, la legitimidad social y la gobernabilidad.[58][92]

Este tipo de mercadotecnia se ocupa de los planes de comunicación social de los poderes legislativos (federales y estatales) y de las instituciones de carácter gubernamental en la búsqueda de la legitimidad y el consenso social.

Esto implica, que en la actividad pública, no basta un buen ejercicio gubernamental, sino que también es necesario el dar a conocer a la sociedad del buen ejercicio del congreso. Para ello, existen diferentes medios para hacerlo, como puede ser el uso de la televisión, la radio, la prensa escrita, la Internet, los periódicos murales, las gacetas, los libros y folletos, entre otros. Sin embargo, todo esto se debe hacer de manera profesional, organizada y sistematizada a través de un plan estratégico de mercadotecnia parlamentaria.

El marketing parlamentario, ante un escenario de posible reelección inmediata de los legisladores, no será una opción para los gobernantes que busquen refrendar sus posiciones de poder político, sino una necesidad para el acceso y mantenimiento del poder político, para la toma de decisiones y la mejora continua de la institución parlamentaria. En este sentido, se puede decir que el marketing parlamentario es un instrumento imprescindible en una democracia moderna para la búsqueda de la legitimidad, el consenso y el respaldo popular.

En México, se ha orquestado en los últimos años una campaña de desprestigio de los Congresos locales y del mismo Congreso de la Unión, así como, de sus integrantes, que los describe como instituciones poco productivas, sobre politizadas, que buscan el lucro personal por encima del bienestar general y que dedican una mayor parte de su tiempo a discutir asuntos de poco interés e importancia para la población. En esta campaña, se han sumado, por igual, intelectuales, empresarios, medios de comunicación y diferentes organizaciones político-sociales y que han logrado generar duda e incertidumbre en la sociedad sobre la eficiencia, funcionalidad y labor de las instituciones parlamentarias. De ahí la necesidad, de contrarrestar estas campañas con un plan de mercadotecnia parlamentario que informe sobre el desempeño de los congresos y su importancia en el marco del sistema político nacional. En este sentido, el presente capítulo aporta algunos elementos que le permitan a la institución parlamentaria una mejor valoración por parte de la sociedad en su conjunto.

---

[58] De esta forma, una de las preocupaciones centrales de la mercadotecnia tiene que ver con lograr el apoyo ciudadano o respaldo social a las acciones, programas y políticas del Congreso.

2. Conceptos fundamentales

La mercadotecnia parlamentaria puede ser conceptualizada de diferente manera, dependiendo del énfasis que se le quiera dar a una de sus variantes y funciones. Desde la perspectiva académica, por ejemplo, el marketing parlamentario es una disciplina que se encarga del estudio del proceso de intercambio político voluntario que se da entre el Congreso y los ciudadanos. Es una disciplina también que investiga el mercado gubernamental, los fenómenos relacionados con la imagen y la opinión pública, así como, diseña y pone en operación sus planes y estrategias para posicionar al parlamento ante la sociedad y así cortejar y conquistar ese mercado político.

Desde la perspectiva pragmática, el marketing parlamentario es un conjunto de herramientas y técnicas de comunicación entre el Congreso, la ciudadanía y otros poderes públicos, la manufactura deliberada de una imagen pública del parlamento y la construcción de la legitimidad de sus integrantes.

Esta mercadotecnia parlamentaria es diferente a la mercadotecnia electoral, política, pública y gubernamental, ya que la mercadotecnia pública se refiere a todas las acciones de diagnóstico, comunicación y satisfacción de necesidades que impulsan todos los entes públicos, incluyendo por supuesto al gobierno y los organismos e instituciones de carácter público. De esta forma, una institución educativa autónoma, pero de carácter público, como las universidades, al igual que un organismo electoral, como el Instituto Federal Electoral, puede tener su plan estratégico de mercadotecnia. En este caso, se habla de marketing público.

El marketing gubernamental se refiere, única y exclusivamente, a las acciones de los gobiernos en turno. La mercadotecnia electoral se refiere a las acciones de candidatos, partidos y grupos de interés en momentos electorales en la búsqueda de la conquista del poder político. Es decir, la mercadotecnia electoral, tiene que ver con las acciones realizadas en la etapa electoral y la mercadotecnia gubernamental se inicia desde el momento en que se toma posesión como gobierno. Esto implica, que al día siguiente de ganar las elecciones comienza la agónica defensa de la labor del gobierno y con ello, la mercadotecnia gubernamental. Por su parte, el marketing parlamentario se circunscribe a las acciones de comunicación, planeación estratégica, imagen y diagnóstico del mercado realizada por las instituciones parlamentarias y sus integrantes.

El marketing político engloba tanto al marketing gubernamental como al público, al electoral y parlamentario. Es una especie de concepto integrador, que muchas veces se utiliza como sinónimo de los otros tipos de mercadotecnia. El marketing parlamentario es parte del marketing gubernamental.

3. La evolución de la mercadotecnia parlamentaria

La mercadotecnia parlamentaria, en su sentido moderno, aparece tardíamente en la década de los setenta, como parte de la mercadotecnia social, resaltando como resultado de un estudio de las instituciones no lucrativas y las áreas asociadas al sector gubernamental.[59][93] Sin embargo, en México fue hasta mediados de la década de los noventa cuando la mercadotecnia gubernamental y parlamentaria empieza a adquirir importancia y cuando se inicia la apertura de limitados espacios para el análisis y estudio de esta disciplina como tal.

En este sentido, se puede decir, que la mercadotecnia ha llegado al sector gubernamental en forma tardía, muy ligada al proceso de transición política con sentido democrático. Anteriormente, desde tiempos inmemorables existió la propaganda gubernamental, pero el término mercadotecnia implica la existencia de un mercado político que el gobierno, al igual que sus opositores, busca conquistar o retener, a través de diferentes técnicas de persuasión.

Es decir, la mercadotecnia parlamentaria, como la política-electoral, es consecuencia de los nuevos escenarios de alta competitividad y pluralidad política que está viviendo nuestro país desde finales de la década de los ochentas y que hoy día se ha convertido en un paradigma universalmente aceptado.

Naturalmente, no todos los políticos necesitan llegar al poder de la mano de los especialistas en marketing, aunque cada día es más frecuente. Sin embargo, una vez al frente del gobierno y los diputados, necesitan de un permanente sistema de comunicación capaz de contrarrestar el desgaste que produce el ejercicio del poder.[60][94]

El ciudadano es el núcleo central de la preocupación de la mercadotecnia parlamentaria, pero también los grupos de interés y los diferentes movimientos sociales, así como, sus líderes y directivos. Este tipo de mercadotecnia también se concentra en la aceptación o el apoyo ciudadano a las instituciones parlamentarias, dependencias, organismos y directivos de tales instituciones.

4. Su objeto y campo de estudio

Se entiende por objeto de estudio al fenómeno o conjunto de fenómenos cuyo conocimiento, suficientemente desarrollado, da lugar a una ciencia. Todo objeto de estudio se constituye en dos elementos: el empírico y el teórico. El elemento empírico es, en cierta forma, la materia prima que sustenta el desarrollo teórico, el que da certeza y confiabilidad a las investigaciones y el que, en última instancia, puede refutar o aceptar las conclusiones teóricas. Por su parte, el elemento teórico busca la generación de patrones, marcos explicativos y referenciales, aplicables a múltiples casos, es el que da sustento científico y epistemológico, el que sistematiza y avanza el conocimiento.

---

[59] Mercado, Salvador *Mercadotecnia de Servicios: Tácticas y Estrategias para el éxito en la Comercialización de los Servicios*, México: Ed. PAC S.A. de C.V. 1996.
[60] Montaner, Carlos Alberto, "Lavín, Lagos y el Marketing Político", en *El Nuevo Herald*, Firmas Press, 19 de diciembre de 1999.

La naturaleza y objeto de estudio del marketing parlamentario aún no se encuentra bien delimitado, ya que retoma muchos de los conceptos y categorías de la mercadotecnia comercial, mercadotecnia política, mercadotecnia gubernamental, mercadotecnia electoral, de la psicología política, las ciencias de la comunicación, las ciencias administrativas y de las ciencias políticas. En este sentido, bien se le puede denominar, un campo transdisciplinar producto de la conjugación de conceptos y categorías de otros tipos de mercadotecnia, de la comunicación, la ciencia política y otras disciplinas.

En este sentido, el ámbito de estudio de la mercadotecnia parlamentaria es muy amplio, en la medida que los fenómenos políticos ligados con el proceso de legitimidad, consenso, comunicación y persuasión entre integrantes del Congreso y diferentes núcleos de población también lo son. Su dinamicidad, pluralidad y constante renovación hacen de la mercadotecnia parlamentaria una disciplina que sólo permita una aproximación imperfecta e incompleta a la realidad.

Sin embargo, como un primer acercamiento podemos decir que el objeto de estudio de la mercadotecnia parlamentaria, se circunscribe al análisis de cuatro áreas fundamentales: el proceso de intercambio político que se dá entre los integrantes del poder legislativo y la sociedad; el proceso de comunicación política de congresistas con otros sectores gubernamentales, grupos de interés y diferentes sectores sociales; las campañas (esfuerzos) de promoción e información del Congreso; y los estudios de mercado o diagnóstico sociopolítico.

Estas áreas de estudio se desdoblan en otras series de partes igualmente importantes como el estudio de la imagen pública, los estudios de opinión, las encuestas, las estrategias y los planes de propaganda, la segmentación del mercado, las formas como recibe y procesa el ciudadano los estímulos comunicativos, la cultura política y psicología de masas y las teorías del comportamiento humano en la sociedad, entre otros.

La investigación en mercadotecnia parlamentaria es una actividad encaminada a la solución de problemas, creación de nuevos conocimientos para explicar el proceso de intercambio político entre el Congreso y la ciudadanía. El objeto de investigación es muy amplio, aunque se puede partir del proceso de intercambio voluntario entre directivos o líderes de las fracciones parlamentarias con segmentos específicos de la sociedad. Los métodos y técnicas de investigación que se pueden utilizar en la mercadotecnia parlamentaria son muy amplios, sobresaliendo los bibliográficos, de campo, estadísticos, históricos y de semi-experimentales.

De la mercadotecnia comercial adopta conceptos, tales como, estudio de mercado, segmentación, posicionamiento, imagen, marketing mix y canales de distribución, entre otros. De la política y sus ciencias, retoma conceptos como estrategia, táctica, proselitismo, plan de campaña y propaganda, por señalar algunos. Sin embargo, esta es una disciplina distinta, ya que la ciencia política es una parte de las ciencias sociales, que se ocupa de los fenómenos de la sociedad asociados al poder, el Estado, el gobierno, la cultura y el hombre en su función social.[6195] Por su parte, la mercadotecnia parlamentaria es una disciplina que busca encontrar las relaciones de causalidad de los fenómenos de comunicación, la imagen pública y las estrategias de persuasión de los integrantes del congreso hacia la sociedad. No es meramente descriptiva o prescriptiva, sino también analítica y tiene un carácter dinámico y operativo.

A la mercadotecnia comercial se le define como el estudio y análisis del mercado, así como, la instrumentación de programas cuidadosamente formulados y llevados a la práctica para que se efectúen voluntariamente intercambios de valores entre dos o más individuos.[6296] La mercadotecnia también se le conceptualiza como un proceso social y administrativo por medio del cual el individuo y grupos obtienen lo que necesitan y desean al crear e intercambiar productos y valores por otros. De esta manera, la mercadotecnia significa trabajar con mercados para que se lleven acabo intercambios con la finalidad de satisfacer necesidades y deseos de los seres humanos.[6397]

A diferencia de la comercial, la mercadotecnia parlamentaria es un acervo de conocimientos tocante a la realidad político-gubernamental y la aplicación de ellos en los procesos de legitimación social. Es, de cierta manera, una disciplina teórica con un perfil práctico que busca lograr legitimidad y consenso.

El objeto central de su preocupación es el conocimiento y persuasión de los ciudadanos constituidos en mercado político, investiga sus principales problemas como ente social, indaga su sensibilidad a los estímulos, analizando sus reacciones, sentimientos y comportamiento, diseña las estrategias propagandísticas más efectivas para lograr su cometido, estudia el contexto y la coyuntura política, establece relaciones entre mensaje, percepción y persuasión, se preocupa por los problemas asociados a la imagen y opinión pública, así como, de las acciones proselitistas de los congresistas, penetra en la doctrina y las teorías políticas e investiga los fenómenos de la comunicación política.

En este sentido, la mercadotecnia parlamentaria implica el análisis y el conocimiento de las necesidades de los ciudadanos dentro del ámbito socio-político (respecto del poder legislativo) y el desarrollo de planes y programas conducentes a su satisfacción.[6498] Las siguientes son algunas áreas de atención de la mercadotecnia parlamentaria.

a. Investigación de mercados

[61] Véase, Duverger, Maurice,"La Noción de Ciencia Política" en Juan Cristóbal Cruz Revueltas, ¿Qué es la Política?, México: Publicaciones Cruz O. S.A. 1994.

[62] Véase, Kotler, Philip y Armstrong, Gary, Fundamentos de Mercadotecnia, Segunda edición, México: Prentice Hall Hispanoamericana, 1991.

[63] Ibid.

[64] Véase, Reyes Arce, Rafael y Munch, Lourdes, Comunicación y Mercadotecnia Política, Ed. Noriega, 1998.

La investigación en mercadotecnia parlamentaria es una actividad muy amplia, diversa y compleja, que tiene múltiples facetas y aristas. Ejemplos de investigación en mercadotecnia lo constituyen, por señalar algunas, las actividades que realizan los diputados y las fracciones legislativas para elaborar su agenda parlamentaria; el consultor a fin de diagnosticar el mercado parlamentario y definir las estrategias a seguir; el comunicólogo que estudia el proceso de comunicación política y sugiere la emisión de diversos mensajes; el politólogo que analiza los fenómenos políticos asociados a la legitimidad y construcción de consensos sociales; el docente que investiga a fin de ejercer correctamente su magisterio; así como, el investigador quien indaga, pregunta, asocia y contrasta para generar nuevos conocimientos.

Es decir, en mercadotecnia parlamentaria existen, a *grosso modo*, dos vertientes de investigación. Una tiene que ver con la investigación del mercado, con el diagnóstico de los problemas, sentimientos, aspiraciones y necesidades de los ciudadanos para diseñar el mensaje propagandístico y la serie de estrategias para su conquista y la otra se refiere a la investigación científica sobre el proceso de intercambio político, así como, el desarrollo y situación actual de la disciplina. Es decir, la primer área de investigación tiene un objetivo pragmático como parte de las estrategias de los líderes, diputados y fracciones parlamentarias en la búsqueda del respaldo político y la segunda tiene un objetivo más relacionado con el análisis y la reflexión científica.

De esta forma, podemos señalar que por investigación en mercadotecnia, desde la perspectiva pragmática, debemos entender el conjunto de actividades tendientes al diagnóstico del mercado gubernamental, de la competencia entre fracciones parlamentarias y del contexto en el que se desarrollan la actividad de los congresos. El objeto de este tipo de acciones de investigación es el diseño de la comunicación política, el análisis objetivo de la coyuntura y del mercado político.

Por investigación de mercadotecnia parlamentaria, desde la perspectiva académica, entendemos el conjunto de actividades y esfuerzos para conocer y explicar los fenómenos relacionados con el proceso de intercambio político, así como, las acciones encaminadas a explicar, sobre una base científica, los hechos más trascendentales relacionados con las campañas internas, los procesos de comunicación política, la opinión pública, la imagen, la percepción e identidad de los congresos (y sus actores: diputados o senadores), así como, el desarrollo de la mercadotecnia como nueva disciplina del conocimiento. Lo que busca la investigación científica, en el campo de la mercadotecnia parlamentaria, es la interpretación de hechos empíricos para buscar tendencias generales sobre el proceso de intercambio político que se da al seno de la institución y de ésta con la sociedad.

Los métodos y técnicas de investigación que se pueden utilizar en la mercadotecnia parlamentaria son también diversos, sobresaliendo los bibliográficos, de campo, estadísticos e históricos. La investigación bibliográfica implica, principalmente, la revisión exhaustiva de libros, documentos, bases de datos, revistas y publicaciones periódicas. La investigación de campo implica el levantamiento de encuestas, las visitas domiciliarias, las entrevistas con informantes claves, la consulta entre los congresistas, entre otras cosas.

La investigación estadística implica la incorporación de paquetes computacionales y programas estadísticos para conocer la evolución de los fenómenos políticos y el cambio del mercado gubernamental, el levantamiento, procesamiento y presentación de encuestas, así como, las tendencias de desarrollo de ciertos fenómenos, preferencias y lealtades políticas. El método histórico implica una apreciación retrospectiva en el tiempo de los fenómenos en estudio, para incorporarlos como referentes retroalimentadores de la práctica política parlamentaria, para sustanciar y direccionar acciones, así como, reducir riesgos y momentos de incertidumbre.

La investigación en mercadotecnia parlamentaria es una actividad encaminada a la solución de problemas y creación de nuevos conocimientos para explicar el proceso de intercambio político entre diputados y senadores con los ciudadanos. El objeto de investigación es muy amplio, aunque se puede partir del proceso de intercambio entre la institución parlamentaria y la ciudadanía.

Sin embargo, a pesar de la creciente importancia del poder legislativo y la constitución de gobiernos divididos casi inexistente la investigación en materia de mercadotecnia parlamentaria. De hecho, los mismos analistas políticos y estudiosos de los fenómenos sociales, muchas veces menosprecian este campo del conocimiento, ya que lo consideran poco relevante y más bien ligado a la "charlatanería" y el "esoterismo."

Por ello, el reto es trabajar en la construcción intelectual de un campo propio del saber, utilizando los avances que se han presentado en la mercadotecnia comercial y política, en la ciencia política, en la psicología y en las ciencias de la comunicación. Este impulso exploratorio nos debe llevar a dar forma, contenido y, en consecuencia, abrir nuevas fronteras del conocimiento sobre esta nueva realidad gubernamental.

b. Imagen parlamentaria

El diagnóstico y la construcción de una imagen, es otra de las áreas en las que el marketing puede contribuir, lo cual está también muy asociado al proceso de legitimidad política del Congreso y la construcción de relaciones y vínculos con la sociedad.

Todo Congreso, o fracción parlamentaria, puede realizar una "auditoría de imagen" para conocer qué se piensa de ellos y su trabajo, cómo lo percibe la sociedad, para diagnosticar con exactitud la percepción real que de la institución parlamentaria se tiene. De esta auditoría, se puede desprender una serie de programas y acciones de comunicación social, relaciones públicas y mercadotecnia orientadas al fortalecimiento de la institución parlamentaria y la creación de una imagen deseada. Es decir, con base a una auditoría de imagen, se puede elaborar un plan estratégico para la adecuación, modificación y construcción de la imagen que se desea. De esta forma, el marketing parlamentario cobra razón, como una herramienta estratégica en el mejoramiento o construcción de una imagen pública de poder legislativo, que no sólo atienda las percepciones que de ella se tenga por los otros poderes públicos, sino también, sobre todo, por parte de la sociedad.

De hecho, toda institución parlamentaria tiene una imagen genérica y también particularizada, que se forma a lo largo de su existencia y de acuerdo a sus acciones, políticas y relaciones que establece con grupos de interés, sectores sociales y organizaciones de todo tipo.

Si la imagen que proyecta la institución parlamentaria no es la que se desea, lo procedente es empezar con un plan de acción, que se oriente a la construcción de una nueva imagen, más acorde con lo que se pretende. La imagen también puede subdividirse de acuerdo a prácticas y políticas de las fracciones parlamentarias, agendas legislativas, logros y avances de plan de trabajo, así como, por acuerdos y asuntos tratados en el pleno del Congreso o en sus comisiones que sean de interés general para la sociedad.

En la construcción de una nueva imagen corporativa, que debe partir de la aprobación y apoyo de las diferentes fracciones parlamentarias y la mesa directiva, se debe involucrar también, y sobre todo, a los empleados y personal que labore en el Congreso, ya que ellos son, en gran medida, los prestadores de diversos servicios hacia la población. Esta debe ser una imagen planeada y pensada a mediano plazo. Para ello, se deberán invertir recursos, tiempo y esfuerzos en la búsqueda de la mejora continua y el cumplimiento de los fines, objetivos y planes de la legislatura en turno.

c. Comunicación política

El Congreso deberá usar la comunicación como instrumento de mercadotecnia orientado a generar legitimación y producir información en dos vías. La primera tiene que ver con las políticas de comunicación interna dirigidos a sus empleados y a los otros poderes públicos. La segunda, por su parte, tiene que ver con las políticas de comunicación hacia la sociedad y grupos de interés determinado como pueden ser los sindicatos, las cámaras industriales o los líderes de opinión, por señalar algunos ejemplos.

La comunicación dirigida al interior se relaciona con los asuntos que puedan ser de interés para los empleados como prestaciones, salarios y otros asuntos propios de ámbito laboral, así como, cuestiones de carácter informativo y formativo desde la perspectiva laboral. Esto se puede hacer a través de la publicación de una gaceta o boletín interno que se distribuya en el Congreso de manera periódica. La comunicación dirigida hacia la sociedad y a los "pares" (los otros congresos) tiene que ser más de carácter general sobre la agenda legislativa, la rentabilidad parlamentaria o sobre una determinada postura del Congreso sobre un tema de interés general que se presente en el contexto local, estatal, nacional o internacional.

La idea detrás de todo esto (de la comunicación y la mercadotecnia) es que en el Congreso, lo importante no sólo será un desempeño responsable y honesto de parte de sus integrantes, sino también, y, sobre todo, la información sobre los logros, avances, problemas y planes que tienen. En otras palabras, "no sólo se debe poner el huevo sino que también hay que cacarearlo," lo que implica la adopción de una filosofía distinta donde la comunicación social y el marketing sean un eje articulador de los esfuerzos del parlamento.

El dirigir a una institución parlamentaria bajo un nuevo y moderno esquema centrado en la comunicación y el marketing tendría varios beneficios. En primer lugar, se reforzaría la legitimidad de los líderes de las fracciones que los representan, ya que el dirigir informando genera mayor respaldo y consenso social. En segundo lugar, el dirigir comunicando ayuda a formar o reforzar una imagen más positiva del Congreso, al hacer del dominio público sus logros, avances y puntos de acuerdo. Y finalmente, el usar la comunicación social como un eje articulador en el ejercicio de la alta responsabilidad de dirigir una institución parlamentaria acerca más a los representantes populares con la sociedad y sus diferentes sectores, proporcionando mayor información a estos últimos para juzgar su desempeño. Esto implica el reconocimiento de que gobernar es comunicar y de que la acción del Congreso es en esencia un ejercicio de buena mercadotecnia.

d. Estrategias y planes de mercadotecnia

Otra área importante del marketing parlamentario tiene que ver con las estrategias y planes de acción que permitan alcanzar los objetivos políticos y de imagen de la institución parlamentaria. Esto implica, el hacer uso de los conocimientos que aportan las ciencias administrativas, como la organización, planeación, evaluación, dirección y control en las tareas cotidianas de los congresistas.

La planificación es entendida como la tarea de trazar las líneas generales de las cosas que deben ser hechas y los métodos para hacerlas, con el fin de alcanzar los objetivos organizacionales.[6599] De esta forma, las campañas de imagen pueden y deben planearse, ya que toda campaña profesional reclama el diseño de un plan general donde se establezcan las grandes políticas a seguir, las principales acciones y tareas a desarrollar, así como, los temas centrales del mensaje de la institución parlamentaria y sus directivos. Por su parte, la estrategia es conceptualizada como las acciones y caminos a seguir para poder llevar a cabo los objetivos planteados en el plan. Esto implica, el diseño de planes concretos bien elaborados y en los que se definan objetivos y metas a alcanzar.

---

[65] Véase, Chiaventato, Idalberto,*Introducción a la Teoría General de la Administración*, México: Editorial McGraw Hill, segunda edición, 1989.

La estrategia en mercadotecnia parlamentaria implica el impulsar acciones concretas y tomar decisiones inteligentes y oportunas en la búsqueda de los objetivos organizacionales fijados, así como, en los planes concretos y específicos acordados por la mesa directiva y las fracciones parlamentarias. De esta forma, al hacer uso del marketing, se pueden impulsar planes específicos para construir y posicionar la imagen de los directivos, fracciones y diputados ante la sociedad, así como, confeccionar planes de posicionamiento social de una imagen determinada del congreso. En esta cuestión, se puede también impulsar campañas especificas, para informar y formar a la población, construir relaciones con otros actores sociales y organismos de la sociedad, con grupos de interés, partidos políticos y gobiernos.

5. Otras funciones

La mercadotecnia parlamentaria cumple varias funciones en el ejercicio de la función pública, ya que no sólo se encarga, como se señaló anteriormente, de los aspectos relacionados con la construcción de la legitimidad, sino que, también, cumple funciones de educación, formación y participación de la comunidad. Es decir, la mercadotecnia parlamentaria se constituye como una tarea crítica para asegurar la participación y cooperación de todos los agentes de la comunidad en la búsqueda del bienestar general, así como, en la construcción de consensos, la concientización ciudadana y, sobre todo, en la formación de valores colectivos acordes y de apoyo al sistema político predominante.

La mercadotecnia parlamentaria se constituye además, en una nueva forma inteligente y creativa para hacer aceptable entre la ciudadanía y los empleados públicos[66][100] acciones y planes de gobierno. Es una especie de nueva técnica de persuasión para lograr la aceptación y el respaldo ciudadano. A través de este tipo de mercadotecnia se pueden generar consensos sociales y se logra la participación ciudadana.

Si bien el marketing parlamentario es un concepto mucho más amplio que va más allá de los spots publicitarios y la imagen gubernamental, los aspectos relacionados con la comunicación social y la propaganda ocupan papeles muy importante en las actividades de gobierno. Por ello, se deben idear una serie de estrategias y acciones creativas que permitan realmente emplear a fondo esta nueva herramienta de la modernidad. La transformación de los actos y labores del Congreso en noticias y su amplia circulación, la construcción de personajes, la formación de hábitos de consumo, de noticias gubernamentales por parte de los ciudadanos, así como, la empatía y buena relación de diputados y senadores con los representantes de los medios de comunicación son sólo algunas de las

---

[66] Cuando la mercadotecnia se orienta a lograr la aceptación de ideas, programas y tareas del Congreso entre los mismos empleados públicos estamos hablando de mercadotecnia interna y cuando los esfuerzos se dirigen hacia los ciudadanos estamos hablando de mercadotecnia externa.

acciones permanentes en materia de mercadotecnia que se tienen que realizar de manera permanente.

La formación y preparación de congresistas en materia de mercadotecnia, transformándolos no sólo en buenos legisladores o políticos, sino también, en profesionales mediáticos, capaces de enfrentar con éxito a los medios y poder vender una imagen de bienestar general y de eficiencia gubernamental, es una de las acciones concretas del campo de trabajo de esta nueva disciplina.

6. Consideraciones Finales

Uno de los principios de la mercadotecnia señala que todo acto de gobierno se debe publicitar. En esto están de acuerdo, la gran mayoría de los estudiosos de este tipo de cuestiones y los especialistas en asuntos públicos. Por ejemplo, Carlos Fernández y Roberto Hernández Sampieri señalan que un buen gobierno es producto de dos grandes factores: Un buen trabajo en todas las áreas y una buena imagen. Esta buena imagen se logra a través de la formación de equipos de trabajo de comunicación y los planes de marketing[67][101]

Por su parte, Carlos Ferrá Sextos recomienda una política de comunicación del Plan Estratégico en el Ámbito Municipal consistente en las siguientes acciones: publicación de un documento de divulgación, publicación de documentos técnicos, organización de jornadas sobre planificación estratégica, montaje de una exposición, realización de un vídeo, desarrollo de campañas de publicidad (televisión, radio y prensa), publicación de un boletín informativo, apariciones en los medios de comunicación, redacción de artículos en publicaciones especializadas y presentación a agentes seleccionados con capacidad de decisión.[68][102]

En la función pública, muchas veces se hace más con un gramo de imagen que con toneladas de material. Por ello, es recomendable cuidar y construir la imagen de gobierno más idónea de acuerdo a la circunstancia, la coyuntura y el lugar de que se trate. La imagen como legislador debe ser consistente con la que se proyectó como candidato o incluso se debe aspirar a superarla. Una buena imagen de gobierno incluye la capacidad de trabajo, la honestidad en el manejo de los asuntos y recursos públicos, la accesibilidad, la paciencia, el liderazgo, la calidad de los servicios prestados y la capacidad de comunicación de funcionarios y gobernantes. De esta forma, la mercadotecnia se constituye en una herramienta muy útil en la construcción de esta imagen del Congreso, por lo que debe utilizarse de manera creativa e intensiva en todo el proceso legislativo.

---

[67] Fernández, Carlos, y Hernández Sampieri, Roberto, *Marketing Electoral e Imagen de Gobierno en Funciones,* México: Ed. Mc Graw Hill, 2000.
[68] Ferrá Sextos, Carlos *Planeación Estratégica,* Madrid, Documento Mimeografiado, 1998.

Bibliografía

- Alcántara Záes, Manuel, "Los Problemas de Gobernabilidad de un Sistema Político" en Mauricio Merino, coordinador, *Cambio Político y Gobernabilidad*, México: Edi. Colegio Nacional de Ciencia Política y Administración Pública A.C. y CONACYT, 1992.

- Alonso, Jorge, *Democracia Incipiente*, Guadalajara: Ed. ITESO, 2000.

- Baena P. Guillermina, *Comunicación Política y Marketing Mix*, México: Mc Graw Hill, 1998

- Bartlett. C., *La Propaganda Política*, México: Fondo de Cultura Económica, 1941.

- Barranco Sáiz, Francisco Javier, *Técnicas de Marketing Político*, Ed. Rei, México, 1997.

- Beaudry Ann y Shaeffer Bob, *Winning Local and State Elections: The Guide to Organizing your Campaign*, New York: The Free Press, 1986.

- Borja, Rodrigo, *Enciclopedia de la Política*, México: Fondo de Cultura Económica, 2a. Edición, 1998.

- Carpizo, Jorge *et al*, "Elecciones a Debate 1994." *Testimonios y Juicios de los Observadores de los Resultados Finales*, México: Editorial Diana, 1994.

- Chiavento Idalberto, *Introducción a la Teoría General de la Administración*, México: Editorial Mc Graw Hill, segunda edición, 1989.

- David L. Altheidey Jonh M. Johnson, *Bureaucratic Propaganda*, Allyn y Bacon, Boston, 1980, p. 5.

- Duverger Maurice *"La Noción de Ciencia Política"* en Juan Cristóbal Cruz Revueltas, ¿Qué es la Política?, México: Pubicaciones Cruz O.S.A. 1994.

- Fernández, Carlos y Hernández Sampieri, Roberto, *Marketing Electoral e Imagen de Gobierno en Funciones*, México: Ed. McGraw Hill, 2000.

- Ferrá Sextos, Carlos, *Planeación Estratégica*, Madrid, Documento Mimeografiado, 1998.

- Gordoa, Víctor, *El poder de la imagen*, Ed. EDAMEX, 1999.

- Huntington, Samuel P., "Democracy´s Thir Wave" en Larry Diamond y Marc F. Platnner, Editores, *The Global Resurgence of Democracy*. Boltimore: The John Hopkins University Press, 1993.

- Kotler, Philip y Armstrong Gary , *Fundamentos de Mercadotecnia*, segunda edición, Edit. Prentice Hall Hispanoamericana, S.A. 1991

- Lasswell, Harold D., *The Person: Subjet and Objet of Propaganda*, Annals of the American Academy of Political and Social Science, 197, 1935, 187-193.

- Lerma Kirchner, Alejandro, *Cómo Organizar una Campaña Política*, México: Editorial EDAMEX, 1995.

- Lilien Gary L. y Kotler Philip. *Toma de Decisiones en Mercadotecnia: Un Enfoque a la Construcción de Modelos*, México: Ed. CECSA, 1990.

- Lujambio, Alonso, "Democratización Vía Televisiva: Elites Políticas y Cultura Política," en Juan Reyes del Campo, Eduardo Sandoval F. y Mario Alejandro Carrillo, coordinadores, *Partidos, Elecciones y Cultura Política en México: Los Espacios de la Democracia en la Sociedad Mexicana Contemporánea*, México; UNAM- UAM-COMECSO, 1994.

- Manhanelly, Carlos Augusto, *Estratégias Electorais: Marketing Político*, Brasil: Editorial Sammus, 1988.

- Martín Salgado, Lourdes, Marketing Político: Arte y Ciencia de la persuasión en Democracia. España: Ed. Páidos, 2002

- Martín Silva, Mario y Salcedo Aquino, Roberto, *Manual de Campaña*, México: Colegio Nacional de Ciencia Política y Administración Pública, 1997.

- Martín Silva, Mario y Salcedo Aquino, Roberto, *Diccionario electoral*, Centro Nacional de Política Aplicada A. C. 1999.

- Mercado, Salvador, *Mercadotecnia de Servicios: Tácticas y Estrategias para el éxito en la Comercialización de los Servicios*, México: Ed. PAC S.A. de C.V. 1996.

- Montaner, Carlos Alberto, "Lavín, Lagos y el Marketing Político", en *El Nuevo Herald*, Firmas Press, 19 de diciembre de 1999.

- Naghi Namakforoosh, Mohammad, *Mercadotecnia Electoral: Tácticas y Estrategias para el Éxito Político*, México: Limusa, 1984.

- Ortiz, Francisco, Comprender a la gente: por que ganó Fox, México: Ed. Nuevo Siglo Aguilar, 2002.

- Pratkanis, Anthony y Aronson, Elliot, *La Era de la Propaganda: Uso y Abuso de la Persuasión*, Barcelona: Ed. Paidos, 1994.

- Rendón J.J., *et al*, *Readers 1, Mercopam*, Brasil: Asociación de Consultores de Comunicación Política y Gubernamental de las Américas, 1999.

- Reyes Arce, Rafael y Munich, Lourdes, *Comunicación y Mercadotecnia Política*, Ed. Noriega, 1998.

- Roderic Ai Camp, *Politics in Mexico*, Oxford: Oxford University Press, 1993.

- Sartori Giovanni, *Homo Videns: La Sociedad Teledirigida*, México: Ed. Océano, 1999.
- Seymour, Martin Lipset, *El Hombre Político: Las Bases Sociales de la Política*, México: REI, 1987.

- Seymour M., Lipset, Political Man. New York, Garden City, 1960 y Offe, Claus, Contradictions of the Welfare State. Londres. Hutchinson, 1984.

- Shadegy, Stephens C.,, *How to Win an Election: The Art of Political Victory*, New York: Top Linger Publishing Co. Inc. 1964.

- Stephenson, William, *The Play Theory of Mass Communication*, University of Chicago Press, Chicago, 1967.

- Trejo Delarbre, Raúl, "Equidad, Calidad y Competencia Electoral: Las Campañas de 1994 en la Televisión Mexicana", en Pablo Pascual Moncayo, coordinador, *Las Elecciones de 1994*, México: Cal y Arena, 1995.

- Valdez Zepeda, Andrés, *Democracia y Oposición: El PAN y la Transición Política en México*, Jalisco: Universidad de Guadalajara, 1999.

- Valdez Zepeda, Andrés, "Lealtades Electorales y Partidos Políticos en el Medio Rural en México", memorias de la mesa de trabajo Balance Regional de las Políticas Agrícolas, 1999, Colegio de Michoacán, noviembre de 1999.

- Valdez Zepeda, Andrés. *Mercadotecnia Política: El Estado Actual de la Disciplina en México.* México: Ed. Arrayán, 2000.

- Valdez Zepeda, Andrés. *Mercadotecnia política: Un acercamiento a su objeto y campo de estudio,* Ed. Universidad de Guadalajara- ALACOP, 2001.

Acerca del Autor

Andrés Valdez Zepeda es maestro en administración pública y doctor en estudio latinoamericanos con especialidad en ciencia política por la Universidad de Nuevo México (USA). Actualmente, labora como profesor-investigador en el Departamento de Administración de la Universidad de Guadalajara y es miembro del Sistema Nacional de Investigadores.

Es autor de diversos ensayos especializados y de nueve libros, entre los que sobresalen El ABC de la Mercadotecnia Política (2003), Teoría y Práctica del Marketing Político (2002) y Elecciones y Mercadotecnia (2002). Es articulista en la Revista Mexicana de Comunicación y miembro de la International Association of Political Consultants.

www.ingramcontent.com/pod-product-compliance
Lightning Source LLC
Chambersburg PA
CBHW080411290526
45791CB00008BA/2226